マーケティング学説史

|アメリカ編|　増補版

マーケティング史研究会 [編]

同文舘出版

マーケティング史研究会
学説史シリーズ Ⅰ

(1) マーケティング史研究会は，マーケティング史やマーケティング学説史などマーケティングに関する歴史的研究をすすめ，その研究水準の向上と発展に寄与することを目的とする。
(2) 本巻は，当研究会の目的の1つであるマーケティング学説史に関する共同研究の成果の一部である。
(3) 本巻の執筆者は，奥付に紹介されている。

マーケティング史研究会

増補版に寄せて

　本書は1993年に出版された『マーケティング学説史―アメリカ編―』（同文舘出版）の増補版である。幸い初版は大方の好評を得，また平成9年には第3版を数え，さらに近々は韓国語訳の出版が予定されるなどという幸運にも恵まれた。しかし類書がないためか品切れ後も再版を望む声が後を絶たないため，今回，初版では割愛された「J・A・ハワード」を加え，再度，世に問うことにした。

　なおこれを機に全面的に改訂すべきであったが，また初版で取りあげた論者の中には，フィリップ・コトラーのごとく現在も健在でその後も新たな理論展開が見られたり，故ロー・オルダーソンのごとく多くの論者による理論的再評価がみられる現在，これらの諸点を含めて再検討されるべきであったが，諸般の事情から今回はミスプリの訂正など最小限の改訂にとどめざるを得なかったことを遺憾とする。全面的改訂の機会が早く来たらんことを執筆者一同，念じている。

　なお今回の増補版刊行に際しても引き続き同文舘出版の市川良之部長にお世話になった。牛歩のごとき研究会活動に対しても，終始，温かい目で後方支援を頂いていることに対して感謝の微意を表したい。

2008年3月1日

マーケティング史研究会

（編集担当　光澤　滋朗）

はしがき

　マーケティング論がマーケティング現象の体系的記述として20世紀の初頭にアメリカ合衆国で誕生して以来，すでに80年が経過しようとしている。この間，この分野には多数の論者による知的努力が投入され，すでにかなりの成果が蓄積されてきた。しかしマーケティング論の分野では学説史的研究がきわめて低調であり，したがってまたこれまでに蓄積されてきた成果が理論の開発に十分活かされていないという恨みがある。もっとも「文献レビュー」と称して，過去の文献の中から筆者の関心に合う事項のみを箇条書き的に拾いあげて行く方法はみられるが，それは原著者の思想をも含む所説の全体像を対象としないという意味で，学説史的研究とは異質のものである。総じて，この分野の現状は過去の学説に学ぶというより，当面の実務的課題の解決に急であるかにみえる。しかしそれでは日常の糧は得られるとしても，理論の発展や学界への貢献という観点からすれば成果は乏しいといわざるをえない。われわれはまず先達の歩んだ道を謙虚に学び，その上にいくばくの知識が新たに加えられるかを真剣に考える必要があると考える。

　本書はこの分野におけるこれまでの研究の在り方を反省し，既存マーケティング文献の中から理論の発展に寄与してきた代表的な論者を選び，当該論者の思想をも含む所説の全体像を浮き彫りにすることにした。これによって，われわれは先人の学問的苦悩を学ぶとともに，われわれが当面している課題の解決にも一定のヒントが得られるように意図した。なお本書は，学説を一定の学派に分類し，その発展を体系的かつ網羅的にたどる本格的な学説史（マーケティング論では残念ながら学派の識別・分類がいまだ明確ではない）を記述するための準備的作業と位置づけられている。

　しかし問題は，マーケティング論の代表的な論者といっても，また生誕の地

(4)　はしがき

アメリカに限ってみても，すでに数百名にも及んでおり（たとえば，R・バーテルスは1976年時点ですでに346名あげている），その中からいずれの論者をとりあげるかであろう。本書では，マーケティング論が個別経済的研究と社会経済的研究とに分れて発展してきたこと，またマーケティング論が第二次大戦を境に大きく変化してきたことに着目し，さらに本書に与えられた紙幅をも考慮し，厳選の結果，以下12名の論者をとりあげることにした。

（1）　個別経済的研究
　　①戦前期：ショー(A. W. Shaw)，バトラー(R. S. Butler)，コープランド(M. T. Copeland)
　　②戦後期：オルダーソン（W. Alderson），コトラー（P. Kotler）

（2）　社会経済的研究
　　①戦前期：ウェルド（L. D. H. Weld），クラーク（F. E. Clark），ブレイヤー（R. F. Breyer）
　　②戦後期：ダディ（E. A. Duddy），レヴザン（D. A. Revzan），グレサー（E. T. Grether），コックス（R. Cox）

　これらの論者のほか，個別経済的研究の戦後期にハワード（J. A. Howard）を加える予定であったが，執筆者の不可避的事情から割愛された。しかし，幸い，ハワードの所説はわが国ではしばしば紹介され，すでに訳書もあるので（田島義博訳『経営者のためのマーケティング・マネジメント』建帛社，三浦一訳『新しいマーケティングの理論』ダイヤモンド社，またそこに見られる「訳者解説」も参考になる），これらをご参照願いたい。

　このように，本書はアメリカにおけるマーケティング学説史を対象としているが，マーケティング論の生成発展はもちろんアメリカの独り舞台ではない。この点，わが国やヨーロッパ諸国の事情が同時に問われなければならないが，とりあえず本書を「アメリカ編」とし，残された課題は本シリーズの続編に委ねることにした。

　なお，本書はわれわれマーケティング史研究会のメンバーが分担執筆したものであるが，最後にこの研究会の活動について簡単に触れておくことにしよう。

マーケティング史研究会はマーケティング史やマーケティング学説史などマーケティングに関する歴史的研究をすすめ、その研究水準の向上と発展に寄与することを目的とし、1988年に全国から同学の士が集い、発足した研究集団である。今日まで、春秋の研究報告会や著作物の刊行など、牛歩ではあるが真摯に活動を続けている。とくに著作物では、名著翻訳シリーズの第1巻として、パラマウンテン著『流通のポリティクス』（白桃書房）が出版されているので、併せて読まれることをお薦めしたい。

　末筆ながら、本書の出版に際しては、同文舘出版ならびに同社出版部の市川良之氏にひとかたならぬお世話になった。厚く御礼申し上げたい。

　1993年3月1日

マーケティング史研究会

目　次

はしがき

第Ⅰ部　個別経済的マーケティング論

第1章　A・W・ショー……………………………………………3
　　　　──マーケティング論のパイオニア──
第1節　はじめに……………………………………………………3
第2節　『市場流通の若干の問題』（1912年，1915年）……………5
　　1.　成立の背景　6
　　2.　問題意識と課題　8
　　3.　分析の方法　10
　　4.　内容と体系　11
第3節　現代的評価…………………………………………………17

第2章　R・S・バトラー……………………………………………23
　　　　──忘れられた先駆者──
第1節　はじめに……………………………………………………23
第2節　バトラー理論の内容と特徴………………………………24
　　1.　初期の2つの著作──チャネル選択論の先駆──　25
　　2.　1914年以降の著作──企業的マーケティング論の原型──　27
第3節　バトラー理論の現代的評価………………………………36

第3章　M・T・コープランド……………………………………39
────消費者行動に関する先駆的研究────

第1節　はじめに……………………………………………………39
第2節　『マーチャンダイジングの原理』(1924年)………………41
　1．マーチャンダイジングの定義　41
　2．消費者の購買慣習に基づく商品分類とチャネル選択　43
　3．消費者の購買動機　48
　4．企業内経営政策　53
第3節　現代的評価…………………………………………………57

第4章　J・A・ハワード…………………………………………61
────マーケティング管理論および消費者行動論の開拓者────

第1節　はじめに……………………………………………………61
第2節　学問的背景…………………………………………………64
第3節　マーケティング・マネジメント……………………………66
第4節　消費者行動論………………………………………………72
第5節　結び…………………………………………………………75

第5章　W・オルダーソン…………………………………………79
────機能主義的マーケティング管理論の栄光と挫折────

第1節　はじめに……………………………………………………79
　1．人物と業績　79
　2．オルダーソンの時代的背景────経営革新と流通支配────　80
第2節　『マーケティング行動と経営者行為』について…………81
　1．学説史的位置付け　81
　2．機能主義の影響　82
　3．本書の主要内容について　85

第3節　経営者の行為としてのマーケティング管理……………………89
　　第4節　オルダーソンの現代的評価……………………………………90

第6章　P・コトラー …………………………………………………97
　　　　──現代マーケティング学界の第一人者──
　　第1節　は じ め に ……………………………………………………97
　　第2節　マーケティング・マネジメント理論………………………100
　　　1．先達によるマーケティング・マネジメント理論　100
　　　2．新視角の導入：コトラーのマーケティング・マネジメント理論
　　　　　102
　　　3．最新第7版の構成　104
　　第3節　マーケティング概念拡張論…………………………………106
　　　1．「マーケティング概念の拡張」と
　　　　　「ソーシャル・マーケティング」　107
　　　2．「マーケティングの一般概念」　108
　　　3．概念拡張論の反響と行方　110
　　第4節　非営利組織のマーケティング理論…………………………112
　　　1．構 成 概 念　113
　　　2．理論枠組みと方法　115
　　　3．非営利組織マーケティング論の課題と展望　117
　　第5節　結　　　び ……………………………………………………118

第Ⅱ部　社会経済的マーケティング論

第7章　L・D・H・ウェルド ………………………………………125
　　　　──社会経済的マーケティング論の創始──
　　第1節　は じ め に ……………………………………………………125
　　第2節　『農産物マーケティング』（1916年）………………………127

1．マーケティング各段階の機能・問題点・対策　128
　　　2．マーケティング・コスト　133
　　　3．農産物取引所（＝商品取引所）　137
　第3節　マーケティング機能と中間商人問題 …………………………141
　第4節　現代的評価 …………………………………………………143

第8章　F・E・クラーク ……………………………………………149
　　　──機能的アプローチの集大成──
　第1節　はじめに …………………………………………………………149
　　　1．略　　歴　149
　　　2．主要業績の概観　150
　第2節　『マーケティング原理』の内容と問題点 ……………………151
　　　1．分析方法──機能的アプローチ──　151
　　　2．需要創造と収集　155
　　　3．社会的公的な観点──マクロ・マーケティングとしての特徴──
　　　　　158
　　　4．他の2つのアプローチとの関係　163
　第3節　現代的評価 …………………………………………………164

第9章　R・F・ブレイヤー ……………………………………………169
　　　──制度主義的マーケティング論の開拓者──
　第1節　はじめに …………………………………………………………169
　第2節　『マーケティング制度論』（1934年）…………………………172
　　　1．institutional approach　172
　　　2．概　　要　174
　　　3．思想的背景　179
　第3節　チャネル管理 ……………………………………………………181
　　　1．チャネル概念　181

2．チャネル管理とチャネル統制　183
　　3．流通コスト分析の援用　184
　　4．残された問題　185
　第4節　現代的評価 ……………………………………………… 185
　　1．制度主義的マーケティング論の開拓　186
　　2．フロー・アプローチの開拓　187
　　3．社会的マーケティング費用問題への貢献　187
　　4．「社会的」チャネル管理の提唱　188

第10章　E・A・ダディ＆D・A・レヴザン …………………191
　　　　　──制度主義的マーケティング論のパイオニア──
　第1節　はじめに ………………………………………………… 191
　第2節　ダディ＆レヴザンによるマーケティング論の課題 ………194
　　1．マーケティング構造認識　194
　　2．マーケティング構造の整合手段　199
　　3．マーケティング構造の変化　201
　第3節　レヴザンによる方法論的展開 …………………………… 201
　第4節　ダディ＆レヴザンの批判と現代的意義 ………………… 205

第11章　E・T・グレサー …………………………………………211
　　　　　──マーケティングと公共政策──
　第1節　はじめに ………………………………………………… 211
　第2節　マーケティングと公共政策 ……………………………… 217
　第3節　再販売価格維持 …………………………………………… 220
　第4節　現代的評価 ………………………………………………… 226

第12章 R・コックス ………………………………………………… 235
　　　——流通のパラドックス：その価値論的格闘——

　第1節　はじめに ………………………………………………… 235
　　　1．失業ジャーナリストからマーケティング学界へ　　235
　　　2．ブレイヤーとの出会い　　236
　　　3．マーケティングの理論構築運動への参画　　237
　　　4．コックスのマーケティング論　　238
　第2節　『高度経済下の流通問題』（1965年） ………………… 240
　　　1．解くべき問題——マーケティングの新たな価値論的情況——　　240
　　　2．流通のパラドックス　　241
　　　3．コックスはどう対処したか　　243
　第3節　流通付加価値の測定と評価 …………………………… 245
　　　1．『流通費用は高すぎるか』コックス改訂版の立脚　　245
　　　2．コックスの「測定」：その発見物　　246
　　　3．コックスの「評価」　　248
　第4節　現代的評価——コックスが示唆するもの ……………… 248
　　　1．コックスは折衷主義者か　　248
　　　2．コックスは単なる効率主義者か　　249
　　　3．古典としてのコックス　　250

索　引 …………………………………………………………………… 255

第Ⅰ部　個別経済的マーケティング論

第1章

A・W・ショー
―― マーケティング論のパイオニア ――

第1節 はじめに

　個別経済的ないし企業的にみれば，マーケティングとは市場的環境に対する企業の創造的で統合的な適応行動である。この意味でのマーケティングの体系的研究は20世紀初頭のアメリカで生まれた。

　このような研究の創始者の1人がアーチ・W・ショー（Arch W. Shaw）である。このことは広く認められており，本書の第3章で取り上げられる，コープランド（M. T. Copeland）も彼を「マーケティング研究に対する体系的アプローチを提起したパイオニア」[1]であると評価している。わが国でも，かつて昭和初頭に福田敬太郎氏が彼の著作を「配給問題（今日風にいえば流通問題――筆者）に関する理論的研究のアメリカにおける嚆矢（はじまり――筆者）」[2]とされて以来，今日までこれが定説となっている。

　その業績に立ち入る前に，まず，彼の略歴にふれておこう。その前半生を年表式にまとめると，次のとおりである[3]。

1876年　ミシガン州ジャクソン（Jackson）に生まれる。
　　　　高校卒業後，同州のオリヴェット・カレッジ（Olivet College）に入学したが，学位取得前にドロップ・アウト。
1899年　ウォーカー（L. C. Walker）とともに，事務機製造のためショー＝ウォーカー社（Shaw-Walker Co.）を設立。4年後，経営の実務からは

退く。

1903年　出版社A・W・ショー社（A. W. Shaw Co.）を設立。経営関係の書籍，雑誌を中心に成功をおさめたが，この会社は1928年にマグロウ・ヒル社（McGraw-Hill Book Co.）に売却された。

1910年　ハーバード大学の講義を聴講し，特にタウシッグ（F. W. Taussig, 1859-1940）の経済学講義から影響を受け，また経営学大学院，すなわちハーバード・ビジネス・スクールの院長ゲイ（E. F. Gay）の知己を得る。

1911年　ハーバード・ビジネス・スクールの講師および評議員（いずれも非常勤）に任命され，経営政策（business policy）の講義を担当することになる。また彼は，ゲイ教授とともに，各種経営関連情報を収集する機関の必要性を提唱し，同年，ハーバード経営調査研究所（Harvard Bureau of Business Research）が設立されている。その際，彼は資金提供も行なっている。

彼の経営政策の講義は1916年まで行なわれたが，この間にその代表的著作である『市場流通の若干の問題』（*Some Problems in Market Distribution*）および『経営問題へのアプローチ』（*An Approach to Business Problems*）が，いずれもハーバード大学出版部から刊行されている。

1917年　国防会議（Council of National Defense）を説得して，商業経済局（Commercial Economy Board）の設置を承認させ，その局長になる。この局の目的は，戦時経済運営の一環として，民需産業での労働力と物資の効率的使用を追求することであった。具体的な仕事としては，小売配達サービスの研究なども行なわれたが，特に商品ラインの単純化に力が注がれたといわれる。

以上，彼の40歳頃までの行動を眺めたが，彼はその後も政府関係の委員会の議長（たとえば，大統領諮問特別委員会議長）や委員として，あるいは各種財団の理事として多方面にわたる活動を続け，1962年にその生涯を閉じた。

このように，彼は生粋の研究者ではない。しかし，製造業や出版業の経営，さらには『システム』(*System*)や『ファクトリー』(*Factory*)といった経営雑誌の編集など，彼の実務面での経験と，そこから得られた問題意識がその理論の背景にあることは明らかである。浅薄な実務経験は視野を狭くするだけであるが，企業の実践を離れてはマーケティングの研究は成立しない。その意味で，ショーにとっては，まさに「理論は実践の一環」であった。

　なお，彼の主著のひとつが『経営問題へのアプローチ』であることからもわかるように，また，彼の担当科目が「経営政策」であることからも明らかなように，ショーは，マーケティングだけではなく，経営問題全般と取り組んできたのである。同書のなかで，彼は，工具，販売員およびタイピストを例として取り上げ，企業内のすべての活動に共通するものとして「動作」(motion)という概念（次節参照）を抽出し，ついで，この基本概念から出発して，その動作の目的により，企業活動を生産，流通および管理の3グループに分けている[4]。ついで，ショーはこれら3グループの個別的検討を展開するのであるが，この書全体を通じて，無駄な動作の排除，より有効な動作の導入といった方法が一貫して取られている。これは彼独自の体系であり，その意味で，当時のアメリカ経営学の代表的著作のひとつでもあると考えられる[5]。これはショーのマーケティング論を検討する際にも忘れてはならないことである。

　ただ，本章では，マーケティング学説史の観点から，『市場流通の若干の問題』を中心に考察を進める。次節で同書の概要を眺めたのち，第3節ではショーのマーケティング論の現代的評価を行なう。

第2節　『市場流通の若干の問題』（1912年，1915年）

　『市場流通の若干の問題』(*Some Problems in Market Distribution*)は，最初，ゲイの勧めによって執筆され，『経済学季報』(*Quarterly Journal of Economics*)に1912年8月に論文として掲載された。ついで，3年後の1915年，経営問題に対する彼の考えを伺うに足る重要な第1章「事業活動の性質と関係」(The

Nature and Relations of Business Activities）を書き加えたうえで，同名の単行本として刊行された。以下の検討は主としてこの単行本に基づいている。

同書の全訳としては，伊藤康雄・水野裕正両氏によるもの[6]と，最近刊行された丹下博文氏によるもの[7]との2種がある。

なお，同書は，かつてのわが国では，引用や翻訳の際に『市場配給の若干問題』等々，配給という語を用いて呼ばれることが多かった。これは，当時，配給という用語が「始発的生産者から終結的消費者に達するまでの生産物の流通過程の全体」[8]を指していたからである。いいかえれば，「生産者から消費者にいたる商品の社会的流通」を配給と定義していたのである。したがって，大学のカリキュラムでも，1965年頃までは，今日の流通論に該当する科目は配給論という名称が一般的であった。

この節では，この書の成立の背景，課題，方法，内容などについて，その概要を紹介することにしたい。

1. 成立の背景

ショーの問題意識や課題そのものを取り上げる前に，それを生んだ背景に簡単にふれておこう。ひとつは，当時のアメリカの市場問題ないし流通問題の状況であり，いまひとつは，そこにおける，企業の対応行動のあり方である。

アメリカ資本主義は，1857年以降ほぼ10年周期の過剰生産恐慌があったとはいえ，人口，領域の増加，あるいは運輸・保管手段の技術的進歩などに基づく国内市場の拡大により，生産力の増大もいちおう支障なく吸収し，順調な発展をとげてきた。そこでは，販売は比較的容易な問題として扱われ，企業家の関心は主として生産面に集中していた。製造企業はしだいにその規模を拡大しつつあったが，これら企業の多くは，当初，その製品の販売をますます卸売商に依存していった。同国で小売段階での商品の販売量のうち，卸売商を経由する比率がもっとも高かったのは1879年である[9]。

しかし，その後，状況は大きく変化する。資本主義経済が一般的に浸透した結果，「資本主義の発展そのものが自己の市場を創出する」（商品流通を通じて，

それまで自給自足など資本主義の枠外にあった需要を取り込むこと）という条件は急速に消滅していった。この市場の外延的拡大の終結に加えて，資本主義の高度化にともなう生産力の飛躍的発展もあり，アメリカ経済は構造的な生産力過剰の状態に突入したのである。1920年代のアメリカの代表的な経営学者の1人である，マーシャル（L. C. Marshall）は，これに関し，1880年を境にしてアメリカ経済を2期に分け，それ以前を生産重点時代，以後を流通重点時代と呼んでいる[10]。彼は「この第2期のいちじるしい特質は生産力の拡大が市場の拡大よりもいっそう速やかであるという事実である」[11]として，流通面への重点の移行と流通問題研究の必要性を強調している。

次に，このような状況のもとでの企業ないし企業家の対応を眺めてみよう。その対応の努力の中心は，当初，むしろ生産の合理化に向けられていた。生産の合理化，製造原価の引き下げに成功すれば，低価格政策により市場競争に勝つ可能性が与えられるからである。しかも，生産工程は，流通の諸活動に比し科学的な研究，実験の対象になりやすい。この時期における科学的管理法（scientific management）や原価計算の発展は，いずれもこのような努力の成果であった。

ただ，生産の合理化や管理技法の近代化は，それだけでは生産と消費の社会的不均衡をむしろ増大させ，市場問題を激化させる作用もすることになる。このため企業家は，一方では，たとえ最初は経験的ないし断片的な形ではあっても，流通の問題と取り組まねばならなくなっていく。しかも，その際に要求されたのは単なる販売技法の改善ではない。そこで求められたのは，時代の要請に応ずる自己の市場の創出，維持，拡大のための質的に新しい技法の開発と実践であった。その結果，製造企業の流通過程への介入がしだいに進展することになる。いわば，製造企業によるマーケティングの登場である。その導入時期は，光澤滋朗氏の研究[12]にも明らかなように，産業によってかなりの差異があるが，19世紀末ごろにはひとつの傾向として相当の広がりをみせるようになる。

このような流通過程での企業活動の変化とその発展は，その理論的支柱としてのマーケティング論=体系的研究の成立を要請するにいたる。ショーの研究は

この要請に応えるひとつの試みであった。

2. 問題意識と課題

　社会科学の各分野では，成立期の諸著作には著者の問題意識が生き生きと語られていることが多い。ショーの場合も例外ではない。

　彼は，前項で述べたような状況のもとで，消費財製造工業をその対象とし，企業家の立場から市場問題に対処しようとした。その際，彼はなおざりにされてきた流通活動研究の必要になった理由を次のように説明している。

　すなわち，生産の問題がこれまで社会の直面しているもっとも緊急な課題とされていたため，ここに人々の努力が集中的に投入されてきた。その結果，比較的効率のよい生産組織が確立された。近代科学の持つ種々の資産が生産活動の改善と組織化に利用されている。生産能力の発展は途方もなく大きなものとなったが[13]，そのため，「われわれが生産効率の可能性のほんの入口にいるのに，これまでに達成された（生産の――筆者）進歩が現在の流通システムを追い越してしまった。われわれの生産可能性が十分利用されるためには，流通問題が解決されなければならない。潜在的に入手できる財貨のために市場がみつけだされねばならない」[14]と主張するのである。

　ここでは，生産と流通が並列的に対比され，この2部門間の効率の差が両部門間のアンバランスの原因として意識されている。加えて，生産部門の効率の相対的な高さは，科学的方法の適用による技術的合理化の成果であるとされる。そのため彼は，生産効率の向上に貢献した，いわゆる科学的方法を企業の流通問題にも適用しようとするのである。基礎科学を工業生産に応用することにより，生産効率の向上を図る応用的科学技術を工学と呼ぶならば，ショーの問題意識は多分に工学的であるともいえよう。

　当時の状況を考えれば，同様な問題意識から企業の流通問題=販売問題と取り組んだ者が他にもあったことは容易に推察される。第2章の対象であるバトラー(R. S. Butler)は別格としても，ウォーカー(A. Walker)，ホイト(C. W. Hoyt)，ブラウン(H. W. Brown)らの業績はその代表的なものといえる[15]。ただ，彼ら

の出発点は，生産効率の向上に大きく貢献していた科学的管理法であり，「科学的管理法にもとづいて製造された商品は科学的管理法によって売ることができるし，またそうすべきである」[16]との基本的立場をとる。よく知られているとおり，テイラー（F. W. Taylor）の創始した科学的管理法の中核は，労働科学的研究に基づく課業管理（task management）である。なお，この課業とは，動作，手順，所要時間の分析・研究に基づいて科学的に決定された「一流の労働者に十分な1日の仕事量」である。このようなアプローチの流通活動への機械的適用は，結局，科学的販売管理法ないし販売員管理法に帰着する。企業の流通活動の担い手がほとんど販売員に限られていた時代ならともかく，各種マーケティング技法が多彩な発展をみせはじめていたこの時期においては，科学的販売管理法はマーケティング論のただの一部分にしかすぎない。

この段階ではすでに「生産者は全国広告により，独占により，価格維持により，自己の支店を設置することにより，消費者向け通信販売により，──つまり，なんとしてでも自己の市場を獲得し，保持」[17]しようと努めていたのである。したがって，求められていたのはこの広範なマーケティングの諸領域の総合的効率化であった。この点ウォーカーらとは異なり，ショーの考察の出発点は当時の消費財製造企業の流通活動の現状と問題である。多様化しつつある流通活動＝マーケティング活動を体系的に把握し，さらにその合理化のための方策を提示することが，彼の課題であった。

なお，彼は各企業の流通活動の効率の上昇が社会的な無駄の排除に，さらには社会的な市場問題の解決にもつながることを期待していた。たとえば，彼の「流通問題をより体系的に処理することは企業家にとってその事業の成功につながる一方，より良い流通機構は社会にとって巨大な年々の浪費を防ぐことになる」[18]との主張にもみられるように，社会的市場問題への貢献は，彼にとって，いまひとつの課題であったともいえる。しかし，市場の競争的争奪という現象ひとつを取り上げても明らかなように，個別企業の成果の総和が必ずしも社会的成果と一致するわけではない。この点では，ショーの期待には明確な限界があった。

3. 分析の方法

　ショーは，以上のように，企業の流通活動＝マーケティング活動の合理化による無駄の排除，効率の上昇を課題としていた。そのため，科学的管理法の場合と同様，彼の分析の出発点は「動作」(motion) という概念である。

　彼は「企業の行う作業には極めて様々な種類のものがあるが，各作業に共通な本質的要素は動作である」[19]ことに着目する。この際，彼はオーストリアの経済学者ボェーム-バヴェルク（E. von Böhm-Bawerk）の著書『資本の積極理論』(*Positive Theorie des Kapitales*, 英訳題名は *Positive Theory of Capital*) を引用しているが，この時点までに刊行されたドイツ語および英訳の各版には該当箇所がない[20]。ショーの錯覚の可能性がある。彼の問題意識や課題からみても，むしろテイラーの科学的管理法から示唆を受けたと考えるほうが自然であろう。

　ついで，ショーは各動作の目的によって動作を分類し，分析を進める。分析の狙いは，まず，目的のない無駄な動作をみつけ，排除することである。ただ，必ずしも動作の総数を減らせばよいというわけではない。彼はこの点を，迂回生産方式の例をとって説明する。またボェーム-バヴェルクの名があげられているが，ここでの引用は正確である。いずれにしても，明らかなのは，無駄な動作の排除と並んで，有効な動作の導入，それら動作の合理的な組織化をショーが目指していたということである[21]。

　ここで，ショーの動作＝企業活動の分類体系を図 1-1 に掲げておこう。ここでは，動作の目的によって，企業活動は，まず，生産，流通，助成ないし管理の3つに大別され，ついで，そのそれぞれを，これまた目的によって細分化していく。

　加えて，ショーは3部門それぞれの内部の諸活動間の，さらには3部門間の「相互依存と均衡の原則」(principles of interdependence and balance) をきわめて重視している[22]。たとえば，このような相互依存と均衡の必要性は，需要創造活動の3つの機関である中間商人，販売員，広告の間にも，需要創造活動と物的供給活動の間にも，さらには生産活動と流通活動の間にも認められるのであ

る。その意味で，企業家ないし経営者は部門的偏向を避けるためにも日常業務から解放されて，これら諸活動の上位の戦略的ポジションに位置して，幅広い問題を自由に考察しなければならないとされるのである[23]。

4. 内容と体系

ショーの流通活動の体系は図1-1にほぼ示されている。これは，その範囲の広さからみて，マーケティング活動と呼ぶにふさわしい。次に，その具体的内容を眺めてみよう。なお，彼は本書での検討の対象を，その中核的重要性を考慮して，主として需要創造活動に限定し，さらに，日々経営者に対して新しい問題を提起し続けているという理由で，そのなかでも業務活動のみを取り上げ

図1-1 ショーの企業活動の分類体系

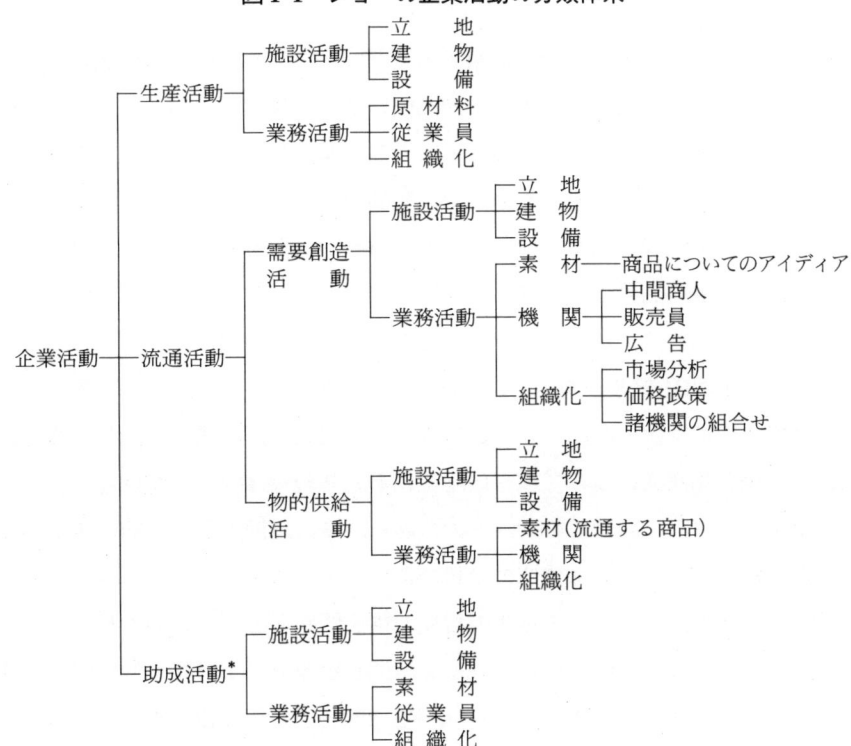

注) ＊は *An Approach to Business Problems* では管理活動（administration）となっている。

ている[24]。

　重要ではあるが序論的な第1章を除くと，本書の構成は第2章「流通者の諸問題」，第3章「流通の諸方法」および第4章「市場の考察」からなる。ここで流通者（distributor）というのは卸売商や小売商のことではなく，自主的に流通活動を展開している製造業者を指している。ショーは彼らを商人的生産者（merchant producer）とも呼んでいる。今日のわが国の用語でいうマーケターに相当する。次に，彼の叙述の順序にしたがって，その所説の要点とその意義を眺めてみよう。

　「流通者の諸問題」の章では，当時のアメリカの状況を概観したのち，価格政策と商品の差別化という2つのテーマが取り上げられる。このうち，価格政策は市価以下での販売，市価での販売および市価以上での販売の3類型に分けられ，特に「市価以上での販売」（selling at the market plus）は「現代流通のおそらくもっとも特徴的な価格政策である」[25]とされる。他の2つの価格政策と比較した際の，その基本的な特長は商品の差別化，現在の用語でいえば製品差別化を必ずその基礎に持っていることである。基本的には同種の他企業の製品から自己の製品を差別化するためには，製品の改良と，識別のためのトレードマーク，ブランドないしトレードネームの付与が必要である。次に，その企業は，自己の製品の品質の安定性，仕上げの精巧さ，包装の改善などに消費者の注意を引き付けることによって，需要を刺激する。この時代では，今日と違ってささいな表面的差別化が中心ではあったが，それでも「差別化した製品を新しい価格水準で別個の商品として確立するのに成功した流通者は，しばらくの間，その差別化商品について独占的地位にある」[26]とされたのである。

　以上のように，この章でのショーの主題は，この時期大きな質的変化をみせつつあったアメリカの市場構造の分析であったといえる。通常，市場構造は売り手，買い手の員数関係と差別化の程度を中心的基準として分類される。当時のアメリカの消費財産業についてみると，売り手多数（まだ寡占的状況には達していない），ある程度の製品差別化の存在という，いわば独占的競争の状況が浸透しつつあった。ショーはこの点を的確に指摘し，この認識が企業の流通活

動合理化の必須の前提であることを強調した。

「流通の諸方法」では，販売方法の歴史的発展を概観したのち，製造企業が需要創造ないし販売の際に用いる3つの機関，中間商人，広告および販売員の特質が検討される。このうち，販売方法については，現品販売，見本販売および銘柄販売 (sale by description) の3つがあげられる。なお，銘柄とは商品の種類，種目，等級などの名称のことである。ショーによれば，見本販売，さらには銘柄販売を可能にしたのは製品の標準化の進展と商業倫理の高度化であるが，この販売方法の発展は，広告の問題ひとつを考えてもわかるように，各機関の役割や効率を大きく変化させつつあった。そのためもあって，販売機関 (agency for selling) に関し，ショーは「企業家は，ある特定の商品の需要創造と物的供給にとって，どの機関またはどの諸機関の組合せがもっとも効率的かという問題に直面している」[27]と指摘する。ただし，この章ではその解決のための方法は提示されていない。その前提として，各機関の特質の分析だけが行なわれる。

販売機関のなかでは，特に中間商人の分析に力が注がれている。流通における中間商人の歴史的変化をあとづけることにより，資本主義経済（ショーの表現では工場制度）の発展にともなう顕著な傾向として，製造企業と消費者との間に介在する中間商人の数＝段階数の減少傾向が取り上げられる。彼は「中間商人の数の減少傾向は現代流通のもっとも際立った特長の1つである」[28]として，図1-2のように示している。ほぼ同じ頃，ドイツではシェア (J. F. Schär) が同様な定式化を行なっている。森下二次也氏は両者の主張を比較して，「ショーがその傾向をもっぱら生産者に発するものと考えているのにたいし，シェアはそれが生産者のみならず消費者からも，あるいは商業内部からもおこりうる傾向であると考えている」[29]と指摘しておられる。米独の状況の違いはあるにしても，ショーが製造企業の視点に立っていることは明らかである。

さらに，製造企業のこのような動きを可能にした理論的根拠を明確にするため，彼は中間商人の機能を分析する。中間商人の一般的機能としては，①危険負担，②商品の輸送，③営業のための金融，④販売（商品についてのアイディ

アの伝達），⑤集荷，仕分けおよび再発送の5つがあげられる。しかし，この時代になると，輸送は運輸業，金融は銀行などの金融業，危険のなかでも物的危険は保険業というように，それぞれ，専門の各種企業が成立，発展して，それらの機能を専門的に引き受けるようになる。そのため，中間商人の機能はしだいに販売と集荷，仕分け，再発送に限定されてくる。これが中間商人の地位の弱体化の主要な原因のひとつともなっている。

　また，図1-2でも明らかなように，企業家の立場からみると，その製品の販売機能は，中間商人のみでなく，販売員や広告によっても分担されている。そのため，引き続きこの両者の検討が展開される。ショーによれば，機能的にはこの2つはよく似ており，直接販売員（direct salesman）も広告も「生産者が中間商人の1つの機能，すなわち販売機能を引継ぐのを可能にするために主に用いられる」[30]のである。特に，製品差別化の進展のもとで，広告の重要性は増大しており，「銘柄販売の増大と商品の差別化の進展のため，広告は，多くの流通部門において，これらの他の機関（中間商人と販売員──筆者）と全面的または部分的に入れ替わる傾向がある」[31]とされる。

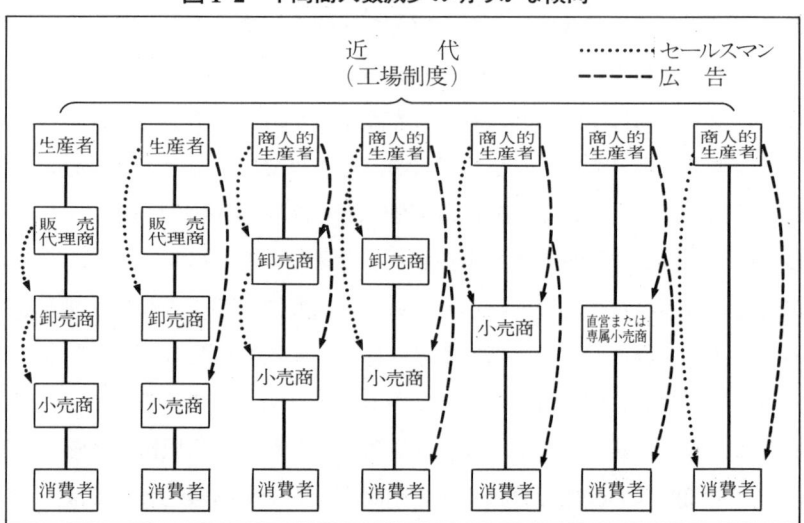

図1-2　中間商人数減少の明らかな傾向

（出所）　Shaw, A.W., *Some Problems in Market Distribution*, 1915, p.74.

第1章　A・W・ショー　15

　この章の主題は企業家が，その製品の販売に際して，需要創造のために使用できる3機関の分析である。その分析は，すでに「流通者の諸問題」の章で明らかにされた，当時のアメリカの市場構造＝競争構造の動向をふまえて，機能分析的に行なわれる。全体を通じて企業家的観点が貫徹しているとはいえ，その意思決定の背景的知識となる社会的状況や一般的傾向の把握に重点が置かれている。特に中間商人の分析においては，流通機構ないし経路の発展傾向がそれ自体として取り上げられる。この部分は，内容的には，いわば社会的流通機構論ともなっており，その研究は，その後，いわゆる社会経済的マーケティング論の研究者たちによっても受け継がれていく。

　以上の2章の位置づけについて，ショーは「流通の一般的問題，今日の製品差別化，生産者の使用できる諸価格政策，販売方法および3つの主要販売機関が手短に検討された。経済学者も企業家もこれまでそのような分析をしていなかったので，これが必要になった」[32]と述べている。その意味で，彼の本来の課題，すなわち企業の流通活動＝マーケティング活動の合理化のための，予備的・背景的考察であるといえる。

　最終章「市場の考察」では，ページ数こそ少ないものの (pp.100-119)，本来の狙いであった企業の流通活動の合理化のための方法が検討の対象となる。この章の冒頭では，まず，市場の地理的かつ経済的・社会的多様性が強調される。ある地域ないしある社会階層に対してもっとも効率のよい販売機関が他の場合にそうであるとは限らない。したがって，地域別，階層別に市場を注意深く分析するのが，企業の第1の課題となる[33]。

　また，販売努力によって喚起される需要については，①表明された意識的需要，②表明されていない意識的需要，③潜在的需要ないし前意識的需要の3段階に分けての把握が重要とされる。販売員の50回の訪問と5,000枚の直接広告とが同じ費用で，前者は10個，後者は8個の売上が得られた場合，①のレベルだけでは販売員のほうが効率がよいが，②，③のレベルでは直接広告がより効率的である可能性が高いことは明らかである[34]。

　企業にとって流通問題の最重点は販売機能の適切な遂行である。企業家は，

最大の需要を創造するような製品についてのアイディアを，各種の機関を通じて見込顧客に伝達しなければならない。中間商人，販売員，広告，どの機関を用いるにしても，これが基本的な目的である。ところが，それまで企業家は一般に経験や勘に頼ってきた。そのため，商品についてのアイディアやそれが消費者に伝達される方式が消費者の状況にマッチせず，しばしば巨額の無駄を生じていた。そこで，ショーはその合理化=効率化のために「流通の実験的研究」(laboratory study of distribution) の必要を提唱する。

彼のいわゆる実験的研究の前提には，大集団から抽出された小集団がその大集団の典型であれば，小集団から得られた平均値は大集団の平均値にほぼ一致するという，平均の法則 (law of average) への信頼がある[35]。したがって，企業家も商品についてのアイディアやその表現形態を，販売キャンペーンの前に，抽出された小集団を対象にテストしなければならない。彼は，出版物の直接広告に関して，郵送簿から抽出された500人に各種販売資料を順次郵送し，20部以上の注文が得られた販売資料については，これを郵送簿記載の全員に発送するという例などをあげている[36]。中間商人や販売員の場合も，考え方は同じである。加えて，どの販売機関も基本的には同一の機能を果たしているので，直接広告の実験で得られた結果は，たとえば，販売員のセールス・トークの構成にも利用できるのである。なお，価格水準と有効需要の関係の決定，製品の品質やサービスの諸要素のうち消費者にとってもっとも重要な要素の決定などについても，ショーは実験的研究を推奨している。その結果，「全体の販売キャンペーンを，実験的研究といわれるものにもとづいて，導くことができる」[37]ようになるのである。

この章では，以上のように，実験的研究がきわめて強調される。しかし，ショーは個々の問題に対する実験的研究だけではなく，系統立った広範な研究を通じて，流通関係の事実や原則に関する組織的な知識体系を確立することの重要性をも提唱し，そのためには，企業家と，経済学者や応用心理学者など，科学者との協力が必要であると指摘している。そのような流通に関する知識体系は，ショーによれば，個別企業の流通活動=マーケティング活動の指針となるだ

けではなく，効率的な社会的流通機構の建設にも貢献するものと期待されていたのである[38]。

第3節　現代的評価

マーケティング理論家として著名なハント（S. D. Hunt）は，最近の著書のなかで，ショーの業績をマーケティング分野での「正式の文献」の始まりとしている[39]。読者も，前項での紹介を通じて，その理論が体系的で首尾一貫していることを了解されたことであろう。本節では，ショーの立場，理論上の主要な貢献，さらにはその後の研究への影響などを眺めることによって，その評価をしてみよう。

その理論が企業家の視点から構成されていることはすでに述べた。しかし，彼は企業家一般の立場をとっていたのではない。「いっそうすぐれた流通者」（more able distributor）という表現を彼は好んで使っている[40]。これは単に個人的資質の問題にとどまらず，相当の規模の企業ないしその経営者を指すものである。「特別にすぐれた流通者は，近年，ますますこの政策（市価以上での販売——筆者）に頼るようになった」[41]という表現は，このことをよく示している。この（当時としての）大企業の視点に立つことは，ショーの理論の対象範囲を拡大し，その内容を豊富，多彩にした。

具体的には，まず，企業の外部環境を総合的に捉えることが可能になった。これはショーの理論の重要な特長のひとつである。彼は，直接的環境である消費者と競争を分析の中心に置いているが，さらに世論，法律，政府などのより広い外部環境にも十分な考慮を払っている[42]。これも大企業の視点にたてばこそである。こうして，（市場的）環境への適応行動としての流通活動＝マーケティング活動の体系的研究が成立した。この分析対象を，基本的には，大企業の市場行動に置くという立場は今日まで受け継がれている。

なお，コンヴァース（P. D. Converse）はショーが「大企業が成長することにかなり不安を抱いており，大企業の市場シェアが過大になり経済の健全な発展

が阻害されることをひどく恐れていた」[43]と述べている。しかし，『市場流通の若干の問題』の叙述自体に関するかぎり，このような考え方は一切示されていない。

次に，理論的貢献としては，消費者と競争とを統合的に理論体系に組み込んだのも，実はショーが最初である。消費者の分析においては現代の市場細分化論の萌芽などもみられるが，もっとも重要なのは，近藤文男氏の表現を借りれば，それまで「企業家や経済学者が問題としてこなかった人間のニーズや欲求の問題をマーケティング理論にとりこもう」[44]とした点である。

一方，競争に関しては，彼の研究には，今日のような総合的な競争戦略の分析はみられない。しかし，製品差別化や価格政策の叙述に明らかなように，当時の競争状況＝競争構造の把握はその理論展開の前提となっている。そこではショーは，1930年代にチェンバリン（E. H. Chamberlin）が樹立した独占的競争の概念につながるような，競争状況を想定している。現代のマーケティング論において，独占的競争こそが「戦略的マーケティングが創出しようと努めている競争状況」[45]とされているのを考えると，この点でも彼の貢献はきわめて大きかったといえる。

このような市場的環境についての深い認識に基づいて，それとの相互作用としての企業の流通活動＝マーケティング活動が，図1-1にみられるように体系的に構成される。ここでは，「動作」を基礎概念とする機能分析が一貫して取られている。なお，のちに多くの論者に影響を与えることになる中間商人の機能分析がショーの業績として有名であるが[46]，それは流通活動全体の機能分析の一部分にしかすぎないのである。

もちろん，当時の時代的状況もあり，ショーの理論においては，「相互依存と均衡の原則」を強調しつつも，企業の各種活動＝機能を統合する科学的技法は存在していない。また，実はそれとも関連するのであるが，成果に対する費用の分析もなされていない。たとえば，「広告に伴う費用問題も一切扱われておらず，したがって費用と価格の調整という重要な意思決定問題が欠落している」[47]のである。

このような限界はあるにしても，市場的環境に対する企業の積極的な適応行動を初めて統合的かつ理論的に体系化したという意味で,「マーケティング研究はいうまでもなくA・W・ショーの体系に始まる」[48]のであり，彼こそはまさに「マーケティング論のパイオニア」であった。

しかし，彼の理論の全面的な継承者はいない。彼自身が純粋の研究者ではなく，そのため後継者を育てる機会がなかったということもあろう。その後しばらくの間，アメリカの個別経済的マーケティング研究においては，ショーの提唱した統合的視点は後退し，広告，販売員管理など個々の分野の研究が目覚ましい進展をとげる。また，社会経済的マーケティング研究に関しては，彼の理論体系のなかから中間商人の機能分析の部分だけが抽出され継承されていく。

〔注〕
1) M. T. Copeland, "Arch W. Shaw," *Journal of Marketing,* Vol, 22, No.3, 1958, p.313.
2) 福田敬太郎「アメリカにおける配給論の発達」『国民経済雑誌』第47巻，第5号，1929年，87ページ。
3) 主として，M.T. Copeland, *op.cit.*, pp.313-315による。
4) A. W. Shaw, *An Approach to Business Problems,* Harvard Univ. Press, 1916, p.1 & pp.3-4. 以下，引用時には *Approach* と略称。
5) 経営学者による評価の例としては，池内信行「Business Administration の特質について」『商学論究』第36号，1961年，135ページなどを参照。
6) 伊藤康雄・水野裕正訳『市場配給の若干の問題点』文眞堂，1975年。
7) 丹下博文訳『市場流通に関する諸問題』白桃書房，1992年。
8) 福田敬太郎『商学総論』千倉書房，1955年，176ページ。
9) H. Barger, *Distribution's Place in the American Economy*, Princeton Univ. Press, 1955, p.70, table 20.
10) L.C. Marshall, *Business Administration*, Univ. of Chicago Press, 1921, pp.257-258.
11) *Ibid.*, p.258.
12) 光澤滋朗『マーケティング論の源流』千倉書房，1990年，39〜85ページ。
13) A.W. Shaw, *Some Problems in Market Distribution*, Harvard Univ.Press, 1915, pp.42-43. 以下，引用時には *Problems* と略称。
14) *Ibid.*, p.43.
15) 薄井和夫「1910年代販売管理論および企業的マーケティング論の一考察」『商学

論纂』第23巻，第1/2号，1981年，81～120ページを参照。
16) A. Walker, "Scientific Management Applied to Commercial Enterprise," *Journal of Political Economy*, Vol.21, 1913, p.388.
17) L. C. Marshall, *op.cit.*, p.259.
18) *Problems*, pp.96-97.
19) *Ibid.*, p.5.
20) ボェーム-バヴェルクの研究者, 京都産業大学塘茂樹氏のご教示による。
21) *Problems*, p.6.
22) *Ibid.*, pp.9-12, また *Approach*, pp.7-11.
23) *Problems*, pp.28-31.
24) *Approach*, pp.115-291.（ここでは流通活動の全領域が扱われている。）
25) *Problems*, p.57.
26) *Ibid.*, p.62.
27) *Ibid.*, p.67.
28) *Ibid.*, p.75.
29) 森下二次也『現代商業経済論』有斐閣, 1960年, 273ページ。
30) *Problems*, p.89.
31) *Ibid.*, p.93.
32) *Ibid.*, p.96.
33) *Ibid.*, pp.100-102.
34) *Ibid.*, pp.104-106.
35) *Ibid.*, pp.110-111. また, 薄井和夫, 前掲論文, 113ページ。
36) *Ibid.*, pp.112-114.
37) *Ibid.*, p.118.
38) *Ibid.*, pp.118-119.
39) S. D. Hunt, *Modern Marketing Theory : Critical Issues in the Philosophy of Marketing Science*, South-Western Publishing Co., 1991, p.208.
40) *Problems*, pp.49, 57, etc.
41) *Ibid.*, p.57.
42) *Ibid.*, pp.31-40.
43) P. D. Converse, *The Beginning of Marketing Thought in the United States*, Bureau of Business Research, Univ. of Texas, 1959, p.39（梶原勝美訳『マーケティング学説史概論』白桃書房, 1985年, 63ページ）。
44) 近藤文男『成立期マーケティングの研究』中央経済社, 1988年, 85ページ。
45) J.-J. Lambin, *Le marketing stratégique*, McGraw-Hill(Paris), 1986, p.165（三浦信・三浦俊彦訳『戦略的マーケティング』嵯峨野書院, 1990年, 198ページ）。
46) J. N. Sheth et al., *Marketing Theory : Evolution and Evaluation*, John Wiley & Sons, 1988, p.53（流通科学研究会訳『マーケティング理論への挑戦』東

洋経済新報社，1991年，64〜65ページ）.
47) 堀田一善「初期マーケティング研究方法論争の特質」堀田一善編著『マーケティング研究の方法論』中央経済社，1991年，18ページ。
48) 荒川祐吉『マーケティング・サイエンスの系譜』千倉書房，1978年，213ページ。

〔三浦　信〕

第2章

R・S・バトラー
──忘れられた先駆者──

第1節 は じ め に

　ラルフ・S・バトラー（Ralph S. Butler, 1882−1971）は，ショウ（A. W. Shaw）などと並ぶマーケティング研究の先駆者のひとりである。彼は，工業製品との関連で著作の名称に「マーケティング」という用語を用いた最初の人であり，個別企業の視点によるマーケティング論の原型を提示した最初の研究者のひとりである。だが，このような学説史上の重要性にもかかわらず，これまで特にわが国ではショウの先駆的業績にのみ関心が集中し，バトラーはいわば忘れ去られた存在であった。バトラー理論の本格的な研究が始められたのは最近のことにすぎない[1]。

　バトラーは実務の人であった。彼はその生涯の大半を実務家としてすごした。彼は，1904年にミシガン大学を卒業して高校教諭などをした後，1907年から3年間，プロクター・アンド・ギャンブル社（以下P＆G社）で東部販売管理者の助手を務めた。1910年，バトラーはウィスコンシン大学に経営管理論の助教授として赴任した。彼の大学研究者としての生活はこのときに始まり，1916年にニューヨーク大学への転任を経て，翌17年，U・S・ラバー社の商業調査部長への就任をもって終わった。以後，彼は同社の広告部長を経て1926年にポスタム社（1929年からゼネラル・フーズ社）に移り，広告部長，広告担当副社長などを歴任し，1948年に退職した後も，同社の社史編纂にたずさわるかたわら，

広告・マーケティングのコンサルタント業務を行なっていた[2]。

このように，バトラーが大学研究者としてすごした期間は短く，彼の理論活動は1910年代に集中している。だが，まさにこの時期，バトラーはマーケティング論のパイオニアとしての活動を行なったのである。

バトラーの理論は，前世紀末以来，なかんずく今世紀初頭のマーケティング諸活動の自己客観化の産物であった。特にP＆G社とのかかわりは深く，バトラー自身，P＆G社で「現在われわれがマーケティングとして知っている分野の最初の経験をもった」[3]と回想している。このP＆G社は[4]，1879年の「アイボリー石けん」の発売を機に活発なマーケティング活動を展開した企業として知られている。同社は，当初小規模な企業であったが，「水に浮く」・「純度99.44％」など歴史的に著名な広告に象徴されるマーケティング活動をテコに成長を遂げ，1890年に株式会社化を果たし，1900年にはその純利益額が100万ドルに達していた。これとともに米国の石けん市場も寡占的な構造をとるようになり，1904年の工業センサスによれば，石けん事業所全体の3％にすぎない生産額100万ドル以上の巨大事業所がすでに石けん総生産額の過半を占めていた[5]。だが同時に，石けん市場の競争はきわめて激しかった。P＆G社は，他の石けん製造企業ばかりでなく，副産物として石けんを製造するようになった食肉産業や綿実油産業などの巨大企業との競争にも直面せざるをえなかった。——このように，今世紀初頭の石けん産業は，巨大企業が成立しつつも，参入を容易に許容するなどその支配基盤は相対的に脆弱であり，企業間の独占的な協調行動よりも，むしろ巨大企業間の競争的行動が基軸となっていたということができる。バトラー理論の客観的基盤はこのような性格の産業であった。

第2節　バトラー理論の内容と特徴

バトラーの主要な著作には以下のようなものがある。

① *Sales, Purchase, and Shipping Methods,* Extension Division of the University of Wisconsin, 1911.

② *Advertising, Selling and Credit,* with L. Galloway, Alexander Hamilton Institute (Modern Business, Vol. IX), 1911.
③ *Marketing and Salesmanship,* with H. F. DeBower and J. G. Jones, Alexander Hamilton Institute (Modern Business Series, Vol. III), 1914.
④ *Marketing Methods,* Alexander Hamilton Institute (Modern Business, Vol. 5), 1917.
⑤ *Marketing and Merchandising,* Alexander Hamilton Institute (Modern Business, Vol. 5), 1918.

以上の著作のうち，1911年の2つは，後年の著作への萌芽を宿す初期的な著であり，1914年以降のものがバトラー独自のマーケティング概念が登場する本格的な著作である。以下，この分類に従いそれぞれの内容について検討しよう（以下，引用は上掲書の番号を示す）。

1. 初期の2つの著作——チャネル選択論の先駆——

バトラーの最初の著作である『販売，購買，発送の方法』(1911年) は，ウィスコンシン大学の通信教育用のテキストとして書かれた。全体は6分冊からなり，その構成は，課題1「販売の諸方法」，課題2「販売部門の組織」，課題3「販売キャンペーン」，課題4「セールスマンシップ」，課題5「購買の諸方法」，課題6「発送の諸方法」となっている。

一方，ギャラウェイ(L. Galloway)との共著である『広告，販売，信用』(1911年) は，第1部「広告」，第2部「販売と購買」，第3部「信用と信用調査係」の3部構成をとり，バトラーはその第2部を担当している。ここでのバトラーの叙述は，著作①の課題6を削除し，全体を15章に細分割して多少の加筆を行なっており，前著と比べればより整理され充実したものとなった。だが，バトラーに特徴的なマーケティング概念はいまだ登場してはおらず，この意味で初期的な性格を免れてはいない。

この2つの著作をつらぬく基本的特徴は，中間商人排除傾向の指摘と，製造業者のチャネル選択問題についての先駆的な提示にある。

中間商人排除の傾向は，バトラーの表現では，「ジョバー (jobber) ないし中間商人の重要性の低下」(① p. 27)，「中間商人の重要性の低下」(② p. 314) などと呼ばれる。バトラーによれば，「かつては，取引チャネルははっきりと決められており，製造業者が販売の諸方法を選択する余地はほとんどなかった。流通業者の各層は，流通の連鎖 (chain of distribution) のなかで固定した場所を占めており，生産者と市場との間に新たな接触のためのラインを開拓しようとする試みはほとんど存在しなかった。競争は今日のように激しくはなかった」。だが，「今日，状況は一変した。伝統的な諸方法をそれ自体として尊重することはほとんどなくなった」という (② pp. 275-276)。

　このような状況のなかで，「近年，製造業者の販売諸方法には，多くの変化がみられるようになっている。その流通網から中間商人を完全に除外している製造業者の数は，着実に増加しつつある」とバトラーは指摘する。特に，「多くの製造業者は，自分自身の立場を強化するために，また，ある部分では，過剰な中間商人によって生活必需品が取り扱われているためだとしばしば考えられている高物価への一般的な不満に対処するために，その製品の流通をもっぱら卸売商人に頼るという政策を廃止してきた。彼らは，ますます，小売業界との直接取引を求めるようになっている」(② p. 314)。バトラーによれば，このような「ジョバーの重要性の低下」は，(1) パブリシティの成長と広告キャンペーンの複雑さのために，製造業者がその効果を点検し，必要な販売活動によって補足する必要が生じたこと，(2) 経営の大規模化，資本投資の増大によって，製造業者が消費者と密接な関係を求めるようになったこと，(3) 小売業者側の購買力が増大したこと，という要因によってもたらされたものであった (① p. 28, ② pp. 314-315)。

　だが，バトラーは，ジョバーが流通機構から完全に排除されるとは考えていない。すなわち，「ジョバーの重要性の減少をもたらす傾向にもかかわらず，彼がマーチャンダイジング機構から排除されてしまうということは考えられない」とバトラーは言う。それは，「小規模な近隣小売店は，ジョバーがなければ存在できないであろう」からである (② pp. 315-316. cf.① pp. 28-29)。

以上のようなバトラーの分析は，それ自体は流通の社会経済的分析というべき性格のものである。だが，バトラーは，こうした認識を基礎に，個別企業の視点による先駆的なチャネル選択論を展開した。

バトラーによれば，「いかなるビジネスにおいても，販売部門の適切な発展と，企業が直面しなければならない固有の販売問題の納得のいく解決は，企業の成功にとって重要である」(② p. 275. cf.① p. 3) が，特に製造業者は，小売業者やジョバーと異なって「より複雑な問題を有している」という。それは，製造業者は，「最初に，ジョバーに販売するのか，小売業者に販売するのか，消費者に販売するのかを決定しなければならない」からである (① p. 19, ② p. 305)。この種の「販売問題」は，小売業者やジョバーには存在せず，製造業者に独自のものであるとするのがバトラーの強調するところであった。

バトラーは，この問題には「製品自体の性格」と「経営政策と便法 (expediency)」という2つの要素が影響を与えているとし，さらに，「ジョバーのみへの直接販売」，「小売業者のみへの直接販売」，「消費者のみへの直接販売」について，それぞれの「有利 (advantage)」・「不利 (disadvantage)」を箇条書き的に提示した (① pp. 19-27, ② Part II, Chap. IV)。

こうしてバトラーは，製造企業の長・短チャネル選択問題についての先駆的な分析を行なった。それは学説史上，最初のチャネル論と評価されるものであった[6]。

2. 1914年以降の著作——企業的マーケティング論の原型——

バトラーは，1914年以降その理論を全面的に開花させた。このうち，『マーケティングの諸方法とセールスマンシップ』(1914年) は，デボゥ (H. F. DeBore)，ジョーンズ (J. G. Jones) との共著ながら，書名に初めて「マーケティング」の名称を冠し，バトラーの特徴あるマーケティング概念が登場する記念碑的な著作である。全体は，第1部「マーケティングの諸方法」，第2部「販売」，第3部「販売管理」の3部構成をとり，バトラーはその第1部全14章を担当している。

続く『マーケティングの諸方法』(1917年) は，バトラー唯一の単著であり，

前著の第1部の内容を継承しつつ,全体を21章に拡大したものである。

一方,スウィニー(J. B. Sweeny)との共著である『マーケティングとマーチャンダイジング』(1918年)は,第1部「マーケティング」,第2部「マーチャンダイジング」からなる。バトラーは,著作②以降,常に,アレクサンダー・ハミルトン研究所の「モダン・ビジネス」という叢書の一環として執筆してきたが,この著作は,叢書の構成上,1917年には独立の著作であったスウィニーの『マーチャンダイジング』とバトラーの著作とが合併されたものである[7]。第1部「マーケティング」は全13章からなる。同書では,マーケティングの問題は「製造業者の観点から」議論され,マーチャンダイジングは小売業者・ジョバーの問題であるとされているのが特徴的である。

1) マーケティングの概念

バトラー理論の最大の特徴のひとつは,その独自なマーケティングの概念規定にある。この概念が最初に登場した1914年の著作をみてみよう。

バトラーは,同書の序章を,「いかなるものを販売しようとも,すべての人が考慮しなければならない3種類の異なる事柄が存在する」という書き出しで始める。彼によれば,それは,第1に「人的セールスマンシップと販売管理(sales management)」であり,第2に「広告」であり,第3に「人的セールスマンシップないし広告のいずれか一方にのみかかわるのではなく,双方に共通する事柄」である。たとえば,製造業者が新製品の販売に着手する場合,製造業者はセールスマンの採用・訓練・監督や多くの重要な広告上の問題に注意を払わなければならないが,決してそれがすべてではない。「人的セールスマンシップと広告双方の計画化に先立つ販売キャンペーンの準備というもうひとつの重要な局面が存在する。キャンペーンの背後にある計画は,すべてのセールスマン,すべての広告の成否をあらかじめ決定づけるものである」(① p. 1)。

だが,バトラーによれば,「完全なキャンペーンに含まれるこうした諸活動を指し示すための一般的な名称は存在していない。『販売』という言葉は,当然のことながら,営利的方法で販売するものをもっている人が行なうすべての事柄

を含んでいる。だが，一般的慣用では，この言葉はその意味を限定され，人的セールスマンシップについてのみ用いられることがきわめて多い。これに代わって，『マーケティング』という言葉は，流通キャンペーン全般に適用されるものとして，次第に広く使用されるようになってきている。われわれが一般に使おうとしているのはこの言葉である。マーケティングの諸方法は，ある意味では，販売に影響を与えるためになされるすべての事柄を含みうる。だが，通常，マーケティング諸方法の研究は，広告技法とセールスマンシップの技法の考察を除外し，商品販売のためのこの2つの異なる方法のいずれか一方とだけかかわるわけではない販売の諸問題だけを含める」(③p.2)。

以上のように，バトラーにおけるマーケティングの概念は，広い意味では人的販売と広告の問題を含むことを示唆しつつも (cf.④p.5)，むしろそれらと明確に区別されうることを強調し，マーケティングを「販売キャンペーンの準備」・「キャンペーンの背後にある計画」と規定した。これは，セールスマン活動の計画などを越えるより広範な計画領域の存在を示したものであり，販売活動レベルにおける計画と執行の分離という問題を越えて，マーケティング全体における計画と執行の分離を説いたものということができる。

ここで注目されるべきことは，この特徴あるバトラーのマーケティング概念は，彼のP&G社での経験に直接的に負っているという点である。このことについて，バトラーは次のように回想している。「P&G社での私の経験は，私に次のことを確信させた。すなわち，製品市場を求める製造業者は，セールスマンを出張させたり，出版物に広告を挿入したりして販売計画を表現する以前に，多くの問題を考慮し，解決しなければならないということである」[8]と。

——バトラーの画期的なマーケティング概念は，前述したような石けん産業の状況を直接の基盤として成立したのであった。

2) 企業的マーケティング論の原型

さて，バトラーによれば，「マーケティング・キャンペーンの計画は，きわめて多くの事柄の研究を含まなければならない。重要性のトップに位置づけられ

るは——必ずしも時間的経過から最初であるというわけではないが——取引諸関係の研究である」(④ p. 225)という。この取引諸関係の研究とは,「流通制度における中間商人の位置を考察し,各種小売業とその諸関係の変化を研究し,ジョバーとその地位を分析する」ことを企図している (④ pp. 6-7)。先にも指摘したように,このような分析自体は流通の社会経済的分析であるといえる。だが,バトラー自身,「テキストのこの部分は,製造業者にとって価値があるはずである。というのは,取引諸関係の生きた諸問題を研究しなければ,彼は,取引チャネルの選択を賢明に行なうことはできず,あるいは,いかなる販売努力の指揮も賢明に遂行することはできないからである」と明記しているように,こうした「取引諸関係の研究は,マーケティング・キャンペーンの準備にとって最も重要な事柄」と位置づけられているのである (④ p. 7)。

さて,「製造業者がその製品のマーケティングを行なう際に活用するすべての様々な要因について注意深い研究を行なったなら,彼は,その製品と市場を研究し,次に,最低の費用で最大の売上をもたらすであろう取引チャネルと販売方法の選択を行なう」ことになる (④ p. 7)。この「製品」,「市場」および「取引チャネルと販売方法」(または,たんに「取引チャネル」ないし「望ましい市場に到達するための方法」)を,バトラーは「取引諸要素」と呼ぶ。彼によれば,「取引諸要素は,マーケティングという機械装置の歯車である。それらは,いかなるものを販売しようとも,すべての人が実際の販売キャンペーンに先だって研究すべき事柄である」という (③ p. 5, ④ p. 25)。また,こうした「取引の3大要素は,相互に密接に結びついている。そのいずれかひとつだけの研究では,配給業者になにももたらさない。すべての要素の苦労をともなう注意深い研究のみが,彼を成功へと導くのである」と強調される (③ p. 8, ④ p. 29)。

このように,バトラーは,製品,市場,取引チャネル(市場への到達方法)を,マーケティング(キャンペーンの背後にある計画)の主要な構成要素(歯車)と規定し,それぞれの分析を試みた。さらに,1917年の著作では「価格」が「キャンペーンの計画化における最も重要なステップのひとつ」と規定され,他の「取引諸要素」との関係にあいまいさを残しながらも,一定の位置づけが

与えられるようになった（④ p. 276. cf.⑤ p. 164）。バトラーのこうした議論は，マーケティング計画が，製品，市場調査，チャネル，さらには価格という要素をも包含したものであることを端緒的に示したものであり，今日のいわゆる4Pを中心とする理論にも通じていく企業的マーケティング論の原型を提示したものといえる。

3) 製品の研究

さて，「広告コピーがいかに上手であろうと，販売員がいかに効果的であろうと，キャンペーンの計画が適切でないかぎり，広告もセールスマンもビジネスの成功をもたらすことはできない」（③ p. 147. cf. ④ p. 226）と「マーケティング計画の必要性」を強調するバトラーは，しかし，「計画が不適切なものであれば，キャンペーンのための明確な計画も有害無益である」という。彼によれば，「適切なキャンペーンの計画は，注意深い研究，調査，分析に基づかなければならない」。そうでなければ，計画は「たんなる気まぐれや個人的偏見」に基づくことになるからである（④ p. 227. cf. ③ p. 148）。バトラーは，製造業者がマーケティング問題の分析を行なうタイミングとして，(1) ビジネスをスタートさせる前または直後，(2) 広告を追加しようとして，それまで無視してきた事実を調査する必要が生じたとき，(3) 競争上より高い能率が必要であることに気づき，その場しのぎやり方を止め，事実に基づき注意深く練り上げられた政策に代位させようと決定したときという「3つの機会」を掲げるが，バトラーの叙述は「ビジネスを始めようとしている製造業者」を想定する。それは，この時期が，理論上，完全な分析を必要とする時期だからであり，すでに市場に参加している製造業者にとっても，ここでの考察が等しく役立つと思われるからである（③ p. 150, ④ p. 229）。

このような想定から，バトラーは「製品の研究」を取引諸要素の考察の最初に掲げた。そこには，「製品の確認」，「製造条件」，「ビジネスの資金」，「商品名」，「商標」，「パッケージ」，「セリング・ポイントの明確化」，「需要」，「製品ファミリィ」など多様な論点が含まれている（③ Chap.X, ④ Chap. XV. cf.⑤ Chap. III）。

これらは，本来必ずしも製品研究とはいえない要素をも包含しており，また内容的に未成熟な点も多い。だが，マーケティング計画の第1歩として製品研究を明示的に掲げたことは，それ自体画期的なことであった。特に，バトラーが製品研究の第1の要素として「製品の確認」を掲げたことは注目に値する。

「製品の確認」は，後に「製品テスト」（⑤ p. 27）と言い換えられるが，研究所やワークショップで行なわれる「技術テスト」と，購買者の手許でも製品が容易に機能するかどうかを確認する「実地テスト」からなる。こうした事例としてバトラーがあげているのは，安全カミソリやP&G社のクリスコである。後者は，P&G社が1911年に市場に導入した純植物性ショートニングであり，同社はこれによって加工食品産業への参入に成功し，多角化を果たした。それまで市場に存在しなかったこの新製品を導入するに際し，P＆G社は創意あふれる種々のマーケティング活動を展開していた[9]。バトラーは強調する。「製品は，様々なテストを受けるまでは，一般に公然と市場に出せる状態にはない。——しばしば大きな関心がふりむけられる事例は，P＆G社のクリスコの事例である。それは，販売可能な製品と認知されるまで2年以上にわたって厳しいテストを受け続けた。その間，それは，化学研究所，料理学校，全国各地の家庭，その他多くの場所で試用された。こうした経験から，その成分に多くの変更がほどこされた」と（⑤ p. 27. cf. ③ p. 151, ④ pp. 229-230）。

バトラーはこれ以上の分析を行なっておらず，「製品テスト」の手法や手続きを明確にしているわけではない。だが，いかに不十分で萌芽的であるにせよ，彼の議論が，「ビジネスを始めようとしている製造業者の観点」から，新製品の市場導入のための製品研究をも含んでいたという事実は記憶されてよい。

4) 市場の研究

製品の研究に続くのは「市場の研究」である（③ Chap. XI, ④ Chap. XVI, ⑤ Chap. IV）。市場調査の実践は，P＆G社を含む諸企業によって萌芽的に行なわれはじめており，また，1908年には民間調査会社（Business Bourse）が設立され，11年にはカーチス出版社の営業調査部門で著名なパーリン（C. C. Parlin）

が市場調査を行ない始めていた。こうしたなかで，同時代のマーケティング研究者であるショウは，自らハーバード・ビジネス・スクールに経営調査局を開設するかたわら，「市場の分析」についての議論を展開した。バトラーもまたこうした動向の例外ではなかった。パーリンと知己を得ていた彼は，「市場の研究」をマーケティング計画の第2の要素と位置づけた。

　バトラーによれば，「市場を研究する目的は，製品を研究する目的と同じく，最も効果的で経済的なマーケティングの諸方法を確定すること」であり，「調査のための調査では価値がない」（③ p. 163）とし，「市場の研究」として考慮しなければならない多様な要素を列挙した。

　まず，「市場を構成するのは誰か」が問われなければならない。たとえば製造業者が新ブランドを市場に導入する場合，誰が新ブランドを買うのか，製造業者は誰にアピールしなければならないか，購買者に影響を与えるのは誰かがわからなければならない。また，購買者が男性であるか，女性であるか，子供であるかは，製造業者のマーケティング計画の多くの要素を左右する。さらに，見込み購買者は裕福であるか低所得者であるか，その職業は何か，どのような環境（都会，町，地方）に住んでいるのかなどが明らかにされる必要がある。

　次に，「市場はどこであるのか」が問われる。これは，市場が国際・全国・地方・地域市場のいずれであるのか，何が市場の境界を画し，境界の拡大は可能であるか，気候条件はどうかなどの問題を含んでいる。

　さらに，販売方法は購買時期に大きく依存するため，「製品はいつ販売されるべきであるか」が問われなければならない。また，「購買はどのようにして行なわれるのか」という問題は，主に既存の競争領域に参入しようとする製造業者にとって重要であるが，そのある部分は市場のパイオニアにとっても重要である。ここでは，購買慣習を変更することが容易であるかどうか，購買者は商人から買うのか製造業者から買うのか，信用は必要か，大量に買うかどうかなどが問題にされる。さらにまた，「どれだけの量が販売可能か」が問われる。ここでは，市場の総消費量の算定，市場が「飽和点」に達しているかどうか，消費量と生産量の比較などが問題となる。

以上の消費者の分析に加えて,「競争の研究」がなされなければならない。すなわち,競争業者の数,それぞれの履歴,競争業者の相対的な強さ（市場シェア,のれん）,競争業者のマーケティング方法が明らかにされなければならない。このほか,「輸送上の諸問題」も検討されねばならないとされる。

　以上のように,バトラーの市場研究論の内容は,マーケティング計画のために調査すべき項目の提示であり,調査の方法論を含んでいないという限界をもっている。だが,その消費者の分析項目はきわめて多様であり,バトラーの議論は,市場調査論の先駆的業績のひとつに数えられるものである。

5) 取引チャネル（市場に到達するための方法）

　キャンペーンの計画化に必要な第3の要素は,「取引チャネル」(「望ましい市場に到達するための方法」）である。この問題は,1911年の初期的な著作以来,バトラーがつねに重視してきた問題であった。ここで「取引チャネル」とは,「商品が生産者から最終消費者まで進んでいく際に通過する取引ルート」を意味するとされ(③ p. 8, ④ p. 29),その選択は,「キャンペーンの計画化で最もむずかしい部分」(③ p. 179) とされた。

　こうした製造業者のチャネル選択の理論は,小売販売,小売競争,チェーンストア,通信販売,小売業者と全国広告,ジョバーのサービス,ジョバーの地位,プライベート・ブランド問題などの「取引諸関係」の分析を前提として提示された (③ Chaps. II〜IX, ④ Chaps. IV〜XIV)。バトラーが示した取引チャネルのリストは,次表のようなものである (④ pp. 180-181. cf. ③ pp. 263-264)。

　バトラーは,こうした取引チャネルは単独で用いられる場合も組み合わせて用いられる場合もあるとし,それぞれの取引チャネルの有利・不利を論じ,さらに次のような要素がこの選択に影響を与えるとしている。まず,取引チャネルは「慣習的な販売方法」に従う場合がある。また,パーリンの提起した「買回品と最寄品」の区別は,取引チャネルの選択に影響を与えるとする。さらに,製品が新しくて「なじみのない製品」である場合や,製品が複雑で「特別の販売努力を必要とする」場合なども,チャネル選択に影響を与えるという (③ pp.

A．製造業者から消費者への直接販売
　　1．勧誘員ないし注文取り
　　2．通信販売
　　3．通常チェーン原理によって運営される製造業者の直営小売店舗網
B．製造業者から小売業者への直接販売
　　彼はセールスマンまたは通信販売のいずれかによって小売業者に到達する。
　　1．彼はひとつないしそれ以上の種類の小売業者と取引する。
　　　a．地方の万屋
　　　b．専門店
　　　c．百貨店
　　　d．製造業者所有でないチェーンストア
　　　e．通信販売店
　　　f．小売業者の協同仕入組織
　　2．彼は仕入を欲するすべての特定層の小売業者に全般的に販売する。
　　3．彼は1地域でひとつの小売業者へ販売を限定する。
C．製造業者からジョバーへの直接販売
　　彼はセールスマンないし通信販売のいずれかによってジョバーに到達する。
　　彼の商品は，以下の方法で小売業者の望ましい層に対して流通させられる。
　　1．彼に協力するすべてのジョバー
　　2．特定の区域に専属的ジョバー代理人をもっている選択されたジョバー
D．製造業者から専門代理商への直接販売
　　彼はセールスマンないし通信販売によって彼らに到達する。
　　彼らはマーケティング連鎖の正規の部分ではないために専門代理商と呼ばれる。
　　こうした専門代理商は，ジョバー，小売業者，ないし消費者に販売する。
　　彼は以下のいずれかである。
　　1．代　理　商
　　2．手数料商人
　　3．ブローカー

185-190, ④ pp. 269-275)。このうち第2の論点は，商品タイプ別チャネル選択論の先駆的議論であり，また第3の論点は，今日の経営史的マーケティング研究が，製造業者の前方統合の説明に用いる論拠にも通じるものがあるといえる。このようにバトラーは，自らの初期的な議論をさらに発展させたのであった。

6) 価格設定およびキャンペーン全体の各ステップ

バトラーは，以上に加えて，1917年に「完全なキャンペーン」という章を新たに興し，価格の設定問題を「キャンペーン計画化の重要なステップのひとつ」と位置づけるにいたった。ここでバトラーは，製造費用，販売費用，利益といった要素のほかに，提供されるサービスの性格と価値，見込み顧客の支払能力，および競争という統制できない3つの要素が影響を与えるとしている。

以上，これまでの議論を総括してバトラーが掲げる「キャンペーンのステップの要約」は，次のようなものであった（④ pp. 291-292. cf. ③ p. 195）。

製品の研究，市場の研究，取引チャネルの選択，価格の設定，セールスマンと広告のいずれを活用するか，販売政策（信用，数量割引，特別価格，価格維持，保障，サービス），マーケティング費用の図示，セールスマンと広告の組織化（スケジュール），セールスマンと広告の調整，流通の確保・ディーラーとの協力，実際の費用・売上・利益の詳細な記録のための計画。

こうした「要約」は，バトラーが描いていたキャンペーンの全体像と，彼が力点をおいた要素がどこに位置するかを明確に示しているのである。

第3節　バトラー理論の現代的評価

以上のように，バトラーは，マーケティング理論の成立期にあって，P&G社その他の活発なマーケティング活動を基盤としつつ，マーケティングの先駆的な議論を展開した。その理論的貢献は，大きく3点に要約できるであろう。

第1に，バトラーのマーケティング概念は，たんなる販売レベルを越えて，マーケティングのレベルにおける計画と執行の分離を主張したものであった。それは今日のマーケティング管理概念成立へ向けての明確な第1歩であった。

第2に，彼の掲げた取引諸要素および販売キャンペーンのステップは，いわゆる4つのPを中心に構成される現代マーケティング論の原型をなしている。この意味で，「マーケティング・ミックスは，ある意味では，バトラーの独創的なマーケティング概念に含まれた諸要素の現代版である」[10]というバーテルズ

の評価は，きわめて正当なものである。

　第3に，取引諸要素の内容にも随所に先駆的見解がみられる。とりわけ，今日でもマーケティング論テキストに一般的にみられるチャネル選択論は，バトラーをもって嚆矢とするのであり，大きな意義を有しているといえる。

　以上のように，バトラーは，企業的マーケティング論の端緒を切り開いた人物として，マーケティング学説史上，高い評価が与えられるのである。

〔注〕
1)　わが国のバトラー研究には以下のようなものがある。三浦信『マーケティング論の構造』ミネルヴァ書房，1971年，39〜40ページ；西元良行「1910年代のマーケティング論」高宮晋他編『現代経営学の課題』有斐閣，1974年所収；光澤滋朗「R・S・バトラーのマーケティング概念」『同志社商学』第36巻第3号，1984年10月；薄井和夫「R・S・バトラーの企業的マーケティング論について」『社会科学論集』第58号，1986年3月；近藤文男『成立期マーケティングの研究』中央経済社，1988年，第1章；光澤滋朗『マーケティング論の源流』千倉書房，1990年，第6章。また，バトラーのチャネル論を評価したものに，尾崎久仁博「中間商人の排除とチャネル・タイプの選択理論」陶山計介・高橋秀雄編『マーケティング・チャネル』中央経済社，1990年所収がある。
2)　バトラーの経歴については，R. Bartels, *The History of Marketing Thought*, 2 nd ed., Grid Inc., 1976, pp. 248-249（山中豊国訳『マーケティング理論の発展』ミネルヴァ書房，1979年，377〜378ページ）．P. D. Converse, *The Beginning of Marketing Thought in the United States*, University of Texas, 1959年, pp. 32-33（梶原勝美訳『マーケティング学説史概論』白桃書房，1985年，53〜55ページ）．J. P. Wood, "A Pioneer in Marketing: Ralph Starr Butler," *Journal of Marketing*, Vol. 25, No. 4, April, 1961, pp. 69-71；光澤滋朗，前掲論文，を参照。
3)　R. Bartels, *op. cit.*, p. 249（山中訳，377ページ）．
4)　P&G社については，小林啓志「プロクター・アンド・ギャンブル」『産業と経済』第1巻第2号，1986年9月；第2巻第2号，1987年9月；Chandler, Jr., A. D., *The Visible Hand,* The Belknap Press, 1977, p. 296（鳥羽欽一郎・小林袈裟治訳『経営者の時代（下）』東洋経済新報社，1979年，515〜516ページ）． The Editors of Advertising Age ed., *Procter & Gamble : The House That Ivory Built,* NTC Business Books, 1989, などを参照。
5)　Bureau of the Census, *Manufacturers 1905,* G. P. O., 1907, p. 511.
6)　L・P・バックリン著，田村正紀訳『流通経路構造論』千倉書房，1977年，3〜4ページ。

7) この著作中扉の著者名は「編集者／ラルフ・S・バトラーとジョン・B・スウィーニーの共同による」と記されており，この合本化は「モダン・ビジネス」叢書の編集陣が主導したものと推定される。なお，バトラーとスウィニーの分担は明示されていない。
8) R. Bartels, *op. cit.* p. 249（山中訳，377ページ）.
9) P&G社のクリスコの事例については，S. Strasser, *Satisfaction Guranteed*, Pantheon Books, 1989, Chap. 1；薄井和夫，前掲論文，151～153ページ；小林啓志，前掲論文（第2巻第2号），23～25ページを参照されたい。
10) R. Bartels, *op. cit.*, p. 228（山中訳，346ページ）. なお，引用訳は邦訳版とは異なる。

〔薄井　和夫〕

第3章

M・T・コープランド
──消費者行動に関する先駆的研究──

第1節　は　じ　め　に

　メルビン・T・コープランド（Melvin T. Copeland）は，クラーク（F.E.Clark）と並んで，1920年代の代表的マーケティング学者である。コンヴァース（P. D. Converse）は『マーケティング学説史概論』において「コープランドはマーケティング研究における特に著名な先駆者の一人である」[1]と高い評価を示している。とりわけ，彼の理論は消費者の購買慣習，購買行動に関する研究がすぐれており，マーケティング研究において重要な位置を占める消費者行動に関する本格的な研究はコープランドによって開始されたといわれている[2]。ヤコビ（J. Jacoby）とチェスナッツ（R. W. Chestnut）はその著『ブランド・ロイヤリティ』において，コープランドはブランドに関する研究の先駆者であることを指摘している[3]。コンヴァースは，「購買動機においても産業財の購買動機に関する説明は特に素晴らしいものである」という評価をしている[4]。

　コープランドはボードイン単科大学（Bowdoin College）卒業後，ハーバード大学の人文・社会・自然科学の大学院（Harvard Graduate School of Arts and Sciences）に1906年秋経済学の学生として入学した。そこでタウシッグ教授（F. W. Taussig）のもとで綿業について研究した。その研究成果を『アメリカ合衆国における綿織物工業』（*The Cotton Manufacturing Industry of The United States,* 1912）として出版した。同書が綿織物工業のマーケティングに関する優

れた資料であったため，クラークは自著『マーケティング原理』のなかでよく引用している[5]。

1907-8年　ゲイ（E. F. Gay）教授の下でハーバード大学の経済史の助手を務める。

1909-10年　ハーバード・ビジネス・スクールにおいて，ヨーロッパの経済資源について講座を担当。

1911年　外遊研究員としてヨーロッパへ行く。同年ニューヨーク大学の人文・社会・自然科学の学部にて経済学部と社会学部の講座を担当，同時に商学部で講座担当。

1912年　ハーバード・ビジネス・スクールで企業統計の講座を開設。

1913年　経営調査研究所（Bureau of Business Research）の実地研究員として出向し，製靴小売店の経営費についてのデータを収集し，翌年には同様の実態を食品小売業において開始，その責任者となる。

1914年　企業統計講座をマーケティングという講座に名称を変更する。

1916年　種々の小売業，卸売業の経営費の各種の研究を担当する経営研究所の所長に任命される。

1917年　全国防衛委員会の商業・経済部（Comercial Economic Board Of Counsel of National Defense）の委員になる。

1918年　戦争産業委員会の管理部（Conservation Division of the War Industries Board）の委員長に就任する。

1919年　ハーバード・ビジネス・スクールで企業政策担当する。

1923年　「消費者の購買慣習とマーケティング方法の関係」（"Relation of Consumers' Buying Habits to Marketing Methods"）をハーバード・ビジネス・レビュー（*Harvard Business Review*, April 1923, Vol.1 Number 3）に掲載する。

1924年　『マーチャンダイジング原理』（*Principles of Merchandising*）を出版する。

1928年　経済調査局（Nationl Bureau of Economic Research）の研究に参加

し，そこでの成果を『最近の経済変化』(*Recent Economic Changes*) の第5章マーケティングを執筆する。
1933年 『綿織物工業のマーチャンダイジング―方法と組織』を出版する。なお，1920年代から30年代には，広告企業にはじまり，織物製造企業，ガラス製造企業，ラジオ部品会社，精糖企業，薬品製造企業，食品製造企業，文房具製造企業など大小多くの企業の顧問として仕事をする[6]。
1940年 「経営者の職務」("The Job of an Executive," *Harvard Business Review*, Vol. 28, No., Winter 1940) を執筆しバーナード (C.I. Barnard) と経営者の役割について論争する。

第2節 『マーチャンダイジングの原理』(1924年)

1. マーチャンダイジングの定義

コープランドのマーケティングに関するもっとも代表的著書は『マーチャンダイジングの原理』である。『マーチャンダイジングの原理』の特徴は，初期のマーケティング研究者，ショウ (A. W. Shaw)，バトラー (R. S. Butler)，クラークなどの理論と比較して，多くの共通点をもちつつ，消費者の購買行動に関する研究に最大の特徴と先駆性をみることができる。

コープランドはマーチャンダイジングの内容を次のように規定している。「マーチャンダイジングとは顧客の積極的勧誘 (active solicitation) のために採用された用語である。その勧誘とは消費者に特定の商品を買うように刺激し，卸売業者や小売業者にその商品の販売を促進するように援助することを奨励し，そしてその商品を生産者から消費者へ有効かつ経済的に配給するための包括的でかつ首尾一貫した計画を策定し，実行することである。」[7]

このコープランドのマーチャンダイジングに関する規定を整理すると，まず第1に，マーチャンダイジングとは，消費者に特定の商品を提供する活動であ

る。特定の商品作りとは，コープランドによると，「実際ないし潜在的需要に応じるためにどんな商品をつくるか，既存の商品のどこを改善すべきか，どのようなスタイルにすべきか，どのような包装方法を採用すべきか，どの商品を捨て，どのような品質の商品を作るべきかを決定することを主な内容としている。」[8]

第2の内容は，この特定の商品を消費者が購入するように刺激する活動を内容としている。この活動の代表的なものは広告である。広告は消費者に直接訴えることによって，消費者の購買動機を引き起こし，販売を増大させる活動である。したがって，消費者の購買動機に関する研究が決定的に重要となる。

第3の内容は，製造業者が，卸売業者や小売業者にその商品の販売を促進するように援助することを奨励する活動である。この商人の積極的協力の確保は，消費者の購買慣習に最適の場所で販売されることとあわせて行なわれなければならない。コープランドはこれを「配給の方法の計画」（planning methods of distribution）[9]とよんでいる。

第4の内容は，以上の諸活動を有効かつ経済的に行なうために，包括的で首尾一貫した計画の策定と実行を行なうことである。この計画と実行は，販売員管理，広告管理，在庫管理，価格管理などを内容とする企業の統一的計画と管理として実行される。

コープランドは，以上の4つの内容をもつマーチャンダイジングの規定を述べたうえで，続いて次のようにいう。「受け身的に顧客を待つことなく，自分のチャンスを最高に活用しようとする製造業者や商人は攻勢的販売方法（aggressive sales methods）を採用する。彼らは商品の外観を魅力的なものにし，消費者の購買慣習に最も順応しそうな場所で販売をする。さらに彼は商人の積極的な協力の確保を求め，そして，多くの場合，広告によって消費者の購買慣習を引き起こし，増大させようとする。」[10]

ここにみられるコープランドの描いているマーチャンダイジングの内容は，一般に言われている4Pのひとつとしての商品計画と同意義のマーチャンダイジングとは区別される内容であり，それはマーケティングに近い内容を示して

いることを確認しておきたい。

2. 消費者の購買慣習に基づく商品分類とチャネル選択

　コープランドによると、「マーチャンダイジング」とは顧客の積極的勧誘であり、そのための活動として、まず第1に、消費者に提供する特定の商品について考えなければならない、という。コープランドのいう特定の商品とは、できあがった製品を前提とした「魅力的な外観の付与」を基本としたものであり、『マーチャンダイジングの原理』においては、その具体的内容については後に紹介するようにブランドや包装レベルの問題にとどまっており、それ以上のたちいった具体的な分析は行なわれていない。

　製造業者が、「マーチャンダイジング」の体系的計画を策定するに際して、その特定の商品がいかなる種類に属するかを明らかにしなければならない。まず第1にその製品が生産財であるのか消費財であるのかを明らかにすることである。彼は生産財に関してはユーザの視点に基づいて①装置、②付属設備、③補助材料、④組み立て素材、部品、⑤原料の5つに分類している。消費財に関しては、消費者の購買慣習に基づいて、小売配給のために販売される商品を①最寄品、②買回品、③専門品の3つにに分類する。この分類は流通計画(distribution)の策定の指針として役立つという[11]。

　消費財についてみてみよう。この分類のもとである特定の商品に対する「マーチャンダイジング」計画を作る最初の第一歩は、売られる品目が通常消費者によって買回りで買われるのか、緊急に必要なときか中央商店街においてか、ひとつのブランドに固執してか、単なるブランド選択によってか、それともブランドに無関心であるのかどうかを決めることである。この予備的分析は、特定の商品に対する市場が探索される店の種類、必要とされる流通の密度、望ましい卸売り流通の方法、ディーラーとの関係を決定し、広告が担う販売の負担を容易にする[12]。消費財を消費者の購買慣習によって分類するやり方はすでにパーリン (C. C. Parlin) によって試みられており、コープランドはパーリンが行なった最寄品と買回品の2つの種類の分類に専門品を加えることにより、パ

ーリンの分類をさらに発展させている[13]。

　製造業者がある特定の商品を販売するに際して,どのようなタイプの店を通して販売すれば,もっとも効果的に配給できるか,決定しなければならない。長年の歴史をもつ産業はこの分類に従った配給方法に傾いているが,これらの産業で新しい実験が行なわれ,とりわけ新しい産業では適切な配給方法が決定されるまでは,むしろ混乱した状態になっていた。たとえば,自動車のタイヤは専門品としてより,1924年にはまだ一般的に最寄品として売られていた。電気製品はふつうは最寄品または買回品として売られていたが,それらもやがて専門品として販売されるであろう。いくつかのブランド品の靴下類も,多分買回品としての方が有利に配給されると思われるものが,最寄品として売られていた。

(1) 最 寄 品

　最寄品は通常,消費者に馴染みの製品であり,欲望の即時の充足を要求するものであることから,便利である店で購買される性質の商品であり,便利さ(convenience)ということが,一般的愛顧動機である。最寄品の例として,スープの缶詰,タバコ,電球,安全カミソリの刃,靴磨き,洗濯石鹸,クラッカー,雑誌,菓子,歯磨きなどがある。消費者はこれらの商品に馴染みがあり,必要性を感じると,直ちに,需要がはっきりと心に浮かんでくる。さらにその必要を速やかに満たすことを望む。この商品の単価は非常に低いので,特別のブランド商品を購入するために,わざわざ電車賃を支払ってまで遠方に足をのばしたりはしない。最寄品は平均的消費者によって頻繁に購入され,この「反復購買」は最寄品を扱っている店の商品の在庫に対して少額の投資で愛顧を獲得できる。最寄品は便宜性が重要であるがゆえに,密度の高い配給を必要とする。したがって,最寄品の製造業者は,それぞれの地域において,できるだけ多くの小売店に自分の商品を置くことによって,自分のブランドの代わりに他社のブランドを取り替えるようなことはさせないようにする。そのため,ある石鹸製造業者は,さまざまな等級の石鹸を置く。最寄品を扱っている典型的な小売

企業は食料雑貨店，日用雑貨店，金物店である。これらの店の多くは，単体店 (unit store)[25]，チェーン・ストアをその主要な店舗形態としている。

（2）買 回 品

買回品とは，消費者が買物するときに値段や品質や形式を比較する商品である。買回品の購買にたいしての基本的な愛顧動機は選択の多様性，あるいは買回る機会を与えてくれる品揃えである。通常消費者は数店で比較をしようとする。買回品の代表的なものは，ギンガム綿布，婦人用手袋，陶磁器などである。その主なひいき客は婦人である。このような商品を購入するときには，わざわざそのために商店街へ出かけるのが普通である。しかし，原則として，2, 3店回って，それらの店の商品を調べた後で初めて，買物をする特定の店を決定する。買いたい商品の正確な種類は，事前に買物客の心の中に，はっきりしていない場合が多い。これは最寄品の買物をするときの通常の態度とは対照的である。さらに買回品の購入は，それが必要だと気がついてから多少遅れても支障をきたさないのが普通である。買回品を売っている店の数は最寄品店の数よりもずっと少なく，その規模も平均して大きい。このことによって，製造業者は直接に小売業者へ買回品を売ることを容易にする。特に婦人のスーツやコートのような季節的スタイルの影響の強い商品ほど，この傾向は強い。買回品を取り扱う代表的は店は，百貨店，反物店，婦人衣料店，通信販売店（mail-order house），均一価格店（5-and-10-cent stores）などである。

（3）専 門 品

専門品とは，価格以外に消費者を特に引きつけるものを備え，それが売られている店へわざわざ出かけ，買回ることなく購入しようとする商品である。専門品を買うときに，消費者は買うべき商品の性格と買うべき店舗を事前に決定する。専門品に対する愛顧動機は，製造業者のブランド，小売業者のブランド，小売店の一般的な名声からきており，専門品の場合はこれが消費者の心の中に顕著に目立っているので，消費者がそれを入手するために，たとえ不便で費用

がかかってもひいきとする店を訪問する。たとえば，高級時計の製造業者は，商品に関する非常に強い信頼性を確立しているので，その特殊な時計を入手することを主張し，消費者はその商品を売っている店へわざわざ出かけて行く。買回品の場合と同じように，専門品の購入の遅れは最寄品のように代替商品にとってかわったり，商品の販売の縮小にはつながらない。専門品の例としては，紳士衣類，紳士靴，高級家具，真空掃除器，および蓄音機などがある。専門品の買い手は男女の両方であるが，買回品の場合よりも専門品の総販売額のより多い割合が男性によって購入される。専門品は，単体店，百貨店およびチェーンストアにおいて販売される。専門品を販売している単体店としては，靴店，宝石店，紳士用衣料店などがある。多くの百貨店は専門品の部門を持っている。たとえば，家庭用電気器具などはその例であり，取り扱っているブランドは特徴のある数種のものに限定している。チェーンストアも専門品の販売を行なっており，靴や紳士衣料は専門品の例である。最寄品の場合と異なり，隣接していない。なぜなら，専門品の各店舗は広範囲の各地域から愛顧を得るからである[16]。

　以上，コープランドによる消費財における商品の3つの分類に基づいたチャネル選択の類型についてみてきたが，すべての商品をこの分類によってぴったりと分けられるものではないことはいうまでもない。コープランド自身そのこと次のように述べている。商品によっては，それらの3つの範囲のいずれかひとつ以上に分類される傾向がある。たとえば，主要食品は明らかに最寄品であるが，特選食品は専門品である。男女用の中高価格の靴は，専門品に分類されるが，婦人靴で新規スタイルを特徴とするものは，買回品と専門品の境界線上にある。したがって，婦人用新規靴の製造業者は，彼の販売スケジュールを計画する際に，買回品向けの施設を故意に無視することはできない。確かに，商品によっては，分類に際して，境界線をどこにするかといった困難があるが，大部分の商品は以上の3つの範囲のいずれかに分類することができ，この分類に基づいて，マーケティング方法が選択される。つまり，消費者の購買慣習を明らかにすることによって，はじめて，長期的にみてもっとも経済的で，満足

のいくマーチャンダイジング計画が実現できるのである。

　ここに紹介したコープランドによる消費財における３つの分類は，コープランド自身が述べているように，パーリンよる消費財における２つの分類をさらに発展させたものである。パーリンは1912年にアメリカの百貨店を一軒一軒訪問して，消費者の購買行動を調査し，その結果の報告書を作成した。そこから彼は男性と女性では買物の仕方が異なることを明らかにし，商品を最寄品と買回品に分類した。男性はほとんどが近くの店で欲しいと思うブランドを捜して買うか，あるいはつけのきく馴染みの店で買物をする。それに対し，女性は，最寄品については男性と同じ買物の仕方をするが，スタイルが問題となる買回品について，買う前に２つ以上の商品を見比べる，ということを発見した。コープランドは，このパーリンの２分類に加えて，最寄品についてはパーリンの分類と同じであるが，買回品に新しく専門品を加え３分類に発展させた。

　このコープランドの消費財に関する３つの分類は，F・M・ニコシアによると，消費者の意思決定過程のある特性を示していることを明らかにした。すなわち「買回品は高い合理性によって特色づけられた意思決定を通して購買されるが，最寄品の購買は非合理的志向が支配的である。」[17]

　コープランドによる商品の３分類は，専門品の範囲を認めず，最寄品と買回品という分類に限定するホルトン（R. H. Holton）のような批判[18]もあるが，今日にいたるまで今なお，実業界や多くのマーケティング学者によって踏襲されていることは，周知のとおりである。

　巨大製造企業によるチャネル選択の問題は，成立期マーケティングのもっとも大きな特徴のひとつを示すものである。バトラー，ショウ，クラークは，各個別企業による販路の拡大のためのチャネル選択とその支配，流通費用や価格維持問題をその中心的テーマとしていたのに対して，コープランドはこの問題に加えて，消費者の購買慣習を基礎にした新しい視点からチャネル選択の問題を提起し，バトラー，ショウ，クラークにはみられなかったコンティンジェントなチャネル組織論を提起したという意味で画期性を持っている。

3. 消費者の購買動機

　ある商品の流通方法が決定された後で,「マーチャンダイジング」計画を形成する次の段階は,消費者や産業使用者にその商品を購入するように勧誘する購入動機を確認することである。販売は,購入動機を引き起こすことでつくられる。

　コープランドによると,「健全な販売計画は消費者の観点から出発しなければならない。そのマーチャンダイジングにおいて考慮されるべき消費者の観点での主な特徴の一つは消費者の購買動機である[19]」と言い,購買動機は小売段階で商品を購入する消費者の購買を左右する。消費者が商品を購入するように方向づける動機とは何か。合衆国の数百万の消費者のなかには,あるものはひとつの動機からある商品を購入し,他のものは同じ商品を他の動機から購入する。欲求や購買動機において完全な統一は存在しない。にもかかわらず,販売経験は,ひとつの動機または集団の動機は消費者がある特定の商品を購入するように誘発する傾向があるということを示している。

　コープランドは,購買動機の分析は,現実の条件に基づいて行なわれるべきであり,演繹的に行なわれるべきではないという。そこで総合雑誌,女性雑誌,全国週刊誌,農業新聞に掲載された広告のうち 936 を選び,それを基に消費者の購買動機を厳密に分類し,次のような結果を導きだしている。

　彼は消費者の購買動機を,一次的動機 (primary motive) と選択的動機 (selective motive) の2つに分類している。

　一次的動機というのは,「販売のために提供された商品を消費者に購買させようとする主要な最初の欲求を起こさせるものである[20]」選択的動機は,「同品目の他のブランドから消費者の支出を横取りするようなものである[21]」。

　平均的消費者はそれが価格が安いという理由だけで商品を購入しない。最初にその品物を買いたいという一次的動機がなければならない。次に,価格が競争するブランド間の選択を決定する要素として入り込む。選択的動機はマーチャンダイジング計画で重要な位置にあるが,それを基本的購買動機よりも優先

させても最大の効果を得ることができない。たとえば，電気器具の製造業者が電気トーストの便利さ，または毎朝の食事のときに，熱いトーストのおいしい味など基本的購買動機を無視して彼のブランドのトーストを売ることを最優先すれば，トーストの所有に差し迫っている人の欲求を充足することはできても，このような器具を所有することに差し迫った欲求を感じていない人の潜在的需要を失うであろう。

特に，需要が潜在的にない生産物の場合は，選択的動機に全面的に依存することは安全でない。競争の激しい産業においても，製造業者が彼の販売計画と広告のなかに一次的な購買動機のアピールを含め，それらのアピールを単に選択的である動機に限定しないことは，健全なやり方である。コープランドは調査した広告のなかから，次のことを示した数多くの事例を発見している。一次的動機がコピーのなかで明確にされているときは，それにともなって起こるブランド選択の動機の訴えを弱めるどころか強める傾向にある。人的販売においても，消費者の一次的購買動機に対する強調は，単に選択的動機のみを強調することによって得られるよりも大きな成果をもたらす。

さらに，コープランドは936件の分析を通して別の購買動機の分類，情緒的購買動機（emotional buying motive）と合理的購買動機（rational buying motive）があることを明らかにしている。彼はこの分類はマーチャンダイジングの目的にとって，一次的動機と選択的動機の間の区別よりももっと基礎的である，という。

情緒的動機には，差異・特性，見栄，節約的見栄，風采・顕示，財産顕示，社会的地位，熟達，芸術的趣味の表現，気のきいた贈り物，野心，空想的本能，健康の維持増進，清潔，子供の世話，食欲の満足，趣味の満足，個人的満足の獲得，労働の軽減，安全，リクレーション，娯楽，レジャーの機会，家庭での満足がある。

以上の動機の起源は人間の本能と感情に発し，行動に移るための衝動的で理屈に合わない扇動をあらわしている。購買はこれらの動機によって刺激されるが，この動機は道理に訴えてではなく，消費者が彼らの本能と感情を満足させ

る欲望を引き起こすことによって刺激される[22]。

これに対して，合理的動機は道理に訴えて引き起こされるものである。このグループは，便利さ，能率，使用上の信頼，品質上の信頼，補助的サービスの信頼，耐久性，収入の増大，生産性の増大，使用上の節約の動機がある。この動機が使用されると，消費者は熟慮し，判断力を行使した後でないと，購入しない[23]。

「マーチャンダイジング」の目的のためには，情緒的動機と合理的動機を区別することは特に意義がある。情緒的購買動機が引き起こされると，消費者は自分の個人的情緒を満足させ，彼固有の本能的希望を満たすために，行動するように刺激する。しかし，もし消費者が合理的購買動機に影響されたなら，彼は購買を起こす前に，購買の理由を意識的に熟考する。したがって，合理的動機に対する訴えと情緒的動機に対する訴えは一緒になって有効に発展はしない。というのは，両者の分類は，消費者の側からみて，まったく異なった精神的過程を求めるからである。

産業財の販売は，見込み顧客の購買意欲を駆り立てる動機が顧客に影響するときにのみ達成される。セールスマンまたは広告が喚起する動機は，大別すると，(1)購買動機と(2)愛顧動機の2種類がある。購買動機は消費者に特定の商品または特定のタイプの商品を購入するように勧める動機である。

生産財における購買動機には，節約，損失に対する保護，工場の生産性の増進，使用上の信頼性，品質の信頼性，耐久性，操作および利用における融通性，操作の簡単さ，使いやすさ，据え付けの手早さ，修理の手早さ，売行きの促進，経営者統制の手早さ，販売促進の援助，従業員の福祉とモラルの保護，工場の衛生，購買における節約がある[24]。

愛顧動機は消費者に特定企業と取引するように勧める動機であり，購入者が類似した商品を提供する他の企業に優先してひいきし，特定の企業と取り引きする動機であり，刺激である。愛顧動機としては次のようなものを列記している。販売者の信頼性，納期の厳守，即座の納品，明細書の正確な履行，選択の多様性，技術と設計のサービス，信頼できる修理サービス。複数の売り手が非

常に類似した商品を類似した価格で提供したとき，売り手の選択は愛顧動機に向けられる。企業が信頼できる生産物を売るとか，信頼できる公正な価格をつけることで好評を獲得すれば，その好評がその会社の得意先にとって愛顧動機となる。このような愛顧動機から発する継続的購買慣習を確立すると，販売にたいするグッドウィル（good will）を形成することになる[25]。

　購買者動機の大部分が本能的で感情的である消費財とは対照的に，産業財の取引においては購買動機は合理的動機が支配的である。したがって，ここにおける愛顧動機も，また合理的動機である。産業企業は企業的理由で購入を行ない，幹部個人の個人的満足のためではないのであるから，合理的動機をよりどころにする。

　さらにコープランドは，消費財における消費者の購買行動と生産財における購買行動の間には次のような差異があることを発見している。個々の消費者は個人の使用目的または，彼自身の欲求または家族の欲求を満足させるために，商品を購入するが，産業財の購入者は，個人的満足のための欲求によるものではなく，企業目的によって購入する。産業財の購入は，生産財の特徴や工場の要求によって決定される。たとえば，なめし革業者は産業財を販売しており，彼の生産物は，靴製造業者や生産の目的で皮を購入している企業に販売される。個々のなめし業者は1000人を割る潜在的顧客をもち，それらのすべての名前や住所，さらにはその要求まであらかじめわかっている。ところが，靴製造業者の場合は，合衆国全土に分散している1億人をこえる消費者を対象としており，そこからできるだけ多くの消費者の愛顧を獲得できるように，この億を越える不特定多数の消費者の主な購買動機と購買慣習を考慮して，卸売と小売の配給方法，広告，販売促進計画をたてなければならない。

　また，消費財と生産財の両方を扱っている企業は，生産財と消費財の区別をすることは重要である。たとえば，トラックと乗用車の両方を生産している自動車会社は，2つの異なったタイプの市場をもっている。乗用車の場合は，個々の消費者は機械の技術的特徴についてはまったく知らないので，その販売に際して，外観，迫力，一般的名声などを中心にアピールする。それに対して，ト

ラックの販売においては,トラックの購入者は技術的内容によく通じているので,トラックのコスト,耐久性,その特殊な目的のための効用が重要になる。ここでは潜在的市場は明確に確定される。通常,消費財の生産者は靴製造業者にみられるように,販売計画を設定するにあたり平均法則(The low of averages)に従わなければならない。個々の消費者は,購買慣習や購買動機における大量現象とは異なるが,消費財の配給に対する計画を支配するのは,大量のまたは平均的購買慣習と購買動機である。それに対して,生産財の配給に対する計画は,顧客の個々の需要に依存する。ここで,コープランドが消費財における「マーチャンダイジング」は「購買慣習や購買動機における大量現象」を対象とすることを強調していることは重要な指摘である。

消費者とユーザの購買動機の分析は,コープランド理論のもっとも核心部分であり,彼自身が述べているように「健全なマーチャンダイジングにとって基本的要件」[26]である。このコープランドによる購買動機の研究は,バトラー,ショウ,クラークなど成立期マーケティングの代表的論者が,消費者を単にマーケティング活動の焦点に位置づけするにとどまったのに対し,さらに消費者の購買動機の具体的研究にまで高め,なんらかの意味で,戦後,ハワード(J. A. Howard),ニコシア(F. M. Nicosia),シェス(J. N. Sheth)らによって行なわれた研究の基礎を築いた。

最後に強調しておきたいことは,コープランドが動機調査にあたり,その方法として広告を素材としていることである。その理由は,彼によると,消費者の購買動機には非合理的なものが多く,現場調査はしばしば信頼できないからである,という。たとえば,普通の消費者は見栄(emulation)の動機によって自動車を購買するとはいわない。コープランドが,広告を素材として購買動機を把握したことは,一面では広告を媒介とする購買動機を全面的にかつ実践的に把握できた。しかし,他面においては広告を素材にして導きだされた購買動機は,すでに企業の意思を濾過したものになっていることを知らなければならない。

4. 企業内経営政策

「マーチャンダイジング」の第3の段階は，内部経営政策の決定である。この政策は販売組織の統制と管理であり，より具体的には販売員，広告，在庫回転，価格を内容としている。これらの要素は相互に密接に関連しており，相互依存の関係 (interrelated and interdependent)[27]にある。以下，「マーチャンダイジング」を構成するそれそれの要素について説明する。

1) 販売員

近代的な販売員は，近代的な販売統制と販売管理の機構の形成とともに登場した。組織と統制の手段は，販売において人的要素を補足するが，それにとって代わるものではない。コープランドは「マーチャンダイジングの主要な力は販売員その者自身の中に存在している」[28]と，販売員の重要性を強調している。販売組織と販売統制の方法は，販売員が商品を経済的にかつ有効に販売させることができるかぎりにおいてのみ正当化される手段である。さらに，「販売員は企業の顔 (personal representatives) であり，消費者との取引において企業を代表している[29]」という位置づけに基づいて，販売員活動の選択，訓練，支払い，活動の統制について論じている。

2) 広告とブランド

セールスプロモーションとしての広告は販売を刺激し，愛顧を増大し，維持する非人格的方法である。それは雑誌，新聞広告，電車広告，カタログ，回状，ポスター，看板，ウィンドウ・ディスプレのような目にみえるセールスマンシップよりなる。広告は商品とサービスの長所を，販売員によって経済的，効果的，適切に届かない潜在的購買者の目にとどまらせる。広告は販売員が顧客を獲得できない家庭や事務所や娯楽場にメッセージを届ける。だから，広告は顧客の購買動機と愛顧動機を引き起こし，特に顧客を説得するマーケティングの重要な力である。また，広告は統一的に，マスとして消費者に語りかけるのに

対して，セールスマンは一人一人の消費者個人に対してケース・バイ・ケースで対応することができる。

　広告はブランド戦略と結合することによって，はじめて有効性を発揮できる。広告とブランドは車の両輪のごとく切り離せない関係にあり，この両者が，社会的に大量現象として登場してくるのは19世紀末から20世紀初頭の時期である。ある製造業者が自分の生産する商品の広告をしようとするとき，それらの商品のブランドによって他の製造業者の製品と区別されなければならない。もともとブランドは消費者が広告された商品を区別する手段であり，製造業者はそれによって彼が引き起こす購買動機の利益をもたらすものである。それは詐欺とか替え玉から防衛するために区別されるべき商品につける。コープランドは消費者が購入時にとる態度を次のように分類している。①ブランド認識(recognition)，②ブランド選好 (preference)，③ブランド固執 (insistence)。需要に関するこの3つの段階の間にははっきりとした境界があるわけではないが，消費者購買の認識は選考に変わり，選考は固執へと次第に変化していく。この分類はマーケティング計画の方向づけに役立つ[30]。

　コープランドのブランドに関する研究は先駆的なものであることはよく知られている。たとえば，ヤコビとチェスナッツは，『ブランド・ロイヤリティの測定と管理』において，ブランド・ロイヤリティに関する研究は，1920年代初期にさかのぼることができ，コープランドはロイヤリティという言葉こそ使用していないが，彼の使用した「ブランド固執」がこれに相当する，といっている。そして，「彼(コープランド―引用者)は認知から，選考を経て固執までの態度の推移を仮設することによって，特定のブランドに対する極端な態度は，購買者に特別の影響をもつかも知れないということを提示した最初の人であったようである。実践的には，彼は専属的購買指標を提示し，『独占的ロイヤリティ』(undivided loyalty)に関するブラウンの定義の前兆となる」と，マーケティングの究極的目的ともいえるブランド・ロイヤリティの確立に関する研究の先駆者であることを指摘している[31]。

3) 包　　装

　全国的な広告と全国的なブランドの発達とともに，あらゆる種類の物を商品として小分けにして，ありとあらゆるところで大量に販売するという新しい機会を生んだ。その役割を果たしたものが包装である。1912年以前には砂糖はバラ売りされていたが，それ以後はトレード・マークのついた包装の砂糖の販売が非常に増大した。攻勢的マーケティングを展開するためには，バラ売りされていた商品を小量の包装にして販売することは不可欠となった。こうして砂糖以外にもクラッカー，小麦粉，朝食用食品，チーズクロスおよびその他の多くの商品が次々と包装されて販売されるようになった。商品は包装されることによって費用が増大するが，製造業者による包装は小売業者が消費者に提供する時間を節約し，粗悪品の危険を減らし，汚染や腐敗するのを防止し，より清潔な状態で消費者の手元に届けることを可能にした。新鮮さを保持することは消費者の嗜好を楽しませる。製造業者の観点からみると，包装の外観が魅惑的であるときには，販売を刺激し，売行きを加速化するので，マーケティング計画において多くの製造業者によって包装が重視されてきている[32]。包装の登場によりマーケティング活動を能率化するのみならず，あらゆる商品にブランド名がつけられ，差別的競争戦略を容易ならしめるとともに，商品そのもの自体の内容と外観のかい離を一層おしすすめるようになった。「デザイン，生産物と包装の開発によりより立派な外観，成果，便宜性がマーケティングで追加的購買者を引きつけ，明確な競争優位を獲得するために利用されている[33]」。包装の発達は，チェーンストアーの発達の基礎ともなった。1930年代のセルフサービス方式その経営的特徴とするスーパーマーケットにおいては，包装はもの言わぬセールスマンとして，商品を販売するようになった。こうして，今や包装はマーケティング政策の重要な手段となり，商品を構成する重要な一要素としても位置づけられている。

　コープランドの「マーチャンダイジング」研究において，包装とブランドが広告の説明のなかの項目として位置づけられていることの意味するものは，彼のマーケティングの内容が，製品よりもセールス・プロモーションに重点をお

いたものになっていることを示しているものといえよう。

4) 在 庫 回 転

　コープランドはマーケティングの効率の指標を在庫回転率でとらえようとした。在庫回転率は商品の在庫が販売され置換される頻度を現わし，マーケティングにおける効率を示す指標である。適切な在庫回転率は商品の品質悪化を防止し，スタイルの陳腐化を防止し，価格下落にともなう商品価値の低減を最小にする。在庫管理に関して当時問題となっていたものとして，返品問題がある。返品問題の解決は，返品受理の全面的制限の採用によってみいだされるものではなくて，返品の原因と顧客の欲求の分析と彼らの購入動機を診断する方法によって行なわれるものである。返品問題に対して，成功を納めている政策として当座買い（hand-to-mouth）的仕入れ方法がある。これは必要に応じて仕入れをする方法であり，商品の種類およびスタイルの迅速な変化による需要の大きな変化と，主要品を中心とする価格下落の傾向のときに，費用の増加の防衛手段として有効である[34]。すみやかに，かつ多様なニーズに応えようと思えば，大量の在庫を必要とする。しかし，大量の在庫をおくことは回転を悪くし営業の効率を悪化させることはいうまでもない。当座買いはこの両者の矛盾を調整し解決する手段として，当時採用されたに在庫管理の重要な手段であり，今日の流通過程におけるジャスト・イン・タイム・システムの先駆的形態を示しているという意味で興味深い。

5) 価 格 政 策

　マーチャンダイジング計画策定の最後の仕事は，価格政策を決定することである。マーチャンダイジングの重要な要素である価格は，材料，生産，マーケティング，輸送費をカバーし，しかも純利潤をもたらす価格で商品を販売することである。この純利潤を生む将来の販売に対する基礎を作ることは，重要なことである。マーチャンダイジングの重要な要素である価格は，長期にわたりその商品を生産し，原価をカバーしてしかも純利潤を獲得できるように設定さ

れなければならない。そのためには，価格は生産費とマーケティング費をカバーするように原価を管理しなければならない。価格と原価の均衡を維持するためのスムーズな調整を困難にするものがある。そのひとつのものとして，多くの製造業においては一旦工場が建設されると，供給は原価の変動にしたがって価格の調整のために即座に切り詰めたり，拡張したりできない，という問題がある。もうひとつの困難は，製造業者と商人による原価の無視である[35]。

第3節　現代的評価

　コープランドのマーケティング理論は，クラーク理論と並ぶ1920年代の代表的マーケティング論である。この理論は，マーケティング論を商品の特性と消費者の購買慣習・購買動機に着目して展開しているところにその基本的特徴をみることができる。それは1924年の彼の代表的書物のタイトルが『マーチャンダイジング原理』となっているところに端的に示されている。以下，『マーチャンダイジング原理』の特徴点と現代的評価を整理してみる。

　第1の特徴は，「マーチャンダイジング」の概念のなかに端的にみられるように，現代マーケティングの基本的特徴を描きだしていることにある。それは①製品に対する魅力的外観の付与，②広告による消費者の購買動機の強化および喚起，③卸売・小売業者の協力の確保，④包括的で一貫した製品流通計画の作成と執行をその基本的な内容としている。ここにみられる「マーチャンダイジング」は，従来の販売がその場限りのものであったのに対して，顧客との継続的安定した関係の形成，または消費者の製品に対する忠誠心の形成によって，継続的に安定した利潤を確保することを目的としている。この「マーチャンダイジング」概念の形成は，従来，個々バラバラであった広告，販売員，価格，在庫管理などの個々の活動を統一的に包摂し，20世紀段階の大量生産体制にふさわしいより高次の販売形態を創造するにいたった。この「マーチャンダイジング」の経済的意義は，新たな欲望を刺激することにより，より大きな生産活動への誘因を与えると同時に，大規模なビジネスの主要な競争手段ともなる。

第2の特徴としては，商品分類の視点から生産財のマーケティングと消費財のマーケティングを峻別している点が指摘しうる。マーケティング計画の策定に先だって，その製品がどのような特性をもち，どのような種類なのか，その商品は最終消費を目的する商品なのか，生産を目的とする商品なのか，を区別することの重要性を指摘した。いいかえれば，消費財なのか，生産財なのかを明らかにしなければならない。成立期のマーケティング研究者の多くは，その研究の対象を主として消費財においているか，あるいは両者の区別をしていないのに対し，コープランドは，消費財のみならず生産財にまでその分析の対象を拡大するとともにこの両者の峻別をしたうえで，それぞれの特徴について研究している。本章ではコープランドが生産財についてふれている面について詳細に紹介することができなかったが，生産財のマーケティングの先駆的研究であり，現在においても多く学ぶ点がある。

　コープランド理論の第3の特徴は，消費財商品における消費者のの購買慣習に基づく商品分類とチャネルの類型を明らかにした点である。消費財商品は消費者の購買動機に基づいて，最寄品，買回品，専門品の3つに分類できる。この3分類は基本的にパーリンの分類を発展させたもので，コープランドの独自なものではない。しかし，コープランドの業績は，パーリンによる最寄品，買回品の分類に新しく専門品を加えた点にある。巨大製造企業によるチャネル選択の問題は，成立期マーケティングの最大の問題であるが，コープランドは，消費者の購買慣習を基礎とした新しい視点からのチャネル選択の問題を提起し，バトラー，ショウ，クラークにはみられなかったコンティンジェトなチャネル組織論を提起したという意味で現代性と独創性がみられる。

　第4の特徴は，コープランドが消費者の購買慣習・購買動機に関する消費者行動に関する研究の出発点を築いた点にある。消費者の購買行動の分析は，コープランド理論の最も核心部分であり，「健全なマーチャンダイジングにとって基本的な要件」である。バトラーをはじめショウ，クラークも消費者をマーケティング活動の標的にすることの重要性を指摘した。しかし，彼らは単にその指摘にとどまったのに対して，コープランドの場合は，販売は購買動機を引き

起こすことによって創造されるという認識にたち，購買動機の確認の必要性を説き購買動機の詳細な分類を試みた。人間のニーズや欲求は，競争社会においては，差異のなかから選択的に行なわれ，その選択の基準が，合理的なものやその本来的なものから離れて，色彩や形のような情緒的なものに移行し，中味とはかかわりなくなり本来的なものから離れていく傾向がある。この傾向を促進するのが包装であり，ブランドであった。コープランドは，この傾向を消費財のマーケティングにおいては，合理的動機よりも情緒的動機が重視されるようになると，適切に説明している。このコープランドの消費者の購買動機の研究は，その後，消費者行動論研究の基礎を築いたといっても過言ではない。

〔注〕

1) P. D. Converse, *The Beginning of Marketing Thought in the United States : With Reminiscences of Some of the Pioneer Marketing Scholars,* 1959, p.61（梶原勝美訳『マーケティング学説史概論』白桃書房，1985年，98ページ）.
2) 山中均之『マーケティング・ロイヤルティ』千倉書房，1968年。
3) J. Jacoby & R.W. Chestnut, *Brand Loyalty : Measurement and Manegement,* 1978, p.10.
4) P. D. Converse, *op. cit.*, p.62（梶原勝美訳，前掲書，100ページ）.
5) F. E. Clark, *Principles of Marketing,* 1922.
6) 以上のコープランドの略歴は，次のものを参照にした。R. Bartels, *The History of Marketing Thought,* 1976, pp.252-254（山中豊国訳『マーケティング理論の発展』ミネルヴァ書房，1979年，382～383ページ）. P. D. Converse, *op.cit.*, pp.61-63（梶原勝美訳，前掲書，98～101ページ）.
7) M. T. Copeland, *Principles of Merchandising,* 1924, pp.3-4.
8) *Recent Economic Changes in the United States : Report of the Commitee on the Recent Economic Changes of the President's Conference on Unemployment,* Vol.1, 1929, p.330.
9) M. T. Copeland, *Principles of Merchandising,* 1924, p.13.
10) *Ibid.,* p.13.
11) *Ibid.,* p.129.
12) M. T. Copeland, "Relation of Consumers's Buying Habits to Marketing Method," *Harvard Business Review,* Vol.1 No.3, April, 1923, p.283. M.T. Copeland, *Principles of Merchandising,* p.15.
13) M.T. Copeland, "Relation of Consumers's Buying Habits to Marketing

Methods," *Harvard Business Review*, Vol.1 No.3, April, 1923. p.282.
14) M.T. Copeland, *Principles of Merchandising*, pp.27-66.
15) *Ibid.*, pp.27-66.
16) *Ibid.*, pp.103-129.
17) F. M. Nicosia, *Consumer Decison Processes*, 1966, p 37 (野中郁次郎, 羽路駒路訳『消費者の意思決定過程』東洋経済新報社, 1979年, 33ページ).
18) R. H. Holton, "The Definition between Convenience goods, Shopping Goods, and Speciality Goods," *Journal of Marketing*, Vol. 23, No.1.
19) M.T. Copeland, *Principles of Merchandising*, p.189.
20) *Ibid.*, p.160.
21) *Ibid.*, p.160.
22) *Ibid.*, pp.162-178.
23) *Ibid.*, pp.178-187.
24) *Ibid.*, pp.192-207.
25) *Ibid.*, pp.208-214.
26) *Ibid.*, p.215.
27) *Ibid.*, p.216.
28) *Ibid.*, p.252.
29) *Ibid.*, p.220.
30) コープランドのブランドについては, 次の論文が参考になる。M.T. Copeland, "Relation of Consumers's Buying Habits to Marketing Methods", *op.cit.*
31) J. Jacoby & R.W. Chestnut, *Brand Loyalty Measurement and Management*, 1978, p.10. なお, ヤコブとチェスナッツは, コープランドの研究以後, 30年間もブランド・ロイヤルティについて研究されてきたが, その主題が広範囲にわたって知られ, 多くの関心が示されるようになったのは, ブラウンの論文が, 1952年と1953年に出されてからである, という。
32) M.T. Copeland, *Principles of Merchandising*, pp.275-276.
33) B. Nash, *The Developing Marketable Products and their Packaging*, 1945, p. 67.
34) M.T. Copeland, *Recent Economic Change*, pp.160-161. 当座買いの原因とその結果についてはF・E・クラークの次の論文が参考になる。"An Analisis of the Causes and Resalts of Hands-to-Mouth Buying," *Harvard Business Review*, July 1928, pp.394-400.
35) M.T. Copeland, *Principles of Merchandising*, pp.328-332.

〔近藤　文男〕

第4章

J・A・ハワード
――マーケティング管理論および消費者行動論の開拓者――

第1節　は　じ　め　に

　ジョン・A・ハワード（John A. Howard）はマーケティング学説の歴史において，研究初期のマネジリアル・マーケティングと後期の消費者行動論の二つの面で記憶される。かつて，ハワードとの共著で打ち出した"ハワード＝シェス・モデル"によってハワードの名前を後世に伝えることに寄与したシェス（J. N. Sheth）は，1988年に『マーケティング理論―発展と評価』を出版した。その中で，シェスらは，アメリカのマーケティングをそのアプローチから12学派に分け，ハワードを，マネジリアル学派（managerial school）と買手行動学派（buyer behavior school）に区分し，さらに，システムズ学派（systems school）の中にも名前を挙げている[1]。

　マーケティング史においてあまりにも高名なハワードであるが，このシェスらの中での扱いは微妙である。マネジリアル学派として，ディーン（J. Dean）やレビット（T. Levitt）コトラー（P. Kotoler）らも挙げられている。だが，彼らの研究については内容に言及するが，ハワードについては，『マーケティング・マネジメント』の1963年の改定版の書名があげられるに過ぎない[2]。買手行動派としては，このタイトルの下に幾冊もの書物のあるハワードに対して，具体的な紹介としては，1969年のシェスとの共著による買手行動論のみである。

この奇妙さは，バーテルズ（R. Bartels）においても見られる。バーテルズは，1975年に出版された『マーケティング理論の発展』において，1950年代に生じたマーケティング・マネジメント論確立への動きをつくった存在として，オルダーソン（W. Alderson），ハワード，ケリー（W. Kelley），レイザー（W. Lazer），マッカシー（J. McCarthy）を例示する。だが，オルダーソンにはその独創性について熱の入った説明を与えるが，ハワードの書物については，最初の本である『マーケティング・マネジメント―分析と意思決定―』の基本的な性格を述べた後，それを「革新的ではあったが，マーケティング思想の概念的性格を大きく伸ばすものではなかった」と評価し，「この書物は，近づいてくる動きを察知していることを示していた。しかし，マーケティングの一般的体系が相変わらずとっていた構成にいぜんとして密接に結びついていた」とその伝統的性格を指摘する[3]。

1970年の『ジャーナル・オブ・マーケティング』は，"マーケティング・リーダー"として，ハワードをとりあげ，ペンシルベニア州立大学のベネット（Peter D. Bennet）が2ページにわたって，それまでの略歴紹介とともに，業績の総括を行なっている。ベネットは経済学のケインズ，心理学のハルのように，学問分野全体に影響を与えた屹立した存在として，初期のマーケティングではショウ（A. Shaw）を挙げるが，当時ではハワードがそれに比肩する存在であると述べる。ベネットは，そのハワード最初の重要な業績として，バーテルズと同様に『マーケティング・マネジメント―分析と意思決定―』をとりあげ，その重要性を2点に要約する。第一は，マネジリアルであり"意思決定志向"であることで，第二は記述的であるよりも，操作的なコンセプトが横溢していることである。だが，ハワードに対する評価は，むしろ行動科学を援用した消費者行動論の開拓者としての側面に向けられている[4]。

ハワードの没後，2001年9月の『ジャーナル・オブ・コンシューマー・リサーチ』では，ともに仕事をしてハワードの人となりを極めてよく知るホルブルック（M. B. Holbrook）が追悼の文を寄せている。ここでは，ハワードの略歴と人となりを紹介した後，業績の話は専ら消費者行動論をめぐって行われて

いる。ここでは，ハワードに"消費者行動論の父"という言葉を与えて顕彰しており，一見業績に肯定的であるようであるが，よく読むと，表現は微妙なものである[5]。

2004年には，カリフォルニア州立大学ロング・ビーチ校のデミルジャン（Z. S. Demirdjian）がスイスで開かれた"ビジネス・管理科学アカデミー"で，消費者行動論のパイオニアたちの殿堂入りを天国の門の番人である聖ペテロに陳情するという一風変った仕立てになった業績評価のリサーチペーパーを提出している。カッサージャン（H. Kassarjian），コーエン（J. Cohen），シェス，などとともに，ハワードについても業績が総括されている。その表現は，殆どホルブルックから借りてきたものであるが，消費行動論においてのハワードの位置を明確に表現するものであった[6]。

わが国においてもハワードが与えた影響は極めて大きい。わが国においてマーケティングが本格的に導入されたのは，1955年に日本生産性本部がアメリカに調査団を送ってからのことであるが，この導入期において紹介されたものが，すでに触れてきた，1957年出版のハワードの最初の著書，『マーケティング・マネジメント』であった[7]。訳者である田島義博が述べているように，わが国でそれまでまとまったマーケティングの文献がなく，この書物がわが国のマーケティングの研究と実務の出発点となったといって過言でない。その後，ハワードの研究が，消費者行動論に傾斜していくと，これもわが国の研究と実務のガイドラインとなった。その消費者行動論について，わが国で初めて翻訳されて出版されたのは1982年であった。これはハワードが1977年に著した書物であった。実は，1970年代から消費者行動論は，第二世代というべきものに移行し，さらに，時代とともに多様化していく。ハワード自身も1980年代の終わりまでしばしば消費者行動論の新著を世に問う。しかし，ハワードの消費者行動論としては，1969年にハワードが修正された消費者行動論としてシェスとともに提出したハワード=シェス・モデルが専ら記憶される傾向があり，今日においてなおそれを利用した調査や研究が見られる。

結局のところ，ハワードのマーケティング・マネジメントと消費者行動論と

は，どのような性格のものであったのだろうか。この点についてひとつの結論を得ることがここでのねらいである。

第 2 節　学問的背景[8]

　ハワードのマーケティングについて理解するためには，その背景を理解することが有益である。ハワードは1915年6月21日にイリノイ州ジョージタウンで農家に生まれ，農村で成長した。その訛りは終生続いたが，地方的な価値観を頑なに守り，見事な長身にきちんとした身なりで蝶ネクタイというのが彼のスタイルであった。1933年にハイスクールを卒業すると，不況下で2年ほど生命保険会社の代理人を仕事としてから，家族で初めての高等教育となる2年間のブラックバーン・カレッジ（Blackburn College）を経て，イリノイ大学で経営学の学士号（1939），経済史での修士号（1941）を取得した。そこではコンヴァース（P. D. Converse）などの指導を受けている。その後，短期間，商業会議所につとめてから，第二次大戦の兵役で陸軍重砲部隊に配属されて沖縄にも行っている。その兵役の特権によって，ハワードはハーバードの大学院に進み，経済学を専攻した。そこでは，チェンバレン（E. Chamberlin），レオンチフ（W. Leontif），シュンペーター（J. Schumpeter）などの指導を受け，1952年に経済学の博士号を取得した。その間，1948年の夏にはオクスフォードに留学してJ・ロビンソン（Joan Robinson）やE. ロビンソン（E. A. G. Robinson）などのイギリスの有力経済学者の指導を受けている。ハーバードでの博士論文テーマは，"イギリスの独占政策"であり，2年後，『ジャーナル・オブ・ビジネス』と『ジャーナル・オブ・ポリティカルエコノミー』に掲載された。

　大学での職歴は，1948年にイリノイ大学の経営学部で始まり，2年後の1950年にはシカゴ大学経営学大学院に移る。ホルブルックは，そこでハワードは当時活気の漲っていたマーケティングのリサーチ，戦略，プランニングに自らのニッチを作り出したのであるとコメントしている。これらの仕事は，『ジャーナル・オブ・ビジネス』，『ジャーナル・オブ・マーケティング』，『ハ

ーバード・ビジネス・レヴュー』に発表され，1957年には，前述した実践志向の『マーケティング・マネジメント』を出版した。

　これらの業績により，ハワードは1958年にピッツバーグ大学に終身在任権をもって迎えられる。このピッツバーグ滞在は，ハワードの将来に大きな影響を与える。第一は，近隣のカーネギー工科大学のサイモン（H. Simon）と知的交流をもったことである。サイモンは，コンピュータ志向の論理展開図式による人間行動モデルの開発に着手していた。ハワードは同じようなフロー図式を用いて消費者行動をとらえることを思いついた。第二は，ハワードがフォード財団のマーケティング教育コンサルタントの仕事をするようになったことである。財団のビジネススクールについての調査は，そのカリキュラムを経営に適切なようにきちんとしたものに変革するべきことを明らかにしていた。こうしたことを背景に1963年に，ハワードの経済学的素養と行動科学を統合した先駆的な『マーケティング―経営者と買手行動』が生まれたのである[9]。

　この成果を敷衍して，おなじ1963年にハワードは『マーケティング・マネジメント』の第2版を上梓する。つまり，第2版では，消費者行動に関する一章が追加されたわけである。その後，ハワードはこの消費者行動のモデルを発展させることを終生の課題とした。それは，著書では，『消費者行動』(1977)，『マーケティング戦略における消費者行動』(1989)『マーケティング戦略における買手行動』(1993)となって出版された[10]。1963年，ハワードはコロンビア大学の経営大学院に移る。そこで，1969年に，博士課程学生であったシェスと共著で出版したのが，『買手行動の理論』である[11]。

　ハワードの研究の源泉は何か。ホルブルックは言う。「彼は文献について大した知識も披露していない。実験を計画する面で優れた能力があるわけでもない。質問の設計にこれという腕前があるわけでない。データ分析に高い能力があるのでもない。コンピュータを操る特別な技術があるわけではない。では，世代を超えて消費者研究者を導くような知的遺産をどのようにして築いたのであろうか[12]。」

　ホルブルックは，ハワードが周囲の人々とのあいだにつくり上げた関係に答

えがあると考えている。ハワードは本や論文でなく，サイモン，コンヴァース，シュルツ（G. Shultz），マーチ（J. March），サイヤート（D. Cyert），ヘア（M. Haire），バウアー（R. Bauer），マックガイア（B. McGuire），ラザースフェルド（P. Lazarsfeld）らの大学人との話を大切にした。彼らのアイデアに手を加え，しばしば自分のプロジェクトに巻き込むということによって，ハワードの幅広い好奇心と折衷主義が学際的研究の精神を体現することとなり，遺産となったというのである。また，ハワードはアカデミックな環境に埋没することなく，様々な人と手を携えた。それゆえ，ゼネラルフーズ，シボレー，IBMなどの新製品導入に際しての消費者パネルデータにも接していた。さらに，コロンビア教授陣に才能ある多くの人材を招聘し，ホルブルックを含め，多くの大学院生を支えた。ホルブルックは，このように情報の中心となりまた多くの研究者を育てたことが，ハワードが今日に至るまでマーケティングに大きな影響を与えた理由であると示唆する。ハワードは，1999年1月13日に敗血症で死去している。その経緯は誰も知ることがない。

次は，ハワードのまず，前期の仕事としてのマーケティング・マネジメントについて検討しよう。

第3節　マーケティング・マネジメント

1957年に出版されたハワード最初の著作，『マーケティング・マネジメント』では，序文において，彼は本書がテキストである事を明示し，4つの特色をあげる。第1は，経営者的観点にたつことであり，これは調査でなく意思決定を志向するということである。第2は，分析的ということで，これはマーケティング問題の一定の取り扱い方法を明示し，測定可能なものとしようということである。第3は，会計学と経済学に対する知識あるいは実務経験を前提とすることである。第4は，行動科学（主に経済学，心理学，社会学）をとりいれることである。

また，ハワードは，この書物を補完するものとしての，ケースを重視する。

つまり，マーケティング・マネジメントの一般論を超えて，問題の様々な側面の相互関連を把握することの必要を述べるのである[13]。

本書は，次のように構成される。

　　第一部　序論
第1章　序論
第2章　利益とマーケティング戦略
　　第二部　マーケティング・デシジョンにおける代表的考察
第3章　競争とマーケティング・デシジョン
第4章　需要分析—需要の経済理論
第5章　需要分析—消費者行動
第6章　需要分析—予測
第7章　原価分析
第8章　流通機構
第9章　法律とマーケティング・マネージャー
　　第三部　マーケティング・デシジョン
第10章　製品に関する決定
第11章　マーケティング経路に関する決定
第12章　価格に関する決定
第13章　販売促進に関する決定—緒論および広告
第14章　販売促進に関する決定—対人販売
第15章　立地に関する決定

　第1章の序論は，ハワードのマーケティング・マネジメントの捉えかたを示しているので，少し詳しく見よう。彼はマーケティング・マネジメントは，販売の広い問題を扱う経営管理の一分野であると規定する。その具体的概念を，マーケティング・マネージャーの仕事として示し，マーケティング・マネジメント論としての性格を明瞭に打ち出す。つまり，価格，広告とその他の販売促進，販売管理，製品，配給経路の5項の意思決定である。

　このハワードのマーケティング・マネジメント論において特徴的なことは，そのマーケティング意思決定の問題を，管理可能な要素と，管理不可能な要素に分けて捉えることにある。管理不可能な要素とは，その企業にとっての社会

的，政治的，経済的環境である。具体的には，競争，需要，非マーケティングコスト，流通機構，マーケティング関係法規の5つである。管理可能な要素とは，管理不可能な環境に適応するために企業がとる手段であり，具体的には，製品，流通チャネル，価格，販売促進・広告，対人販売，立地条件の6つである。これをハワードは，わが国でもよく知られたマーケティング・マネジメントの概念図に表現している[14]（図3-1参照）。

ハワードのこの概念図は，モデルというよりも，マーケティング・マネジメントにおいての問題領域の明確化を意識したものであろう。マーケティング・マネジメントにおいて，検討しなくてはならない事柄の網羅的なチェックリストを，管理不可能と管理可能の2側面にわけて整理したのである。では，この概念図においてマネージャーが意思決定の前提とするべきことは何か。これが第2章の利益とマーケティング戦略において示される。端的に言えば，それは，企業の長期的利益であるとハワードは言う。マーケティング・マネジメントの様々な問題領域において，問題解決し，管理を行なうに当たって，その企

図3-1　ハワード・マーケティング・マネジメントの概念図

（外側の五角形）マーケティング関係法規／競争／需要／マーケティングに非ざるコスト／流通機構

（内側の六角形）商品／配給経路／価格／広告／対人販売／立地条件

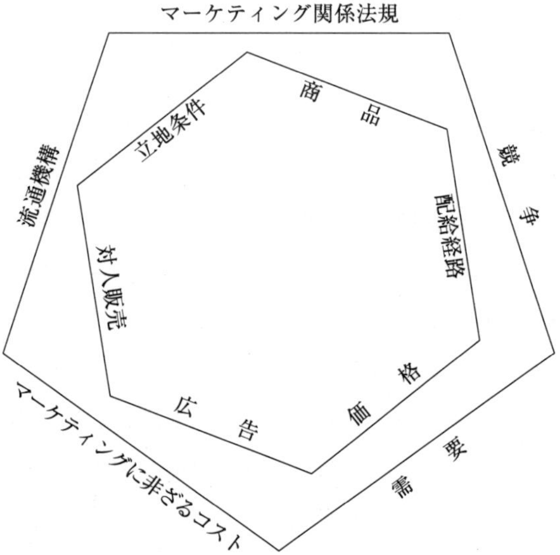

業の長期的利益を目的としてマーケティングの意思決定を行なうべきということである。

続いてハワードは，第二部において，管理不能要素にたいしてマーケティング・マネージャーがどのように考えるべきかを詳細に検討する。この環境に対してのマネージャーの認識や分析をめぐる第二部は，本文のほぼ半分を占める。どのような概念が用いられているかを，各章での小見出しを中心に，キーワードで示そう。

第3章の「競争とマーケティング・デシジョン」では，競争の相互依存，価格競争の型，競争的行動，プライス・リーダーシップ，無差別競争，競争的構造，製品差異，産業需要などである。4章の「需要分析－需要の経済理論」では，需要関係，需要の単位・時間的次元・空間的次元，産業需要・個人需要などである。5章の「需要分析－消費者行動」では，消費者の動機，・態度・行動，小集団影響の理論，消費者間の情報の2段階的流れ，社会的階層の概念・測定である。6章の「需要分析－予測」は，短期予測，予測の手続き・方法，新製品の販売予測，長期予測の決定要因購買者心理などとなっている。

第7章の「原価分析」では，原価理論と利益最大化，支出原価と機会原価，増分原価と限界費用，原価の算定，損益分岐分析である。第8章の「流通機構」は，戦略設計における経路，流通機構の説明，中間業者の定義，中間業者の機能，構造的変化，中間業者とメーカーの関係，小売店の規模の経済性などである。第9章「法律とマーケティング・マネージャー」は，法律の存在理由・発達・根源，市場の分け前，製品に関する決定，水平的価格決定，価格差別，再販売価格の維持，マーケティング経路に関する決定，販売促進に関する決定などである。

総じて言えば，網羅的である点において注目すべきであるが，経済学の素養の端的な反映があり，他方において，社会学と心理学の引用・適用の試みが当時としては開拓的であった。

第三部の第10章「製品に関する決定」では，製品の追加と切り捨て，プロダクト・ライフサイクル，新製品評価とそのための利益基準，市場の受け入れ

過程とイノベーション，小集団理論とソシオグラム，製品取得においての内部開発・合併，プロダクト・ミックスなどの概念が導入されている。

11章「マーケティング経路に関する決定」では，経路選択と分析，中間業者の情報，経路選択のための定性的基準，全面的配給と選択的配給，新製品のための経路選択などが論じられる。

12章「価格に関する決定」では，価格決定の手法，価格と品質，弾力性の測定法，コントロール市場と実験市場，製品系列の価格決定，価格差設定の原理，再販価格の維持などが述べられる。

13章「販売促進に関する決定―緒論および広告」では，販売促進の費用，広告費と広告効果の測定，経費の定性的基準と決定法，広告媒体選択の定性的・定量的基準，広告の時間的配分などが論じられる。

第14章「販売促進に関する決定―対人販売」では，対人販売費と成果，セールスマンの選択と心理学的テスト，セールスマンの訓練と報酬，販売努力の割り当て方法，販売成績の測定が述べられる。

第15章「立地に関する決定」では，地域的立地の分析，工場立地の理論，都市立地，都市内部の移動について触れている。

これらのトピックスやキーワードからは，ハワードが序文で述べたように，マーケティングに対する，経済学的，経営分析的〔会計学的〕な検討や分析の側面が際立って強いが，同時に，当時，多面的に展開し始めた，心理学と社会学の理論と調査の導入を図っていたことが分かる。しかしながら，ハワードは，行動科学的接近を標榜したが，マーケティングを有効ならしめるための心理学や社会学の知見は，当時の水準を反映したもので，今日から見れば，極めて断片的である[15]。

確かに，マーケティングをマネジメントの立場から包括的に扱うことの必要性を強調し，マーケティング・マネジメントを打ち出した点で先駆的な書物であった。しかしながら，ハワードのマーケティング・マネジメントは，根本において静的であり，求心力を欠くものであった。これがバーテルズがハワードのマーケティング・マネジメント論に伝統的という評価を下した大きな理由で

あろう。マッカーシーもマーケティング・マネジメントのパイオニアであるが，その著作はハワードに数年遅れた。しかし，マーケティング・マネジメントの概念図としては，ハワード以上に引用されることが多い。これは，マッカシーがマーケティング・マネジメントを4Pという簡潔な用語と概念によって示したことばかりによるのではない。マッカシーはハワードに欠けていた，経営の主体と目的というものをありありと示したのである。それは，マッカーシーの概念図の中心に顧客が置かれたことである[16]。顧客を中心におくということは，それに対峙する経営の意思的な主体を設定することに他ならないのである。ハワードにあってはそのような概念はなく，マーケティングの目的を利益の追求という抽象的な概念に置いたのである。ビジネスが一義的に顧客との相互交渉のうちに市場を創造することを目的とするというドラッカーに代表される現代的マーケティングにつながるビジョンがハワードには希薄であったといえるであろう。

　マーケティングを環境の枠組みでとらえることは，企業を環境との関係でとらえることと同義である。これはまた，当時のアメリカのビジネス研究でのひとつのパラダイムであった[17]。しかしながら，ハワードにおいての環境の概念は，少なくとも，後の時代のマーケティング・マネジメントの思考からすれば，かなり固定的でもある。それが，管理不可能要素と管理可能要素という単純な二分法を可能にしている。今日の地平から見れば，多元的な環境を能動的に生かすということが，マネジメントの考えなのである。ハワードの企業活動について考え方は本質的に受動的で，決定論的な性格を帯びているように見える。これが現代のビジネスやマーケティング・マネジメントの思考との不連続性をもたらしているように考えられる。

　さらに，レビットのマーケティング的近視眼や事業定義，ボーデン（N. Borden）やマッカシー（E. McCarthy）のマーケティング・ミックス，スミス（W. Smith）の市場細分化などと比べられるような，今日のマーケティングにおいて重要な戦略概念を創出しなかったということも，シェスらが示唆するように，ハワードについて想起されることが少ない理由であろう。

マーケティングが消費者の理解から始まるということはハワードも理解した。実際，マーケティング・マネジメントにおいても，当時のモチベーションリサーチや小集団理論，社会階層論が最大限に引用されている。しかし，それは，意思的な主体としての消費者ではなかった。

第4節　消費者行動論

ハワードの消費者行動論がどのような性格をもっていたかは，例えば，1977年の『消費者行動—理論の応用』を一瞥すれば明らかである。序において，ハワードは，この書物の冒頭で，その目的を，消費者行動について体系的な理解を与えることであると述べる。同時に，統一された構成を重視し，注意深く選ばれはっきり定義された諸概念相互間の関連性を特に力説するとも言う。さらに，各概念は，ひとつのシステムを形成するように，他の諸概念と結合されており，これによって，購買行動の包括的な叙述がなされている，と[18]。

他方で，ハワードは，この書物の4つの主題を説明する。第1は，消費者行動には，3つの一般問題があるということである（企業経営上の，校規制の，実際の購買）。第2は，これらの諸問題が3つの歴史的環境のなかに存在することである。第3は，消費者行動に3つの見解があることである（経済学的，マーケティング的，心理学的）。第4は，消費者の意思決定プロセスに，3つの段階があるということである（広範問題解決，限定問題解決，反復反応行動）。

本書は次のように構成される。

```
　序
　　第1章　序説：消費者行動の性格
　第Ⅰ部　理論と一般応用
　　第2章　反復反応行動
　　第3章　限定問題解決：銘柄概念と其れに関する構成諸概念
　　第4章　限定問題解決：より深層の情報処理
　　第5章　広範問題解決：概念形成
```

> 第6章　広範問題解決：より深層の情報処理
> 第7章　注目と検索
> 第8章　個人差
> 第9章　社会構造
> 第10章　消費者政策
> 第11章　第Ⅰ部の結論
> 第Ⅱ部　上級課程：消費行動のモデル化
> 　第12章　反復反応行動のモデル化：確率論モデルと確定論敵モデル
> 　第13章　限定問題解決のモデル化：線形，再帰，同質モデル
> 　第14章　限定問題解決のモデル化：異質，非線形，非再帰モデル
> 　第15章　広範問題解決のモデル化：結論

　ハワードは，1963年に『マーケティング―経営者と買手行動』を著して消費者行動を正面から扱い，同年には，『マーケティング・マネジメント』第2版に消費者行動の1章を加えた。ホルブルックは，この章が，消費者行動に対する最初の公式的な統合モデルを提示した独創的な業績であると認める。同時に，このモデルの基本構造がプラトンの伝統を引くもので，情報（information）―認知（cognitions）―影響（affect）―行動（behavior）―満足（satisfaction）つまり，"ICABS"として要約できることを示唆する。ホルブルックは，次のように言い切る。「それ以後，ハワードの仕事は，このICABS公式を発展させ洗練し磨き上げることであった。」

　ハワードの消費者行動論が本格的なものとなるのは，1969年の"ハワード＝シェス・モデル"といわれる刺激―生活体―反応モデル（S-O-Rモデル）においてであるといわれる（図3-2参照）。このモデルでは，消費者は，実際の製品の質や価格，広告やカタログ，家族や仲間などの評価などの情報を刺激として受ける。その結果として，選択対象のブランドについての態度を形成して購買したりしなかったりする。その刺激・反応の中間項としての消費者の中での刺激としての情報の処理について知覚構成概念，購買決定の過程について学習構成概念を設定することによって問題を把握する。同時に，購入経験のない製品について，手がかりのない状況での広範問題解決，購買を経験してある程度

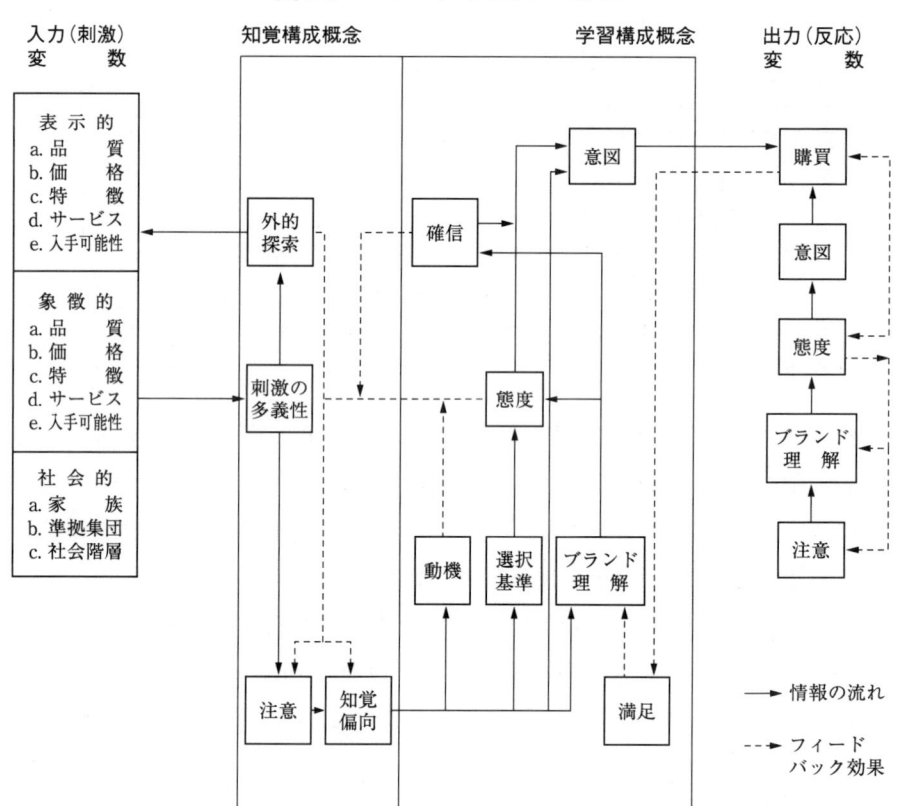

図 3-2　ハワード=シェス・モデル

入力（刺激）変数：
表示的
a. 品　質
b. 価　格
c. 特　徴
d. サービス
e. 入手可能性

象徴的
a. 品　質
b. 価　格
c. 特　徴
d. サービス
e. 入手可能性

社会的
a. 家　族
b. 準拠集団
c. 社会階層

知覚構成概念：外的探索、刺激の多義性、注意、知覚偏向

学習構成概念：確信、意図、態度、動機、選択基準、ブランド理解、満足

出力（反応）変数：購買、意図、態度、ブランド理解、注意

→ 情報の流れ
--→ フィードバック効果

出所）　杉本徹雄編著『消費者理解のための心理学』福村出版，1998 年，34 ページより。
原典）　J. A. Howard and J. N. Sheth, *The Theary of Buyer Behariar*, John Wiley & Sons, Inc., 1969.

の基準や態度が形成された状態での限定問題解決，さらに，購入を多く経験して基準が明確になりブランド選好が形成されている反復反応行動の状態までを段階論的に区分する[19]。

ホルブルックは，上記の 1977 年における『消費者行動―理論の応用』，「企業のマーケティング理論」（『ジャーナル・オブ・マーケティング』），1989 年の，『マーケティング戦略における消費者行動』，さらに，1994 年の『マーケティング戦略における買手行動』において，ハワードが様々な手を加えたこと

を認める。たとえば、フィードバック効果、条件の緩和、代替経路、範囲の設定（広範的、限定的、定型的問題解決）、変数の削減、その他のコンセプトの括りだし、などである。だが、ハワードは「いつも同じ原理の構造式に執着した」とホルブルックは指摘し、それを、"システム的に概念化された買手行動"、とも表現する[20]。

ホルブルックが指摘するのは、基底をなす、刺激―反応的な機械的な消費者行動観である。かれはこの点でハワードに対して、プラトンの流れを看取する。プラトンには様々な側面があるが、一般的には、そのイデアという先験的な理想や秩序への志向と、感覚的なものの拒絶、つまり機械的、数学的世界観をさすと考えてよい。つまり、ホルブロックは、ハワードの機械的な消費者観に対して疑問を呈しているとみてよい。これは、ホルブルックが自身の消費者行動論において、感覚・感性を正面から扱うことと符合する。

アメリカのマーケティング界において、消費者行動論は、1977年のハワードの消費者行動論の後、大きく変り始める。1979年には、いわゆる"ベットマン・モデル"が、能動的な情報処理主体という概念を打ち出し、1986年には、ペティとカショッポの"精緻化見込みモデル（ELM）"が、感覚的判断を織り込み、また、商品に対しての動機付けや態度での高関与・低関与の違いを分けるより現実的な方向に向かってきた[21]。さらに、1990年代以降、認知科学は、脳神経科学的な発見などを背景に、いわゆる情報処理というコンピュータのアナロジーで展開されてきた機械論的な方向から急旋回した。これを端的に示す例が、ホルブルックそのものであり、ザルトマン（G. Zaltman）の『心脳マーケティング』である[22]。これらの潮流は、しばしばポストモダン・マーケティングといわれるが、人間理解において反転した認知科学を反映するマーケティングの傾向と見るべきである。

第5節　結　　び

マーケティングの歴史においてハワードが果たした第一の役割は、マーケテ

ィング・マネジメントという分野を作るためのパイオニアとしてのものである。第2は，消費者行動論という領域の開拓者としてのものである。研究と実務に果たした役割は極めて大きい。どちらの分野においても，まさにマーケティングが脱皮しなければならないまさにその時機にあって，その方向と可能性を目に見える形で示す事によって，次のマーケティングの世代が生まれたのである。

　依然として，消費者行動論ではハワードの理論は使われている。必ずしもモデルとしてでなくても，たとえば，消費者の広範，限定，定型反復という問題解決の概念は用いられている。他方，マーケティング・マネジメントについては余り議論されることはない。それは，マーケティング・マネジメントの核となる概念が，主体としての企業，さらには経営者が顧客と環境に対峙して市場と世界を創出するものへとますます移っているからである。すでに述べたように，それゆえに，主体の概念を内包するマッカーシーの4Pは分かりやすく理解しやすいのである。おそらく，ハワードは，それぞれの理念や個性を持ちながら世界に向かい合い創造するという企業活動のダイナミックな側面が理解できなかった。利益追求のための正確な機械としての観念的な企業観の揺曳を見ることができる。だが，他方において，マネジリアル・マーケティングのディシプリンにおいて欠落する傾向の強くなった経済学的視点というものの重要性を再認識するという意味において，現代マーケティングが参照すべき視点を含むことも事実である。

　消費者行動論においても，ハワードには，刺激―反応モデルの枠において消費者を捉えようとする機械的な合理主義というものがある。生活であれ消費であれ，世界に向かい合って，能動的に全存在的に生きる消費者という概念は希薄である。これが，学際的といいながら自己完結的な性格をハワードの仕事に与えたのであり，また可能としたのである。追悼文において，ホルブルックがハワードについて示唆したのは，流動と混沌のなかから主体という概念によって自らの世界を創造しなくてはならない今日の地平から見た，ハワードとの距離感であろう。

〔注〕
1) J. N. Sheth, D. M. Gardner, and D. E. Garrett, *Marketing Theory : Evolution and Evaluation*, John Willy & Sons, Inc., 1988（流通科学研究会訳『マーケティング理論への挑戦』東洋経済新報社，1991 年）.
2) J. A. Howard, *Marketing Management : Analysis and Decision*, 2nd ed., Irwin, 1963.
3) R. Bartels, "*The History of Marketing Thought*," Grid. 1976（山中豊国訳『マーケティング理論の展開』ミネルヴァ書房，1979, 267-269 ページ).
4) P. D. Bennet, "Leaders in Marketing: John A. Howard," *Journal of Markething*," vol. 34 (January, 1970), pp. 75-76.
5) M. B. Holbrook, "Remembrance : John A. Howard (1915-1999)," *Journal of Consumer Research*, vol. 28 (September 2001), pp. 337-338.
6) Z. S. Demirdjian, "A Pavilion for the Pioneers of Consumer Behavior : A Petition Presented to St. Peter," *A Research Paper Submitted for Presentation At The Academy of Business and Administrative Sciences Conference in Montreux, Switzerland*, June 12-14, 2004.
7) J. A. Howard, "*Marketing Management : Analysis and Decision*," Irwin, 1957（田島義博訳『経営者のためのマーケティング・マネジメント』建帛社，1959 年).
8) Holbrook, *op. cit*. および Bennet, *op. cit*. の記述をもとにした。
9) J. A. Howard, *Marketing : Executive and Buyer Behavior*, Columbia University Press, 1963.
10) J. A. Howard, *Consumer Behavior : Application of Theory*, McGraw-Hill Book Company, Inc., 1977. J. A. Howard, *Consumer Behavior in Marketing Strategy*, Prentice Hall, 1989. J. A. Howard, *Buyer Behavior in Marketing Strategy*, Prentice Hall, 1993.
11) J. A. Howard and J. N. Sheth, *The Theory of Buyer Behavior*, John Wiley & Sons, Inc., 1969.
12) Holbrook, *op. cit*., p. 338.
13) J. A. Howard, 前掲訳書，p. i。
14) 同上訳書，4 ページ。上沼克徳『マーケティング学の生誕へ向けて』同文舘，2003 年，40～44 ページを参照。第 2 版，第 3 版と，この概念図は変化する。大きな変化は，第 2 版以降に，立地が省かれたことである。
15) ハワードがこの書物を著した時には，たとえば 1965 年のザルトマンの行動科学とマーケティングに引用されるような，ロジャース（E. Rogers）のイノベーションの普及理論（1962）やフェスティンガー（L. Festinger）の認知的不協和理論（1957），ホール（E. Hall）のコミュニケーション論（1961）などは少なくとも書物となっていないことを考慮すべきである。

16) ハワードとマッカーシーの比較については，米澤滋朗『マーケティング管理発展史』同文舘，1987年，4～7ページおよび，上沼克徳，前掲書。
17) A. H. Cole, *Business Enterprise in Its Social Setting*, Harvard University Press, 1959（中川敬一郎訳『経営と社会』ダイヤモンド社，1965年）。企業活動と環境の関係を強調するこの書物は，シュンペーターが指導したハーバード企業者史研究所の活動の集大成である。
18) J. A. Howard, *Consumer Behavior : Application of Theory*, McGraw-Hill, Inc., 1977（八十川睦夫他訳『消費者行動―理論の応用―』新評論，1982年，7～8ページ）．
19) 杉本徹雄編著『消費者理解のための心理学』福村出版，1998年，34～36ページ。
20) Holbrook, *op. cit*., p. 338。ハワードは『消費者行動論』(1977) の第一部で詳細な部分モデルを展開した後に，その結論において，その理論の枠組みを下図のように単純化して見せる（307～308ページ）。

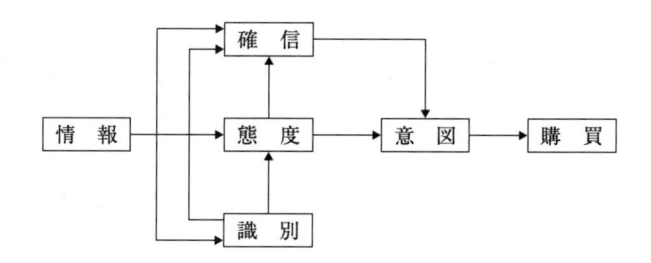

```
                    ┌──→ 確 信 ──┐
                    │             ↓
情 報 ──────────────┼──→ 態 度 ──→ 意 図 ──→ 購 買
                    │             ↑
                    └──→ 識 別 ──┘
```

21) 富貴島明「消費者行動論（Ⅰ）―消費とは何か―」『城西大学経済経営紀要』vol 29，2006.3，18～21ページ。
22) G. Zaltman, "*How Customer Think : Essential Insight into the Mind of Market*," Harvard Business Scool Press, 2003（藤川佳則・阿久津聡訳『心脳マーケティング』ダイヤモンド社，2005年）．

〔熊沢　孝〕

第5章

W・オルダーソン
——機能主義的マーケティング管理論の栄光と挫折——

第1節　は　じ　め　に

1. 人物と業績

　ロー・オルダーソン（Wroe Alderson）は，1950年代におけるアメリカのマーケティング理論の最大の指導者として活躍した。彼の業績はマーケティング学説史上，当時における管理的視点に立つもっとも包括的な研究といわれている。また，その方法論によって機能主義学派とも呼ばれている。オルダーソンは天才的な人物であったと評されているが，たんなる学究ではなく，マーケティング・コンサルタントとしても成功した。彼の職歴は1925年，アメリカ合衆国の商務省勤務に始まり，そこで食品店，薬品店の調査に従事し，合衆国最初のセンサス・オブ・ビジネスの基礎資料を作成した。1930年にはカーチス印刷会社に転じて，調査業務を担当した。1944年には独立して，コンサルタント企業「オルダーソン・アンド・セション」を興した。しかし積極的に研究活動に従事し，1951年にはマックゲリー（E. D. MaGarry）やアスピンウオール（L. Aspinwall）とともにマーケティング理論のセミナーを主宰し，マーケティング研究に大きい影響力をもった。毎夏コロラド大学で特別に選ばれたメンバーによる産学官共同の研究会が開かれた。ここでの主要なテーマは，科学としてのマーケティングと機能主義的マーケティングであった。このセミナーは彼の在世中続けら

れた。1953年には仕事を休み，MITで講義に専念した。1959年以降はペンシルベニア大学のマーケティング担当教授となり，65年に没するまで在職した。63年にはニューヨーク大学でフォード財団特別客員教授となったこともある。

　オルダーソンは，4冊の著書と4冊の編著，その他注目すべきかなりの論文を残した[1]。彼の主著は在世中に世に問うた『マーケティング行動と経営者行為』(1957年，石原武政，風呂勉，光澤滋朗，田村正紀訳，千倉書房，1974年)と，死後に出版され，前著の理論を精緻化し，また発展させた『動態的マーケティング行動』(1965年，田村正紀，堀田一善，小島健司，池尾恭一訳，千倉書房，1981年) であろう。グリーン (P. Green) とともに経営者のマーケティング計画や問題解決を発展させようとした『マーケティングにおける計画策定と問題解決』などもある。しかし彼の理論的全貌を伝える著書はまちがいなく『マーケティング行動と経営者行動』であろう。これは当時，マーケティング管理の革命的な著書として，学界で最大の注目を集めた。

2. オルダーソンの時代的背景 —— 経営革新と流通支配

　社会科学の偉大な理論は，その歴史的背景を抜きには語れない。歴史的にみると，マーケティングという用語は，経済に寡占的構造が成立した20世紀初期に現われた。この用語は，従来の商業と異なった現象を表現するために出現した。従来，流通は商業によって担われていた。しかし20世紀初頭，大製造業者が出現すると，従来商業に依存していた流通を大製造業者自らの経営課題に変えていった[2]。マーケティングという用語は，従来の商業という概念や用語とは違い，市場をつくるという意味からきたのであろう。巨大な製造業者は，巨大な製造工程の管理と同様に，従来企業経営の外部に存在していた流通過程を自らの管理下におさめ，いわば流通管理の内部化がすすみ，彼ら自身による市場問題の解決の技術が発展することになった。それは商人による商業ではなく，巨大企業自らの市場創造ということであろう。

　しかし，現実的にマーケティングは多様な様相をもち，その本質を洞察した正確な理論化が一挙になされ得たわけではない。シュムペーター (J. A.

Schumpeter）流にいえば，それは企業の革新として，製造業者によって，また巨大小売業者によって導入されてきたものである。それは産業によってもそれぞれの特徴があった。4Pといわれるように，マーケティングには多くの側面があり，また多面的な管理対象をもったのである。したがって，マーケティングは各側面の実践的な経営技術として生成発展してきた。一挙に統合的な完成をとげたわけではない。理論的にも広告論やセールスマンシップ論などの各論として発展してきた。一方，このマーケティングという新しい流通における現象の諸特徴を整理し，一般理論化する試みもなされてきた。機能的アプローチ，商品的アプローチ，制度的アプローチなどなどは，この段階の産物である。

もっともショウ（A. W. Shaw）以来，マーケティングの本質が管理ではないかという発想は，すぐれたマーケティング学者によっていだかれてきた。20年代のすぐれたマーケティングのテキスト，たとえばクラーク（F. E. Clark）の『マーケティング原理』（緒方清・緒方豊喜訳『売買組織論』）などをみても，記述的，個別的とはいえ，4Pの管理的性格についてふれている。

第2次大戦後，アメリカは世界的に圧倒的な生産力を擁していた。巨大企業は膨大な生産能力をもっていた。市場管理は企業経営の最大の問題となっていた。大規模な消費財産業の発展は，マーケティング管理の技術をいちじるしく発展させた。市場管理の技術はORなどの発展にも助けられ，精緻なものになり，また統合的になってきた。企業経営の基本は，生産志向から市場志向へと変化しつつあった。このような状況下で，マーケティング理論の，統合的なマーケティング管理論としての理論化が社会的に要請されたことは当然であろう。オルダーソンは，このような背景のなかから出現したのである。

第2節　『マーケティング行動と経営者行為』について

1.　学説史的位置付け

マーケティング学説史家のバーテルズ（R. Bartels）は，本書が出現した時代

の学説史的な位置付けについて大要次のように述べている。「製造業者や流通業者のマーケティングの仕事はつねに監督されてきたが，マーケティング管理という概念は1950年代までは目立つものではなかった。この概念もまた，従来の管理という概念の説明の方法に満足できなかった結果生まれたものである。いかに管理するかについて従来系統だった説明はなされておらず，管理はマクロ・マーケティングの原理やチェック・リストからの推論によって行なわれていた。マーケティングは早くから統合的管理過程として明らかにされてきたが，それは販売管理機能に限定されていた。1950年前半頃は，新概念登場の機は熟していた」。「これまで管理されるというよりも，遂行されてきたマーケティング諸機能は，マーケティングの相互に関連する統御可能な側面として，再認識された。いわゆる4Pがそれである。またマーケティング・コンセプトによって，企業戦略における消費者の軽視や，マーケティング部門の孤立的取扱いが，批判されてきた。その結果，消費者が計画策定の出発点となり，マーケティング部門が他の職能部門に対する市場の量的・質的要件の設定者となったのである。それまで統計技術をもちいて解決されていなかった意思決定の論理上の問題が，ORや意思決定の樹形図，シミュレーション・モデルやその他の数学的公式の方法によって解決が図られるようになった」[3]。

　バーテルズはオルダーソンに言及して次のようにいう。「従来の記述的，非管理的マーケティングにもっとも強烈な異を唱えたのは，オルダーソンの『マーケティング行動と経営者行為』という大著である。彼はそのなかで次のような諸概念を示した。機能主義，品揃えの1過程としてのマーケティングという概念，生存と成長のための差別的優位性，問題解決に従事する買手という概念，学際的諸概念の諸原理の組合わせとしてのマーケティング科学という概念である。この管理的視点から書かれたオルダーソンの著作は，それまでの著作のなかで，もっとも包括的にマーケティングの一般理論を述べている」[4]。

2. 機能主義の影響

　オルダーソンのマーケティング論の方法は基本的に，パーソンズ

(T. Parsons)の機能主義に依拠して，マーケティング・システムを統合的に分析するものであった。この時代はパーソンズ時代といわれるほど，パーソンズの方法はアメリカの社会学のなかで最有力な学説であったが，その背景として，第2次大戦の勝利とともに出現した経済的繁栄を享受したアメリカ社会が，安定的発展を肯定し，その持続を望む楽観的気分にみちていたことが指摘されている。それは，均衡概念による秩序形成を社会学の基本的目的としたパーソンズの社会的機能主義の背景でもあり，また当然オルダーソン・マーケティング理論の背景でもあったといえよう[5]。この点は，パーソンズに依拠するオルダーソン理解に重要な意義をもつであろう。

　ここでパーソンズの機能主義について考察しておこう。彼の方法は彼が同志とともに編んだ『行動理論の基本的範疇——基本的宣言』のなかにはっきりと明言されている。それは，社会諸科学の理論研究のための統一的概念図式である。これは「行為理論の関係枠」と呼ばれている[6]。オルダーソンを理解するためには，パーソンズを理解することが必要でもあるし，もっとも近道でもある。オルダーソンのこの書に対するパーソンズの影響の大きさは，『マーケティング行動と経営者行為』という題名がはっきりと示している。パーソンズの行動科学の諸分野を概念的に把握する基本理論——心理学，社会学，文化人類学を含む行動科学の領域に総合的に適用されるカテゴリー——の基本単位として「行為」(action)を選び，その体系化を図っている。

　パーソンズによれば，「行為」とは「エネルギーを規範によって規制された仕方で消費することによって，状況内にある目的を達成するように方向づけられた行動である」。「行為の関係枠は行為者，行為の状況，および行為者へのその状況への方向づけを含んでいる」。「行動」(behavior)が「行為」と呼ばれるためには，行動はそれが向かっていく予想された事態，それが発生する状況，行動の規範的規制，エネルギーの消費などの項目との関係において分析されねばならない。いいかえれば，これらの項目に還元されうる行動が行為なのである。パーソンズは，その例として，湖に魚を釣りに行くために自動車を運転する人をあげている。これは「行動」である。これには(1)魚釣りという目的，(2)

道路,自動車という状況,(3)規範によるエネルギーの消費の規制——運転は湖に行く手段である,(4)実際のエネルギー消費——交通状況に適応した運転——がある。「行動」はこのように分析されるとき「行為」となる。したがって,生物有機体のいかなる「行動」も「行為」と呼ばれる。行為とは生化学的概念図式ではなく,「志向的図式」を含んでいる。「行為」とは「エネルギーを規範的によって規制される仕方で消費することによって,状況内における目的を達成するように方向づけられた行動である」[7]。

　行為理論は行為を一般的に対象とする上位的な理論として独立させ,その下位に立つものとして人格体系,社会体系,文化体系によって総合的に展開される。しかし経済学については,次のようにいっている。「経済理論とは,ある個別の1組の過程,あるいは高度に分化したある種の社会体系のなかの部分体系についての理論である。この部分体系は,これらの高度に分化した社会では,非常に大きい戦略的重要性がある。経済理論はここで述べた行為理論のカテゴリーのなかに概念上の基礎をもっているが,ここで到達したよりもはるかに精巧な分化の水準においてのみ,総合理論のなかのはっきりと区別された部分理論となる」[8]。

　マーケティング理論も同様な方法で整理されると,社会的体系のなかの部分的体系についての理論であり,経営者行為の分析に帰着するものである。まさに経営者行為としてマーケティングをとらえるオルダーソンのマーケティング管理論は,ここに始まる。機能主義者は,生物有機体の構造になぞらえて,社会的組織の体系を考えたといわれるが,オルダーソンはパーソンズの社会的機能論によってマーケティング理論の体系を作ったのである。

　具体的にみて,オルダーソンの『マーケティング行動と経営者行為』の基本的な枠組は,パーソンズの行為理論によってできている。行為準拠枠の妥当性は,3つの基本的考察に基づく。第1は,行為科学が取り上げるのは,具体的実在物——生物学では有機体——とその環境の一定水準における関係である。すなわちそれは行為であり,志向的図式をもっている。第2は,関係的体系としての行為体系が境界維持体系であるということである。第3は,主観的見地,

すなわち行為者の見地からの行為の研究にかかわるのである[9]。

オルダーソンは，マーケティング分析の基本として「経営者行為」としての「マーケティング活動」をとらえているが，マーケティング活動における組織的行動体系として企業，家計，流通経路をとらえ，環境との関係においてそれを分析しながら，行為体系を境界維持的体系としてとらえるのである。

行為体系における合理的行為の編成は3つあり，第1の基本的水準は，個人行為者や集合体による単一の所与の目的のための諸資源の動員にかかわる。これはテクノロジーと呼ばれ，成功の条件や費用の要因を含む。能率と技術過程の費用に関する有効性の尺度である。当然投入・産出が問題となる。第2は経済であり，複数の代替的目標に関して，資源を配分する過程であり，意思決定過程が社会体系の便益を処理することである。第3は，政治的な意味での権力の極大化であり，ある行為者が他の行為者に対して社会体系のなかで保有する便益の全体的支配権の極大化である[10]。これらはいずれも，オルダーソンのマーケティング理論の基礎となっている。

3. 本書の主要内容について

1) 構　　成

本書は3部15章よりなっている。第1部「マーケティングと行動科学」ではマーケティング論の科学的性格と，機能主義に基づくマーケティング分析の方法論について論じられている。第2部「市場行動の理論」においては，競争，交渉，チャネル，消費者，交換の論理（斉合と品揃え形成），広告，市場取引の歴史など，オルダーソン自身がマーケティングの核心部分と呼ぶもので，マーケティング固有の諸問題が，パーソンズの表現を使えば，精巧に分化された水準において，マーケティング行動が分析されるべきところである。

2) 科学としてのマーケティング

本書の冒頭において，彼は科学としてのマーケティングに関する立場を示している。理論は内的論理の一貫性や事実との関連を主張するが，マーケティン

グ理論は実践のための指針であり，発達した知識体系を組織化し，解釈する手段である。マーケティング理論は，実際の行動との関連を追求するという点で，経済学ほど公式的ではなく，包括的である。リカード（D. Ricardo）ではなく，ダーウィン（C. R. Darwin），ヴェブレン（T. Veblen）に似ている。目的と手段との効率的かかわりに関係をもつという限りにおいて経済学と関連するが，個人や操作集団が目的達成のためにかかわりあう社会状況の概念化のために広範な社会科学と密接にかかわりあう。経済学を基礎とした行動科学の利用ではなく，行動科学を基礎とした経済学の利用である。後に彼は，マーケティングは定理が公理から導出され，経験的事実によって検証されるというほどにはいまだいたっていないが，集合，行動，期待という3つの原始語（基本概念）で規定しうるところまできていると主張している[11]。いいかえれば，完全な論理的整合性はなく，またその現実的検証はできないが，ある水準，ある前提での論理的整合性をもつということである。一方では実践的有効性を基準におき，他方では論理体系としてのある水準の完成度をみているのである。またその完成の方向を考えていたのであろう。

3) 本書の要約

本書の第1の骨組は，自由な資本主義経済における消費者の無限の欲求と選択の自由である。それは，経済学の想定する価格のみによって動く同質市場ではなく，きわめて多様な種類の需要をもつ異質市場の存在を前提とした理論を要請する。消費者の欲求は，一連の必要な財の組合わせ——オルダーソンの定義によれば品揃え物を——を形成し，その充足のために流通企業，生産企業が連鎖的に，段階的に品揃え形成を行なっていく。各段階に次段階の取引に対応した品揃え形成がある。情報探索を通じて交換の過程が，複雑多岐な需給の斉合を実現する。究極の目的は，個人のもつ多様な欲求を，適切なる財（適切な質・量の財，サービス）をもって斉合させることである。斉合の基本は，形態付与(生産)と品揃え形成である。この斉合の全過程は後に，斉合の各取引段階と区別して，交換系と呼ばれた。これは全体的なマーケティング過程の有機的

総合的概念であり，マーケティング戦略上有効な概念とされている。この異質市場において企業は，サバイバルのために，差別的優位をめざして競争する。家計-消費者もまた，基本的に合理的な購買者として，すなわち基本的に産業購買者と同一性格のものとして，市場に現われる。適合度（目的性），調整度（収支計画）という尺度から，家計も操作体系としてとらえることができる。異質市場において基本的に独占はありえない。異質市場は，無限の競争の可能性をもつとされるのである。

第2の骨組は，この斉合活動の当事者である。いわばマーケティング活動で作動する実体である。これは組織的行動システムと呼ばれ，企業，家計，流通経路がそれである。これらが，異質市場をめぐって競争を通じて多様な需給の斉合を実現する実体である。この組織形成の原理は生態学的論理であり，生存における共通の利害関係であり，組織によってその成員は，非組織の場合より多くの便宜を受ける。流通経路の組織度は，相対的に弱いと考えられている。組織的行動システムは，行動の原理をもつ。企業は異質市場における動態的な需要というべき機会の探索と対応-努力を行なう。

第3の骨組は，組織的行動システムにおける投入・産出の体系である。これも企業，家計ともに適用される。企業においては効果的な投入・産出のための基本は，斉合のための欲求の探索と対応であり，形態付与を含む効果的な品揃え形成である。当然情報の制御や意思決定の処理が問題となる。ここでも企業経営におけるマーケティング的考慮が問題である。それは，生産規模や技術の決定，品質管理，在庫管理，また投資管理などのすべての企業的行為に関連してくる。すなわち，生産，流通，財務という企業経営のすべての局面に関連してくる。企業の革新と成長にもかかわるのである。

これらはオルダーソンのマーケティング理論の基本的な骨組であるが，いくつかの重要な概念について若干の説明をしておきたい。

4) 異質市場と自由参入

機能主義的な競争論は，生存のための差別的優位の実現がキイ・ワードとな

っているが，それは立地，製品，操作方法など，なんらかの点で差別的優位を占める競争である。しかし内容は，チェンバリン（E. H. Chamberlin），クラーク（J. M. Clark）のものに非常に近い。しかし彼の方法は，寡占を前提としたものではなく，差別的優位はシュムペーターの革新企業家の優位と非常に近い。シュムペーターの場合，革新者の優位は，追随者が革新企業の技術に追随するまでのタイム・ラグである。オルダーソンの場合も同様で，先行行為と報復行為の関係は，先行者の利得と，対抗者が先行者の差別的優位を破壊，相殺して，先行者が標準的水準となっていく中和化過程の相対的速度にかかるものとなっている。先行と中和化は，価格競争の場合は完全，即時に推移するが，新製品，新生産方法の場合はかなり長く続く。また同質製品の場合でも，マーケティング過程が標準化していなければ，マーケティング実践によって差別化する機会が利用できる[12]。

　オルダーソンは一貫して寡占的参入阻止を否定する。参入障壁は，特許，秘密技術，カルテル，必要資本量などがあるが，必要資本量の障壁は，差別的優位への期待の問題とされる。また既存の操作に規模の経済性が存在しても，差別化に参入は通常可能である。すなわち寡占構造そのものによる参入障壁は存在せず，既存企業の成功はその差別的優位の存在によるものであり，既存企業の成功そのものが，新企業の参入の可能性を証明するというのである。

　競争の動態は，抽象的な価格競争ではなく，さまざまな形態を生みだす。競争の強度は，対抗者の次元数の関数であり，差別的優位の次元の相違に対応して，種々の競争が生ずる。

5) 斉合——品揃え形成と流通チャネルの形成

　マーケティングはすべての使用価値の源泉であり，価値は交換を通じて創造される。製造活動は消費者の必要に適合するための形態付与の補助的方法である。効用はただ，品揃え物の潜勢力に貢献するという意味での効用においてのみ存在する。究極の目的は，個人のもつ欲求を適切なる生産物において斉合させることである。マーケティングは生産物の一定の供給からはじまり，品揃え

形成を通じて最終的効用を創出する。

経済活動は，財の無秩序な存在-集塊物に始まり，品揃え物に終わる。品揃え形成活動は，4つの側面をもつ。すなわち，集塊物は仕分けによって財の種類別-分類され，同一種類が量的にまとまる過程—集積—を経て，配分される。配分は——内部的には企業経営を通じて，外部的には市場を通じて——行なわれ，必要に応じて分割される。この過程は限界生産力均等の法則，限界収入均等の法則で説明される。最後に取揃え過程を通じて，個々の需要に対応する最適商品群への編成——すなわち品揃え物になる。これは企業，家計ともに，適用される概念である。

発展した経済では，生産者から消費者にいたるまで，小売，卸その他の中間媒介者が形成されるが，それは各配分段階における品揃え形成の必要性であり，費用効率的にそれを遂行する構造である。

生産者と消費者は，時間的，空間的にかけ離れているだけではなく，生産者のストックと消費者の品揃え物の間には，需給均衡のタイミングの差異があり，これをオルダーソンは品揃え物の「そご」と呼んでいる。財は生産技法に従い生産され，消費技法に従い消費される。中間の流通機構は，それらの操作技法の懸隔を架橋する[13]。

この理論は，分化された体系としてのマーケティング理論の重要な部分であり，生産から消費にいたるマーケティング過程を使用価値的均衡条件から分析し，中間媒介者の生成を，品揃え物形成のコスト的条件から説明しようとしたものである。

第3節　経営者の行為としてのマーケティング管理

本書の第3部では，経営者の行為としてのマーケティング管理の問題が，論じられている。内容は，マーケティング活動の管理，マーケティング諸問題の解決，市場計画作成の原理，経営政策のマーケティング的見方の諸章に分かれている。オルダーソンのマーケティング理論は結局マーケティング実践のため

の視座として役立つものを志向しており，経営のすべての側面がマーケティング的考慮にかかわるというのである。販売成果は市場機会に適用されるマーケティング努力の関数である。マーケティング活動は経営者の行為であり，経営目的達成のための諸資源の統制である。

マーケティング活動の管理についていえば，異質市場において多様な需給の斉合は，マーケティングにおいては機会と努力として，すなわち企業による複雑な潜在的需要の探索とその供給による対応である努力としてとらえられる。需要の予想，努力の管理など，機会の探索と努力による対応という動態的過程が問題である。経営者は機会や努力を細分化し，現実的に対応できる技術を開発しなければならない。マーケティング努力は販売組織に限られるものではなく，市場調査，製品開発，価格，品質管理にいたるまで一連のマーケティング活動と，その管理および評価の方法の解説がある。マーケティング活動における経営者機能についても，根本的には合理的行為の目標として存続をあげ，行為の動機として勢力説がとられ，機能主義的説明が繰り返されている。

その他のマーケティングにおける問題解決，すなわち問題状況における不確定性減少の手段発見のための分析的作業——手順的方法，活動的方法，機能的方法——が説明され，さらにマーケティング管理におけるORの適用が，努力の配分，統制と調整，情報と接触，競争戦略と価格などとの関連で述べられている。

第4節　オルダーソンの現代的評価

オルダーソンの引用は最近，アメリカでも著しく減少しているといわれている。また機能主義学派に入らないマネジリアル・マーケティング学派に比較しても，その評価は低い[14]。しかしここではこの問題には深く立ちいらない。問題はわれわれの立場から，いかにオルダーソンを評価すべきかということである。若干の疑問を出してみたい。

第1の問題は，彼の基本的な方法論である機能主義の評価である。現在，機

能主義は往年の影響を失ったといわれている[15]。もともとパーソンズの機能主義は、第2次大戦後におけるアメリカの繁栄を背景にして、その持続を願う世相のなかで、均衡概念を中心とした秩序の形成の主張がアメリカ社会に歓迎されたという歴史的条件があったと考えられている。すでにはやくから、ダーレンドルフ（R. Dahrendorf）らは、パーソンズの「体系の理論」は、現状維持の理論として強く批判していた[16]。パーソンズの方法に依拠するオルダーソンの方法も、同様の批判を免れないであろう。

ハント（S. D. Hunt）は、ネーゲル（E. Nagel）の機能主義の定義をふまえて、オルダーソンの機能主義的分析は与えられたシステムを良好な活動状態に保ったり、それをゴーイング・コンサーンとして維持したりするうえで、その果たす役割を明確にすることによって、ある行動パターン、もしくはある社会文化的制度を理解することに求めることに帰着すると解釈している[17]。たしかにオルダーソンの方法は、アメリカの企業が世界を圧倒していた1950年代の解釈として、当時広く受け入れられたことは事実でもあり、説明のつくことである。

現にアメリカ経済の凋落は、世界的にアメリカのマネジリアル・マーケティングに大きい打撃を与えている。消費者の自由な選択による品揃え形成の連鎖が生産に及び、革新の受容と物質的基盤の拡大につながるというオルダーソンの主張は、アメリカの現実を説明しうるものではない。アメリカの直面する深刻な資本主義的不均等発展のなかで、現状維持を望む者はいない。

第2の問題は、機能主義のマーケティング理論への導入に関するものである。マーケティングのもっとも重要な概念についていえば、たとえば組織された集団行動などのように、それ自体の内在的論理の分析もないところに、直接機能主義の生態論的類似性によって、基本概念を定めることができるか、ということである。先にみたように、パーソンズも経済学には独自の体系が必要であることを指摘している。ケネー（F. Quesnay）は血液の循環からヒントを得て経済表を考えたといわれるが、いかに血液の循環を詳細に分析しても、経済表そのものの理論は発展しえない。オルダーソンの場合は、きわめて多くのマーケティング上の概念が、機能主義の適用として出されてくる。パーソンズの方法が

一般理論をめざしたといっても，その適用はかなり恣意的な感を免れない。たとえば，差別的優位を巡る競争が，生存に対する機能主義の方法として出され，品揃え形成が機能主義的な集団対個人の関係から類推されている。

　第3の問題は，彼のマーケティング理論の具体的な内容である。その多くは既存の方法の適用であるが，ここでは特に彼の方法として有名な品揃え形成についてみてみよう。オルダーソンは消費者のニーズに対応する品揃え形成から，経済活動の動態を解明し，流通経路はおろか，生産も品揃え形成のための形態付与にすぎないとしている。この理解は基本的に，経済における生産力の意義を軽視することである。またこの方法は結局，商業資本の自立化，系列化，排除の根拠を，品揃え形成の合理化という観点からとらえたものである。消費者が必要とするものは使用価値であり，その質と量を，生産者から消費者に届けるシステムを，使用価値の流通構造から分析したものにすぎない。オルダーソンは経済的均衡を超えた斉合という独自の概念を出しているが，これは再生産における使用価値的均衡とその個別資本的対応の構造を示しているにすぎない。経済学における使用価値そのものの捨象はその目的によってなされているので，再生産の条件や恐慌の分析においては当然その考察は必要である。価値と使用価値の統一的理解が経済学にないわけではない。

　商業資本の存在もその排除も，品揃え形成の合理化という基準でとらえられており，ビッグ・ビジネスの流通管理という現代経済の基本構造は，完全に無視されている。現代の異質市場は決して自由競争の世界ではない。異質市場において革新を管理しうるのは，ビッグ・ビジネスであり，斉合の主導権はビッグ・ビジネスによって握られている。

　オルダーソンは，流通経路を組織された行動体系として措定し，その集団的原理は，同じ流通経路集団の利害関係を一体化し，したがって異なった流通経路間や，それぞれの流通経路をもつ大企業間の結託はありえないとしている。彼の表現を使えば，垂直方向で協調すると同時に，水平方向で結託することはありえないとしている。これもまた，機能主義的論理からきたものであろう。機能主義の適用が異常にまで重視された好例であり，理論的にも現実的にも，

誤った理解である。

　シュムペーターは，革新において5つの源泉を示した。それは単純に消費者のための品揃え形成に還元されるものではない。オルダーソンの『マーケティング行動と経営者行為』が出版された1950年代は，アメリカでは非価格競争が支配的であり，企業ではマーケティングが企業経営の中心的位置を占めていた時代であるが，その内容は，たとえば自動車産業に典型されるように，無内容なモデル・チェンジや製品差別化を繰り返していた。オルダーソンのいう形態付与は，きわめて一般的な，あるいは根源的な発想として出されているが，しかし彼の歴史的背景が自動車のモデル・チェンジのような底の浅い形態付与であったことは興味深い。

　現在アメリカにおいても，他のマネジリアル学派はオルダーソンよりは高く評価されており，将来はマネジリアル学派と消費者行動学派との統合による理論の発展が期待されているといわれている。企業による流通市場の管理の限界を，消費者行動の研究と統合することによって解決しようとする方向は，広義の管理論としてひとつの方向を示すものであろう[18]。

　最後の問題は機能主義とマーケティング管理学派の問題である。オルダーソンはマーケティング管理学派のひとつでもあり，ただ機能主義的方法に依拠しているところから，他と区別されているのである。したがって，マーケティング管理論に機能主義が絶対に必要なわけではない。さらにオルダーソン自身のマーケティング理論の主要部分についても，とくに『マーケティング行動と経営者行為』についていえば，第2部，第3部の論理について機能主義がどこまで必要かが，問題となりうるのではなかろうか。たしかに機能主義の発想はマーケティングを統合的に分析するヒントとなったかもしれない。それはちょうど，血液の循環が経済の再生産的構造のヒントになったようなものである。しかし，しばしばでてくる機能主義への言及が，精巧な分化された体系としてのマーケティング論の体系に，壮大なたとえ話以上の意味をもちうるかどうか，いささか疑問を感じざるをえない。

　現代のマーケティング理論は，内在的にも外延的にもマーケティング管理論

の発展としてとらえるべきである。しかしそれが，オルダーソン流の機能主義の方向からではないという事実は，マーケティングにおける機能主義あるいはオルダーソンの意義と限界についてのひとつの回答を示しているのではなかろうか。

〔注〕
1) オルダーソンの業績については，W・オルダーソン『動態的マーケティング行動』（田村，堀田，小島，池尾訳，千倉書房，1981年）につけられた「W・オルダーソンの主要著作」参照．
2) G. Porter, H. C. Livesey, *Merchants and Manufactueres*, The John Hopkins University Press, 1971（山中，中野，光澤訳『経営革新と流通支配』1979年，ミネルヴァ書房）．
3) R. Bartels, *Gloval Development and Marketing*, Grid Inc., 1981（角松，山中監訳『社会開発のマーケティング』文眞堂，1985年，53～54ページ）．
4) 同上書．
5) A. W. Gouldner, *The Coming Crisis of Western Sociology*（岡田直行ほか他訳『社会学の再生を求めて』新曜社，1978年，264ページ）．
6) T. Parsons, E. A. Shils, *Toward a General Theory of Action*, Harvard University Press, 1954（永井道夫ほか訳『行為の総合理論をめざして』日本評論新社，1960年，4～5ページ）．
7) 同上訳書，86ページ．
8) 同上訳書，46ページ．
9) 同上訳書，87ページ．
10) T. Parsons, *The Social System*, The free Press, 1951（佐藤勉訳『社会体系論』青木書店，1974年，539～540ページ）．
11) W. Alderson, *Dynamic Marketing Behavior*, Richard D. Irwin, 1965（田村正紀その他訳『動態的マーケティング行動』千倉書房，1981年，31ページ）．
12) W. Alderson, *Marketing Behavior and Executive Action*, Richard Irwin Inc. 1957（石原武政ほか訳『マーケティング行動と経営者行為』千倉書房，1984年，115～117ページ）．
13) 同上訳書，249～250ページ．
14) J. E. Sheth, D. Gardner, and D. E. Garret, *Evolution and Evaluation*, 1988（流通科学研究会訳『マーケティング理論への挑戦』東洋経済新報社，1991年，113ページ）．
15) A. W. Gouldner, 前掲訳書，213ページ．
16) R. Dahrendorf, *Essays in The Theory of Society*, 1968（橋本和幸ほか訳『ユ

ートピアからの脱出』ミネルヴァ書房，1975 年，第 2 章).
17) S. D. Hunt , *Marketing Theory*, Grid Inc., 1976 (阿部周造訳『マーケティング理論』千倉書房，1979 年，68 ページ).
18) J. E. Sheth , D. Gardner, and D. E. Garret, *Evolution and Evaluation* (前掲訳書，218 ページ).

　なおわが国におけるオルダーソンの研究としては，荒川祐吉教授，田村正紀教授のものがある。アメリカのオルダーソン研究文献については，前掲の Sheth, Gardner and Garret の訳書，102 ページ参照。

〔山中　豊国〕

第6章

P・コトラー
―― 現代マーケティング学界の第一人者 ――

第1節 は じ め に

　フィリップ・コトラー（Philip Kotler）は，現在，ノースウェスタン大学ケロッグ経営大学院（J. L. Kellogg Graduate School of Management）のマーケティング担当教授（S. C. Johnson & Son Distinguished Professor of International Marketing）である。1931年5月27日生まれであるから，すでに60歳を超え，研究者としては最終晩年期に入ったといえよう。

　地元シカゴのディ・ポール大学（1948～50年，経済学，学位取得せず）を卒業後，シカゴ大学（1950～53年）で経済学の修士号（M. A.）を，そしてマサチューセッツ工科大学（1953～56年）で経済学の博士号（Ph. D.）を取得。Ph. D. 論文は「インドにおける産業賃金政策の諸問題」であった。博士号取得後，シカゴ大学（1956年）で社会学を，ハーバード大学（1960年）で数学を各1年間ずつ研究し，また，1950年から60年の間，シカゴ大学，マサチューセッツ工科大学，およびハーバード大学の特別研究員（Fellowship）であった。現ノースウェスタン大学への奉職は1962年からである。

　1991年現在，著書は15冊にのぼり，それらの中から代表的なものを列挙するなら，*Marketing Management : Analysis, Planning, (Implementation,) & Control*（1967年初版，現在7版）[1]，*Marketing Decision Making : A Model*

Building Approach (1971年初版，1983年再版)[2]，*Marketing for Nonprofit Organizations* (1975年初版，現在4版)[3]，*Principles of Marketing* (1980年初版，現在5版)[4]である。これらのうち，*Marketing Management* は，日本語，仏語，独語，スペイン語をはじめ，東欧や共産圏も含め13カ国語に翻訳されており，同書が英語圏を超えて世界各国で用いられていることを物語る。また同書は，1975年に"マーケティングの分野における代表的図書"に選定されている。

論文は，1962年のデビュー論文を皮切りに93篇にのぼる。それらのなかには，当該誌の当該年度最優秀(ないし次席)論文に輝いたものが多数含まれる[5]。なかでも，*Journal of Marketing* に発表したマーケティング概念の拡張に関する3篇は，1969年，1971年，1972年と，同誌の最優秀論文に与えられる Alpa Kappa Psi Award をそれぞれ受賞し，これは，唯一コトラーだけがなしとげた偉業である。以上の他，*Harvard Business Review, Journal of Marketing Research, Management Science, Journal of Business Strategy, Sloan Management Reveiw* など米国主要誌において彼の論文をみることができる。

このように，コトラーは，マーケティングとマネジメントの分野において輝かしい研究業績を収めているが，それは特に70年代後半までにおいて顕著である。80年代に入って以降は，著書，論文ともに若手研究者との共著が目立つようになり，純粋学究としては一歩後退の感が否めない。むしろ当然のこととして，70年代末からは，個別の論文に対してというよりは，その研究活動に加え，教育面や社会的活動に対して学的名誉を受けるようになり，文字どおりマーケティング学界の第一人者として不動の地位を築いていく。たとえば，1978年にアメリカ・マーケティング協会から"マーケティング科学への顕著な貢献"を称えられ，Paul D. Converse Award を授与されたのを境に，数々の名誉を受けるようになる。たとえば，Stuart Henderson Britt Award (1983年，A. M. A.シカゴ支部より"その年のマーケター"を称えられて)，Distinguished Marketing Education Award (1985年，第1回受賞，A.M.A.より"マーケティング教育への顕著な貢献"を称えられて)，Philip Kotler Award for Excellence in Health Care Marketing（1985年，第1回受賞，医療サービス・マーケティング学会より"医療サービスのマーケティングへの学的貢献"を称えられて），名誉学位（1988年，ディ・ポール大学），Charles Coolidge Parlin Annual National Marketing Award（1989年，A. M. A.フィラデルフィア支部より"マーケティングに顕著な貢献をなした個人"を称えられて），Victor-Mataja-Medal（1989年，ウィーン，"その年度にマーケティングに顕著な貢献をなした個人"を称えられて），名誉博士号（1990年，チューリッヒ大学），名誉博士号（1990年，ロンドン，インターナショナル・マネジメント・センター）等々である。このように，近年にいたっては，米国のみならずヨーロッパにおいても名誉を受けるようになっている。

　学会関係では，マーケティング・サイエンス学会理事，マーケティング分析センター理事，マネジメント・サイエンス学会マーケティング部会長，アメリカ・マーケティング協会理事およびプログラム委員長などの要職を歴任してきている。

　講義に招聘された大学数は全米主要大学20校に及ぶ。その他，米国商務省の依頼でモスクワで講義をなした経験や中国政府からマーケティング講義の招聘を受けた経験を有する。また，多くの米国内外の主要企業・機関の経営コンサルティングを手がけ，それらのなかにはAT＆T，ゼネラル・エレクトリック，アメリカ銀行，IBM，マリオット，キャピタル・レコード，プレイボーイ，アップル・コンピュータ，ラザーラン総合病院などが含まれる。

　本務校であるノースウェスタン大学ケロッグ経営管理大学院およびマーケティング学科において数々の要職をこなしているのは言うまでもない。同ビジネス・スクールが今日あるのはコトラーによるところ大であるといわれる。ちなみに，ケロッグ経営管理大学院は，最新（1992年）ランキングを含め過去3回連続して全米ビジネス・スクールのランキング第1位に輝く[6]。

　実際の風貌は，テキストブック裏表紙などでみかける写真よりも，ずっと男っぽく，また枯れた感じの学者の臭いがする人である。ナンシー夫人との間に3人の子供（女子）がいる。処女著書かつ代表著書である『マーケティング・マ

ネジメント』の最初のページに，"This book is dedicated to my wife, Nancy, with love"とあるのが印象に残る[7]。

　以下の節で，コトラーの研究業績を紹介しつつ分析と評価をなすわけであるが，業績が膨大な数にのぼり，また本章での紙幅が限られているため，それらのすべてについて論じることはできない。ここでは，大きく3つの方向に分けて論じることにしよう。すなわち，第1はマーケティング・マネジメント理論に，第2はマーケティング概念拡張論に，そして第3は非営利組織のマーケティング理論に象徴される方向である。

第2節　マーケティング・マネジメント理論

　現行のマーケティング研究の分野を大きく流通研究（社会経済的アプローチ），マネジメント研究（個別経済主体的ないしマネジリアル・アプローチ），そして方法論および歴史研究（メタ学的アプローチ）に分けるとき，コトラーの一連の研究は，個別経済主体的アプローチとしてのマネジメント研究に含まれよう。その主要な骨格をなしているのが『マーケティング・マネジメント――分析，計画，実行，そして統制』(*Marketing Management : Analysis, Planning, Implementation, & Control*)である。1967年の初版以来，現在までに第7版(1991年)を重ね，ほぼ四半世紀にわたって，現代マーケティング・マネジメント理論の代表的著書およびテキストとして認められてきている。また，同書にはコトラーのマーケティング・マネジメントについての考え方と研究のすべてが版を重ねるなかで凝集されてきており，文字どおり，コトラーのマーケティング・マネジメント理論の集大成であるといえる。同書の内容的検討に入る前に，まず，その成立の経緯についてふれることにしよう。

1. 先達によるマーケティング・マネジメント理論

　マーケティング・マネジメント理論は，ある日突然に真空状態のなかからコ

トラーによって形成されたわけではない。コトラーは，マーケティング・マネジメント理論の第2世代に位置づけられるのであって，一人前の研究者になる以前に，それら方法や主要概念の大半がすでに成立していたからである。たとえば，マーケティング思考，マーケティング・マイオピア，消費者志向，マーケティング・ミックス，プロダクト・ライフサイクル，市場細分化等々といった主要概念のオリジナリティはそれぞれの提唱者に，そして基本枠組みと方法は，たとえばハワード（J. A. Howard）のそれに帰せられるだろうからである。あるいは，マーケティング・マネジメントの理論枠組みは，第2次大戦後になって企業経営者の観点からのマネジリアル・アプローチが開花するなかで，暗黙裡に形成されてきたマーケティング研究者にとって共有の範型（パラダイム）なのであって，いつ何時それが体系だって著わされるかという時間の問題であったように思われる。そうした状況下で，最初に著書（テキスト）の形にまとめあげたのがハワードであり，続くマッカーシー（E. Jerome McCarthy）であり，コトラーは第2ないし第3番手として現われたということができるのである。

　ハワードは，1957年に『マーケティング・マネジメント――分析と意思決定』(*Marketing Management : Analysis and Decision*) を著わす[8]。そこにおいてハワードは，マーケティング・マネジメントは販売の広い問題を取り扱う経営管理の一分野であるとして，マーケティング・マネジメントを位置づけ，そして，マーケティング・マネジャーは，価格，広告とその他の販売促進，販売管理，製造すべき製品の種類，および使うべきマーケティング・チャネルの5項目の意思決定に責任をもっているとして，マーケティング・マネジメントをマーケティング・マネジャーの意思決定プロセスとして説明づけた。また，意思決定をなす際には，マーケティング・マネジャーが統制不可能な要因と統制可能な要因とを分けることが肝要であるとした。

　これによって，マーケティング・マネジメントは初めて一冊の著書全体を通じてその基本枠組みと方法が説明づけられたわけである。テキストとしては，その後マッカーシーが出現し，消費者（顧客）の存在および消費者志向性を明

示的にし，さらに統制可能要因を 4 Ps(Product＝製品，Place＝場所，Promotion＝促進，Price＝価格)のマーケティング・ミックスとしてまとめあげ，マーケティング・マネジメントをよりわかりやすく説明づけた[9]。

2. 新視角の導入：コトラーのマーケティング・マネジメント理論

コトラーはハワードに遅れること 10 年にして，自らの手によるマーケティング・マネジメント理論を展開する。それが『マーケティング・マネジメント――分析，計画，そして統制』(初版，1967 年)である。ハワードの『マーケティング・マネジメント――分析と意思決定』についての言及はみられないが，コトラーの理論がハワードのそれを土台にしたものであるのは間違いなかろう。換言すれば，コトラーは，約 10 年間に及ぶ研究蓄積と諸科学からの援用を武器に，ハワードのそれを完全に凌駕できるニュー・スタンダードとしてのマーケティング・マネジメント理論を著わそうとしたと思われる。序文における次のような陳述は，それを物語っていよう。

「マーケティング問題における諸変数は……整然とした数量的特性を示さないのが通常である。……これらの特徴はマーケティングにおいて，より多くの理論と分析を必要としている。事実，過去 10 年間にマーケティングにおける意思決定を改善する上できわめて有望な前途を約束する数量的・行動科学的用具，概念，およびモデルの急速な発展をみた。……そして，これらは，マーケティングにおける新しい考え方の原型となりつつあるとはいえ，代表的テキストの中には，まだ一般に取り入れられていないようである。本書は，マーケティングについての新しい考え方を統合することによって，今日および明日のマーケティング担当経営者に役立つような一つの枠組みを作りあげようと試みたものである」[10]。

こうしてコトラーは，ハワードによるマーケティング・マネジメントの理論枠組みを踏襲したうえで，次のようないくつかの新視角を導入することによって，マーケティング・マネジメントをより確証可能性の高いものとして説明づけた。

第1の新視角は，同書（理論）が近年の数量的分析や行動科学による成果を積極的に採り入れつつ，3つの際立った方法を採用していることである。意思決定志向，分析的アプローチ，そして学際的アプローチである。おそらく，これらアプローチの統合的採用はマーケティング・マネジメント理論においてもともと内在的であったのであり，コトラーによって初めて顕在化されたといえよう。

第2の視角は，マーケティング・マネジメントをシステム設計の手順，ないしは分析，組織，計画，そして統制というマネジメント・プロセスに従って説明づけることによって，マーケティング・マネジメントのもつ「フローの概念」を明らかにさせたことである。これは，同書のサブタイトルおよび構成が分析，計画，（実行），そして統制となっていることからも知ることができる。この視角の導入は，結果として，ハワードとマッカーシーの理論のいずれもが，その概念図式においても明らかなように，要素羅列的であり，マーケティング・マネジメントの起点から終点にいたるプロセスないし循環性についての方法論的根拠が明示的ではなかった，すなわち時間の観念が欠落していた。それを克服させることになった。コトラー自身は図解していないが，たとえば，それは次のように図解することができよう。

分析　→　計画　→　実行　→　統制

第3は，マーケティング・マネジメントに学際的アプローチを採用したことである。分析的アプローチ，意思決定アプローチのいずれもハワードの理論において確認できるが，学際的アプローチをその理論において体系的に消化したのはこの分野ではコトラーが最初であろう。たとえば，マーケティング・マネジメントが想定する消費者像は，経済理論が想定するような経済的合理性に基づいて行動する"経済人"ではない。あるがままの消費者である。だとすれば，それは人間行動としての消費者（購買者）行動であって，その分析のためには社会学，心理学，行動科学，文化人類学，経済学，数学等々からの諸概念や諸理論の援用が求められねばならない。彼は，意思決定と分析的アプローチに際

し，それら諸科学からの成果の導入を唱い，自ら消化したのである。

第4は，旧来の機能的な解釈にとどまることなく，マーケティング（・マネジメント）のもつ哲学的かつ理念的な部分に光を当てることによって，マーケティング・マネジメントが，単にマーケティング諸機能の統合的プロセスより以上のものからなることを明確にした点である。そしてこのことは，結果として後に，フィロソフィーとしてのマーケティングとか技能としてのマーケティング・マネジメントとか，あるいは非営利組織のマーケティングとかいった考え方を生みだすことになっていった。

3．最新第7版の構成

そうしてコトラーの『マーケティング・マネジメント』は，初版以来四半世紀の間に7版を重ねるまでになったが，全体としての理論枠組みに変化はみられない。改訂ないし補強されたのは，各論部分と構成内容においてであり，それは次のような諸点に整理づけられよう。もっとも，それらは，第7版になってというよりは第2版以降版を重ねるごとに徐々に改訂・補強されてきたものである。

第1点は，初版に比して，「標的市場の探索と選定」および「マーケティング戦略の設計」の部分が新設ないし大幅に補強されたことである。この部分こそ，近年のマーケティング・マネジメント研究においてもっとも精緻化され，また諸成果が著しい部分である。第7版では第III部と第IV部を割くことによって対応している。これによってマーケティング・マネジメント理論は戦略論としての色彩を一段と鮮明にしたといえよう。

第2点は，大規模製造企業のマーケティング論としての前提は維持しつつも，その度合いをうすめ，マーケティング・マネジメントの技能としての側面を際立たせることによって，マーケティング・マネジメントをより汎用性の高いものとして描いていることである。

第3点は，同書の特色を①マネジリアル志向，②分析的アプローチ，③学際的視角，④汎用的アプローチ，そして⑤包括的かつ均等的論究と規定づけてい

ることからも知れるように，体裁も含めあらゆる点において盛り沢山かつ徹底した配慮がみられ，マーケティング・マネジメント理論（テキスト）としてはもはや改訂の余地がないほどの体系性と完成度をみているということである。

以下は最新第7版（1991年）の構成と章だてである。

序
第Ⅰ部　マーケティング・マネジメントの理解
　1.　組織と社会におけるマーケティングの重要な役割
　2.　戦略的計画化への基礎
　3.　マーケティング・プロセスと計画の管理
第Ⅱ部　マーケティング機会の分析
　4.　マーケティング情報システムとマーケティング・リサーチ
　5.　マーケティング環境分析
　6.　消費者市場と購買行動の分析
　7.　業務市場と組織購買行動の分析
　8.　競争企業の分析
第Ⅲ部　標的市場の探索と選定
　9.　市場需要の測定と予測
　10.　市場細分化の確定と標的市場の選定
第Ⅳ部　マーケティング戦略の設計
　11.　マーケティング・オファーの差別化とポジショニングのためのマーケティング戦略
　12.　新製品とサービスの開発，テスト，そして発売
　13.　プロダクト・ライフサイクルを通じての製品管理
　14.　マーケット・リーダー，チャレンジャー，フォロワー，そしてニッチャーのためのマーケティング戦略の設計
　15.　世界市場のための戦略の設計
第Ⅴ部　マーケティング・プログラムの計画化
　16.　製品ライン，ブランド，そしてパッケージングの管理
　17.　サービス・ビジネスと付随サービスの管理
　18.　価格戦略とプログラムの管理
　19.　マーケティング・チャネルの選定と管理
　20.　小売，卸売，そして物流システムの管理

21. コミュニケーションとプロモーション・ミックスの設計
　　22. 効果的広告プログラムの設計
　　23. ダイレクト・マーケティング，セールス・プロモーション，そしてパブリック・プロモーション・プログラムの設計
　　24. セールス・フォースの管理
　第Ⅵ部　マーケティング努力の組織化，実行，そして統制
　　25. マーケティング・プログラムの組織化と実行
　　26. マーケティング成果の評価と統制

第3節　マーケティング概念拡張論

　コトラーの純粋な意味での研究業績は，もちろん論文に求められる。それらは，第1節でもふれたように，1962年のデビュー論文を皮切りに1991年現在93篇にのぼる。大雑把に色分けするなら，たとえば，数量的・行動科学的アプローチを主体とした初期のもの（1962年〜60年代末），マーケティング概念拡張論に傾注した中期前半（60年代末〜70年代初頭），マーケティング・マネジメントの非営利組織への応用とマーケティング戦略への論究が目立つ中期後半（70年代中期〜80年代初頭），そして従来の方向に加え，マネジメント全般から国際ビジネス戦略にいたるまで守備範囲を広げた後期のもの（80年代初頭〜現在）に分けられよう。

　紙幅の都合でこれらの論文すべてについてふれることはできないし，また，本章の目的からしてその必要もなかろう。そこでマーケティング研究史上におけるコトラーの絶対的貢献度という選定基準を採用するなら，中期前半に発表されたマーケティング概念の拡張に関する一連の論文が自ずと浮かびあがってこよう。実際，これらの論文によってマーケティング研究は新時代を迎えることになった。今日，非営利組織のマーケティングやソーシャル・マーケティングといった分野が形成されているが，その源点として位置づけられるのがそれらの論文である。ここでは，特にジャーナル・オブ・マーケティング誌（*Journal of Marketing*）に発表された3篇を取り上げ，それらの論旨をたどるなかで，コ

トラーのマーケティング概念拡張論を探ることにしよう。

1. 「マーケティング概念の拡張」と「ソーシャル・マーケティング」

　コトラーはレビィ（S. J. Levy）と共同で，1969年に「マーケティング概念の拡張」（"Broadening the Concept of Marketing"）を著わし，まったく画期的ともいえる次のようなマーケティングについての新しい考え方を展開した[11]。

① マーケティングは，単に練歯磨や石けんや鉄鋼の販売といった事柄をはるかに超える広範な社会的活動である。政治選挙は候補者が，大学による学生募集は高等教育が，そして募金活動は主義主張が，石けん同様に市場で売買されることを想い起こさせる。

② ところが，これらのマーケティング領域は，これまでマーケティング研究者によってまったく無視されてきた。あるいは広報活動ないし公衆活動としてぞんざいに扱われてきた。これらの現象をマーケティング思想やマーケティング理論の固有の体系内に組み入れようとする何らの試みもなされてきていない。

③ マーケティング人が，その考え方を拡張し，そしてその技法を，増大する社会的活動の関連分野に適用する好機が到来している。その挑戦は，マーケティングが広範な社会的意味を引き受けるのか，それとも偏狭に定義づけられたビジネス活動にとどまるのかによって左右されよう。

④ 米国におけるもっとも顕著な動向は，営利企業以外の組織によって遂行されている社会的業務の量が増大しつつあることである。社会は，衣・食・住の欠乏状態を超えるにつれて，以前には脇に追いやられてきたその他の社会的ニーズを充足するべく組織化し始めるのである。

　これらの主張によって明らかなように，同論文は，マーケティング概念を単に営利企業のビジネス活動に限定することなく，拡張させることによって，広く社会的組織の諸活動や社会的諸問題の解決にまで適用できるようなものとして考えていこうとの基本的理解に立つ。それは，たとえば病院は患者に，大学は学生に，教会は信者に，そして労働組合は組合員にそれぞれ「仕える」（serve）

という具合に，いかなる組織もある特定の集団の利害に仕えるように構成されているからである。また，組織から集団へは「製品」の提供があるとみなすことができるからである。あるいはまた，実際問題として，それら非営利組織ないし社会的機関は，今日それぞれに，顧客(利用者)の減少，公衆とのコミュニケーション不足，イメージ悪化などといった「マーケティング問題」を抱えており，その解決が待たれているからである。かくして「いまや非営利組織を経営する者が直面する選択は，マーケットするかしないかではない。いかなる組織もマーケティングを避けて通ることができないからである。選択があるとすれば，それを上手にやるか下手にやるかである」との論理が導かれるのである。

第1論文「マーケティング概念の拡張」に続き，1971年にコトラーはザルトマン（Gerald Zaltman）と「ソーシャル・マーケティング——計画された社会的変化へのアプローチ」("Social Marketing: An Approach to Planned Social Change") を著わす[12]。概念拡張論は，ここにいたって"ソーシャル・マーケティング"という新しい考え方を提示することになる。そこでは，概念拡張論における以上に鮮明に，マーケティングの諸概念や諸技法の，社会的目的の促進への応用可能性が肯定的見地から探られる。すなわち，そこにいう社会的目的とは，たとえば兄弟愛，安全運転，家族計画，禁煙，美化などといった社会的なアイデアや主義主張を含むものである。要するにコトラーにとって，ソーシャル・マーケティングとは「社会的な考え方（アイデアや主義主張）の快い受け入れに影響を及ぼすように計画されたプログラムを企画し，実行し，そして統制することであり，またそれは製品計画，価格設定，コミュニケーション，流通，そしてマーケティング・リサーチなどの考慮を伴うものである」。

2.「マーケティングの一般概念」

コトラーは続く1972年に単独で「マーケティングの一般概念」("A Generic Concept of Marketing") を著わす[13]。この論文は，前掲2論文の帰結であり，またマーケティング概念拡張論のひとつの到達点であるということができよう。すなわち，「ある学科が健全である証拠は，環境の変化にあわせてその焦点，

技術，そして目的を再検討しようとする自主性にあるのであって，マーケティング学はその焦点を商品へ，機関（制度）へ，機能へ，マネジメントへ，そして社会へと変遷させてきた。いま社会は脱産業社会へと移行しつつあり，マーケティングを伝統的なコンセプトにおしとどめておくことは，この学問分野に課された役割を矮小化させることになろう。この意味から，マーケティング概念拡張論は行き過ぎではなく，まだ不十分である」。このように述べてコトラーは，概念拡張論において展開させた論理と主張をより整序し，かつ徹底させる。

まず，マーケティングをどのように認識するかについて3つの段階を用意する。認識1は，マーケティングは本質的にビジネスに主題があるとの考え方に立ち，それは，マーケティングは売手と買手，そして"経済的"財やサービスにかかわるものであると主張する。売手は財やサービスを提供し，買手は購買力と資源を有しており，そして目的は財と貨幣または他の資源との交換である。マーケティング認識を規定する中心概念は「市場取引」(market—transaction)である。

認識2は，「支払い」をマーケティング現象の範囲を規定する必要条件であるとみなさない。支払いが必要とされようとなかろうと，マーケティング分析と計画化は，特定の集団に向けて製品やサービスを生産するすべての組織に関連する。また，"製品"とはその人にとって「価値のあるもの」（＝価値物）である。その消費に対して負担がなされるかどうかは，価値を決定づける本質的特徴というよりは付随的特徴である。事実，これら社会的財貨のほとんどは通常の形態ではないがしばしば価格づけられている。警察サービスは税金によって支払われるし，宗教サービスは寄付金によって支払われる。このように認識2は，認識1の市場取引という中心概念を「組織――顧客間取引」(organization—clients transaction) というもっと広い概念に代替させる。マーケティングは，広義に規定される組織，顧客集団，そして製品を識別することができるようなあらゆる状況にかかわっているのである。

認識3は，なぜマーケティング技術が組織と顧客集団との取引にのみ限定されるべきなのかわからないとする。組織は，その顧客だけでなく，その環境に

位置する他のあらゆる公衆(publics)とのマーケティング活動にも従事するからである。その経営者層は，組織の後援者，供給者，従業員，政府，一般公衆，代理業者，そしてその他の重要な公衆に対してマーケティングしなければならないと考える。マーケティングの中心概念は「取引」(transaction)である。取引とは二当事者間の価値（物）の交換である。それは，時間，エネルギー，そして感情といった他の諸資源を含む。取引は，売手と買手，そして組織と顧客との間にばかりではなく，いかなる二当事者間にも生じるのである。マーケティングとは，取引がいかにして創出され，刺激され，そして価値づけられるかに特にかかわるものである。これが「マーケティングの一般概念」である。

コトラーは，マーケティングについてのこのもっとも広い考え方としてのマーケティング認識3を「ジェネリック・マーケティング」(generic marketing)と呼び，すなわちそれは，マーケティングについての構造的な観点からではなく機能的な観点からもたらされるという。そして，次のような4つの公理がジェネリック・マーケティングを定義づけるという。

公理1：マーケティングは2つまたはそれ以上の社会的単位をともなう。

公理2：社会的単位のうちの少なくともひとつは，何らかの社会的目的に関連してひとつまたはそれ以上の他の単位から，ある特定の反応を求めている。

公理3：市場の反応は多分一定ではない。

公理4：マーケティングとは，市場に対して価値物を創出し，そして提供することによって望ましい反応をもたらそうとする試みである。

かくして，ここに，マーケティングの一般概念の考え方が明らかにされたわけである。あるいは，前掲2論文は，マーケティングの一般概念の提示という形で結着をみることになった。

3. 概念拡張論の反響と行方

概念拡張論は，前述のとおりの論理とプロセスのもとに展開してきたのであるが，その一方で，マーケティング概念の境界設定をめぐって「概念拡張論争」

を巻き起こすこととなる。すなわち，コトラーらによって提唱されたマーケティング概念拡張の考え方に対して，賛成論と反対論が噴出し，マーケティング概念はどこまでの範囲を含むものであるかがマーケティング学界をあげて論争されることになった。それは特に1969年から1974年の間において顕著であり，この間に十数篇の論文が著わされ，また1971年にはジャーナル・オブ・マーケティング誌が「マーケティングの変わりゆく社会的・環境的役割」と題する特集号を組んだほどである[14]。その背景理由として，第1に，論点がマーケティング概念，すなわちマーケティングの考え方そのものについてというマーケティング研究者の誰にとっても基本的な事柄であったこと，第2に，コトラーらによって発表された拡張論の考え方が単なる新マーケティング定義の提示の段階に終わらず本格的な論究の形をとったこと，第3に，概念拡張の考え方が時代的文脈のなかでまさに時宜を得たものであったこと，そして第4に，その時期マーケティング研究そのものが方法論争の行詰り期にあり新たな展開を渇望していたことなどがあげられよう。

　論争に参画した論者のなかで，特にラック（D. J. Luck）は2度にわたって激しい反対論を展開したが[15]，バーテルズ（R. Bartels）による見解が注目される。すなわちバーテルズは，1974年に「マーケティングにおける自己喪失危機」を著わし，マーケティング概念の拡張によって期待される成果を認めつつも，①マーケティングの起源は経済的な財およびサービスの流通に主眼を置くことによって開始された，したがって，②仮にマーケティングが経済的領域のみならず非経済的領域への応用を含むまでに拡張されるなら，もともと知覚されていたマーケティングは別の名の下に生まれ変わらなければならなくなってしまう，と述べることによって，マーケティング概念の拡張の風潮に対して警鐘を鳴らしたわけである[16]。こうして論争は終結へと向かうことになるが，マーケティング研究者全体としては大多数が拡張論を支持する立場をとった[17]。ちなみに，アメリカ・マーケティング協会はそれから約10年後の1985年になって新マーケティング定義を25年ぶりに発表するが，それは概ねコトラーの概念拡張論の方向にそったものとなっている[18]。

そうして概念拡張論争は1974年をもって概ね終息し，その後は2つの方向に衣替えしていったといえよう。ひとつは，マーケティングの中心概念ないしマーケティング一般理論への関心を呼び起こし，また頓座していたマーケティング科学論争を再開させることになる。そしてそれは，ハント（S. D. Hunt）という新しい旗手によって受け継がれていく[19]。いまひとつは，概念拡張論の内容的充実であり，理論化への方向である。これは，コトラー自身によって受け継がれていく。

第4節 非営利組織のマーケティング理論

コトラーは，1975年に『非営利組織のマーケティング』（*Marketing for Nonprofit Organizations*）を著わし，概念拡張論における一連の成果を結実させる[20]。自らが提唱し，また論争の火付け役となったコトラーは，概念拡張論を，論文によるプレゼンテーションの段階に終わらせることなく一冊の著書にまとめあげることによって"非営利組織のマーケティング"という新しい分野の確立をめざしたわけである。あるいは，もともとコトラーにとってマーケティング（・マネジメント）とは，公衆との間に価値物の交換があると認められる組織一般にとって汎用可能な技術なのであるから，それが，非営利組織という新たなマーケティング主体を得て顕在化されることになったのは，むしろ当然の帰結であったといえよう。同書は，現在第4版（1991年）を重ね，『マーケティング・マネジメント』と並びコトラーの代表的著書として認められている。もっとも同書は，非営利組織のマーケティングという未開の分野を拓いたという点でより意義深い。コトラーはこの他に，80年代に入って非営利組織のマーケティング理論に包括される数冊を著わしているが，それらは病院，教育機関といった各種非営利組織別のアプローチであり，非営利組織マーケティングの一般理論を意図したものではない。加えて，いずれも若手研究者（弟子）との共著であり，コトラー自身による新たな基本視角が提示されているとも思えない。したがって，ここでは，前掲同書（第1版と第2版，1982年）を中心に取り上げ，

そこにおける展開をたどることによって非営利組織マーケティング理論の基本枠組みとし，検討を加えることにしよう[21]。

1. 構 成 概 念

いうまでもなく，非営利組織マーケティングの理論枠組みを構成する構成概念は多数にのぼる。それらのなかから，伝統的企業マーケティング論におけるそれと相違がはなはだしく，重要と思われるものとして，ここでは組織，取引形態，公衆，マーケティング問題の4つを取り上げることにする。

構成概念の第1は「非営利組織」である。コトラーは組織一般を次のとおり類型化することによって非営利組織の範囲を規定する。すなわち，一般に組織は，営利（profit）／非営利（nonprofit）と私的（private）／公共的（public）の2つの二分法を用いるとき，4つのセルに描かれるという。たとえば，セルⅠ（営利＝私的）には株式会社，合資会社，個人商店などが含まれ，伝統的マーケティング（・マネジメント）はこの領域を対象にしてきた。セルⅡ（営利＝公共的）とⅢ（非営利＝公共的）は「第2セクター」を構成し，それはさらに4つのタイプの政府・公的機関に分けられる。第1はビジネス型であり，その機能は販売のための製品・サービスを生産することである。郵便局，料金徴収道路公団，国有産業などが含まれる。第2はサービス型であり，その機能は利用者に料金を直接課さないでサービスを生産ないし普及することである。公立学校，公立図書館，警察署，消防署，公立病院などが含まれる。第3は移転型であり，その機能は金銭の片務的移転を遂行することである。社会保障局，市および州福祉局，内国税収入局などが含まれる。第4は調停型であり，その機能は公衆の利益を促進するために，ある集団の自由を規制することである。刑務所，裁判所，公正取引委員会などが含まれる。セルⅣ（非営利＝私的）は「第3セクター」を構成し，それは8つの種類の組織からなる。①宗教組織（教会，教会団体，伝導主義運動），②社交組織（サービス・クラブ，共済組合），③文化組織（美術館，交響楽団，オペラ会社，芸術連盟），④知識組織（私立小学校，私立大学，調査機関），⑤保護組織（同業組合，労働組合）⑥政治組織（政党，圧力

団体), ⑦慈善組織 (民間福祉団体, 民間基金, 慈善病院, 老人ホーム), そして⑧社会運動組織 (平和団体, 家族計画団体, 環境団体, 人種権団体, 消費者団体, 女性権団体, 反売春団体) である。すなわち, コトラーにとって非営利組織とは, 上述のセルⅡとⅢの第2セクターとセルⅣの第3セクターに含まれる全組織をいい, それらが非営利組織マーケティングの対象領域を構成する。図解すれば以下のとおりになろう。

図5-1　マーケティングの領域

	私　的	公共的
営利	Ⅰ　第1セクター	Ⅱ　第2セクター
非営利	Ⅳ　第3セクター	Ⅲ

□　伝統的マーケティングの領域
▨　非営利組織マーケティングの領域

　構成概念の第2は「取引形態」であり, 一般事例として以下の5つのタイプをあげる。第1は商業取引であり, 売手は財とサービスを貨幣と交換に買手に提供する。第2は雇用取引であり, 雇用主は賃金および付加給付を生産的用役と交換に被雇用者に提供する。第3は市民取引であり, たとえば警察は防犯サービスを税金および協力と交換に市民に提供する。第4は宗教取引であり, 教会は宗教サービスを貢献および用役と交換に会員に提供する。第5は慈善取引であり, 慈善団体は謝意を金銭および用役と交換に寄贈者に提供する。これらすべての取引形態が非営利組織のマーケティングに含まれるという。

　構成概念の第3は「公衆」である。大学を想定した場合, たとえば次のような公衆が考えられるという。見込み学生, 現学生, 高校上級生, 学生の父兄, 管理部門とスタッフ, 教授陣, 理事, 競争者, 供給業者, 産業界, 政府公的機関, 財団, 卒業生, 現地社会, 一般公衆, マス媒体などである。そして, 組織一般にとっての公衆は次のようないくつかのグループに分けて考えることがで

きるという。第1は「投入公衆」であり，これにはたとえば寄贈公衆，供給業者公衆，規制公衆などが含まれる。第2は「内部公衆」であり，経営者，理事会，職員，奉仕者が含まれる。第3は「媒介公衆」であり，商業者，代理人，助成業者，マーケティング会社が含まれる。第4は「消費公衆」であり，顧客，現地公衆，活動家公衆，一般公衆，マスコミ公衆，競争公衆が含まれるという。

　構成概念の第4は「マーケティング問題」である。非営利組織はその組織の特質に応じて，さらには公衆関係に応じて固有の，しかも複数のマーケティング問題に直面する。そしてそれは，たとえば次のような提供サービスに対する需要の状態およびタイプによって知ることができるという。消極的需要，無需要，潜在需要，不規則需要，完全需要，過剰需要，有害需要である。たとえば，過剰需要とは，組織が対処できまたはしたいと思う水準以上の需要に直面している場合をいい，この場合のマーケティング・タスクは，需要を一時的にないしは恒久的に減退させることである[22]。

2. 理論枠組みと方法

　すでに明らかなように，非営利組織のマーケティング理論は，非営利組織のマーケティング行動を実証的に分析しようとしたものではない。非営利組織が新しい環境の下でどのようにしてマーケティング問題を解決すべきか，その公約数的行動規範を展開しようとしたものである。すなわちそれは，コトラー自身も述べているように，マーケティング・マネジメント理論の非営利組織部門への翻訳的応用として描かれるものである。この意味から，非営利組織マーケティング理論の理論枠組みと方法はマーケティング・マネジメント理論のそれと同型である。それは，次のような定義と展開内容によっても知ることができる。

　すなわち，コトラーは非営利組織のマーケティングを次のとおり定義づける。「(非営利組織の)マーケティングとは，組織目的を遂行するために，(外部環境と組織資源を) 分析し，標的市場との自主的な価値物の交換をもたらすように慎重に設計されたプログラムを計画し，実行し，そして統制することである。

そしてそれは，標的市場のニーズの観点から提供物を設計することに，また市場に知らせ，動機づけ，そして仕えるために効果的な価格設定，コミュニケーション，そして流通を用いることに重点を置く」。そうして，マーケティング・プロセスの中核部分は「戦略的マーケティング計画プロセス」として位置づけられ，次のような展開と内容のもとに説明づけられるという。

① 環境分析——組織内部，市場，公衆，競争，マクロ的環境についての，脅威分析と機会分析とからなる。

② 資源分析——たとえば人員，資金，設備，システム，市場資産といった組織が有する資源と能力についての分析からなり，その目的は，組織の強みと弱みを明確にすることである。

③ 目標の設定——上位から順に使命，目的，目標の3つの次元があり，使命は組織全体にかかわる。たとえば，「入学者数の増大」という組織目的は「次年度新学期クラスにおける15％の入学者数の増大」というマーケティング目標に言い替えられる。

④ マーケティング戦略の形成——ここでマーケティング戦略とは，組織が採用しうるいくつかの代替案のなかから最良の案を得るための戦略的方法であり，標的市場の選定，競争的ポジショニング，そしてマーケティング・ミックスからなる。標的市場の選定とは市場細分化変数によって細分化された市場のなかからもっとも魅力ある市場を，ないしはもっとも優位に競争できる市場を選定することである。あるいは市場の特質，組織の資源，ないしは戦略上の理由から，どのような市場カバレッジが適切であるかの検討をなすことである。競争的ポジショニングとは，競争的製品市場において，競合組織の提供物（製

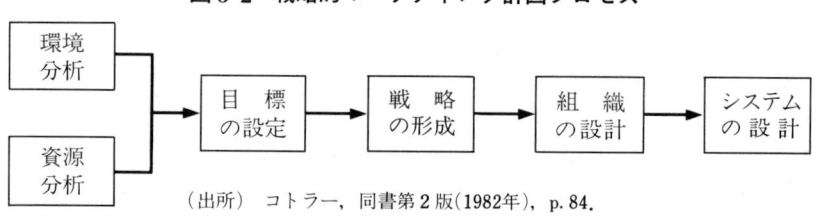

図5-2 戦略的マーケティング計画プロセス

環境分析／資源分析 → 目標の設定 → 戦略の形成 → 組織の設計 → システムの設計

（出所） コトラー，同書第2版(1982年)，p.84.

品)のポジショニングを行ない，当該組織が提供しようとする製品について最適な競争上の位置を定めていこうとすることである。マーケティング・ミックスとは，標的市場において目的を達成するために，組織が採用しうる統制可能要素としての製品，価格，流通，セールス・フォース，広告と販売促進，そしてパブリック・リレーションズの最適組合せに関する意思決定よりなる。

⑤ 組織の設計——ここで組織とは構造，人，文化を備えたものであり，マーケティング戦略が効果的に実行できるようなそれを設計し開発することからなる。

⑥ システムの設計——目標を達成する戦略を開発し実行するのに必要な諸システム，すなわちマーケティング情報システム，マーケティング計画システム，マーケティング統制システムの設計よりなる。

3. 非営利組織マーケティング論の課題と展望

以上で，非営利組織マーケティング理論の構成概念，そして理論枠組みと方法を概観してきたわけであるが，そこにいくつかの問題状況を認めることができる。まず第1は，一般化にあたっての困難性である。そしてそれは非営利組織のマーケティングがもつ特質に起因している。コトラー自身も述べているように，非営利組織のマーケティングは次のような4つの特質をもつ。①公衆の多数性，②目的の多重性，③製品サービス性，④公開審査性である。あるいはさらに⑤非営利性，⑥財源確保の必要性，⑦市場外圧力性，⑧無償ないし廉価な支援利用性，⑨組織使命と顧客満足の二律背反性，⑩管理の多元性などがあげられよう[23]。これらから導かれる帰結は，非営利組織マーケティング理論がより精緻かつ実行可能な行動規範体系たらんとすればするほど，各組織別の，しかも公衆関係とマーケティング問題を特定したうえでのそれにならねばならないであろうということである。現にコトラー自身，『非営利組織のマーケティング』の第3版からの改訂に際して，『非営利組織の戦略的マーケティング』へと書名を変更したのは，共著になったこと以上にその方向にそうものであろう。また後に，『専門職業務のマーケティング』[24]，『教育機関の戦略的マーケティン

グ』[25]，『医療機関のマーケティング』[26]，あるいは『ソーシャル・マーケティング』[27]を著わすことになったのも，その線からであろう。

　第2の問題状況は，非営利組織のマーケティング理論は企業マーケティング論としてのマーケティング・マネジメント理論の応用として出発し，また生を受けたが，そうしてかなりの時間を経て全体像が明らかになったいま，逆に次のように言うことができはしないだろうかということである。すなわち，組織一般についてのマーケティング（・マネジメント）理論の特殊形態が，企業マーケティング論としてのマーケティング・マネジメント理論ではないのか，ということである。そして，このような考え方の背後には，マーケティング一般概念についての解釈があり，それは，マーケティングとは公衆との間に価値物の交換があると認められる組織一般にとってのマネジメントのための技能である，とするものである。それはまた，かつてコトラーが概念拡張論において展開した考え方の延長線上にある。結局，非営利組織のマーケティング理論は，一般マーケティング理論構築への挑戦を受けているように思われるのである。

第5節　結　　　　び

　こうして，いま改めてコトラーの略歴，業績一覧，そして主要著作を再構成しつつ顧みるとき，マーケティング研究史上に築いたその金字塔は永遠に残り続けるであろうと思う。と同時に，彼自身の生き方そのものが，実はマーケティング・マネジメントの哲学と論理の実践であったのではないかと思われてならないのである。

　略歴からも明らかなように，少なくとも Ph.D. 取得時点までの間，彼はマーケティング研究とは無縁の分野にいた。おそらく，Ph.D.取得からノースウェスタン大学へ奉職するまでの数年間にマーケティング分野への"転向"がなされたのであろう。あるいは，この数年間が，コトラーのマーケティング研究へ向けての準備期間，すなわち環境分析，自らの能力，強みと弱みの分析，そして市場機会分析の期間であったにちがいない。"行動科学と数量的アプローチのセ

ンスを身につけた経済学あがりの気鋭の若手マーケティング研究者"というのが当時のコトラーの姿，すなわち画期的新製品としての市場導入であった。しかもそれは，主要ジャーナルという優良マーケティング・チャネルを通じての，たて続けの最優秀論文の発表という強力なプロモーションによる，スキミング価格政策であったといえよう。今日でこそ，米国では他分野からのマーケティング分野への転向は珍しくないが，当時としては異質であったと思われる。というのは，伝統的マーケティング研究者のほとんどが，流通や広告・プロモーション，販売管理などについて実際的知識を身につけ，また記述・分類的方法を身上としていたであろうからである。それは，マーケティング学界という競争的市場における製品=市場ポートフォリオ分析や市場細分化を通じての標的市場の選定と競争的ポジショニングの結果であったにちがいない。このような，行動科学と数量的テクニックを修得したうえでの学際的研究移動という意味においても，コトラーは先鞭をつけたのであり，その後のマーケティング研究(者)のスタイルを決定づけたといってよい。こうして，マーケット・リーダーとして確固としたマーケット・シェアを獲得したのである。と同時に，既存産業としてのマーケティング・マネジメント理論が成熟期に達する頃，非営利組織のマーケティング理論という新しい市場を見い出すことによって，製品ライフサイクルの延命を図ったのである。

　デビュー以来，30年間に93篇の論文と15冊の著書という数は，80年代以降の若手研究者との共著を割り引くとしても，厳格な審査制度が確立し競争の激しい米国の学界にあっては驚異的な数値である。天性の能力に加え，かかる日々の研究努力と蓄積がベースになっているとはいえ，その人生における成功と勝利は，研究者としての彼自身を製品に見立て，"マーケティング"した結果にほかならないと思われるのである。彼こそマーケティング・マインドの人であり，全精力をマーケティング・マネジメント理論の完成に注いだ人である。

〔注〕
1) P. Kotler, *Marketing Management : Analysis, Planning, Implementation &*

Control, Prentice-Hall, 1967, 1972, 1976, 1980, 1984, 1988, 1991. 第6版より副題に Implementation が追加された（P. コトラー『マーケティング・マネジメント』（上）（下），稲川・中村・竹内・野々村訳，鹿島出版会，1971年）。

2) P. Kotler, *Marketing Decision Making : A Model Building Approach,* Holt, Rinehart & Winston, 1971, 1983……revised in 1983 and republished by Harper & Row, with Co-author : Gary L. Lilien.

3) P. Kotler, *Marketing for Nonprofit Organizations,* Prentice-Hall, 1975, 1982, 1986, 1991. 第3版より書名を *Strategic Marketing for Nonprofit Organizations* に変更。Co-author : Alan Andreasen.

4) P. Kotler, *Principles of Marketing,* Prentice-Hall, 1980, 1983, 1986, 1989, 1991. 第4版よりアームストロング (Gary Armstrong) と共著。

5) ① P. Kotler, "Elements in a Theory of Growth Stock Valuation," *Financial Analysts Journal*, May-June, 1962, pp. 3-10.
   ② ――, "Toward and Explicit Model for Media Selection," *Journal of Advertising Research,* March, 1964, pp. 43-49.
   ③ ――, "The Competitive Marketing Simulator……A New Management Tool," in *California Management Review,* Spring, 1965, pp. 49-60.
   ④ ――, "Computerized Media Selection : Some Notes on the State of the Art," *Occasional Papers in Advertising* (American Academy of Advertising, The Boston Institute) Vol. 1, No. 1, Junuary, 1966, pp. 45-52.
   ⑤ ――, "Broadening the Concept of Marketing," *Journal of Marketing,* January, 1969, pp. 10-15. Co-author : Sidney J. Levy.
   ⑥ ――, "Social Marketing : An Approach to Planned Social Change," *Journal of Marketing,* July, 1971, pp. 3-12. Co-author : Gerald Zaltman.
   ⑦ ――, "A Generic Concept of Marketing," *Journal of Marketing,* April, 1971, pp. 46-54.
   ⑧ ――, "Third Sector Management……The Role of Marketing," in *Public Administration Review,* September-October, 1975. Co-author : Michael Murry.

6) ビジネス・ウィーク誌調査による，1992年度全米ビジネス・スクールのランキング上位5校は，以下のとおり。（　）数値は前回1990年順位。
1位ノースウェスタン大学（1），2位シカゴ大学（4），3位ハーバード大学（3），4位ペンシルベニア大学（2），5位ミシガン大学（7）。

7) ちなみに，『マーケティング原理』（*Principles of Marketing*）は妻と3人の子供たちへ，そして『非営利組織のマーケティング』は両親に捧げられている。

8) J. A. Howard, *Marketing Management : Analysis and Decision,* Richard D. Irwin, 1957.

9) E. J. McCarthy, *Basic Marketing : A Managerial Approach,* Richard D.

Irwin, 1960.
10) P. Kotler, 前掲邦訳書『マーケティング・マネジメント』（上），PP. v-vi.
11) P. Kotler, 前掲注5)の⑤に同じ．
12) P. Kotler, 注5)の⑥に同じ．
13) P. Kotler, 注5)の⑦に同じ．
14) W. Lazer, "Marketing's Changing Social Relationships," *Journal of Marketing,* Vol. 33(January, 1969).
15) D. Luck, "Broadening the Concept of Marketing—Too Far," *Journal of Marketing,* Vol.33(July, 1969).
――, "Social Marketing: Confusion Compound," *Journal of Marketing,* Vol. 38(October, 1974).
16) R. Bartels, "The Identity Crisis in Marketing," *Journal of Marketing,* Vol. 38(October, 1974).
17) W. G. Nichols, "Conceptual Conflicts in Marketing," *Journal of Economics and Business,* Vol. 26(Winter, 1974).
18) 新定義：「マーケティングとは，個人および組織の目的を達成する交換を創出するために，アイデア，財およびサービスの概念化，価格設定，プロモーション，そして流通を計画し，実施するプロセスである」．"AMA Board Approves New Marketing Definition," *Marketing News,* 1985, March 1, American Marketing Association.
19) S. D. Hunt, *Marketing Theory: Conceptional Foundations of Research in Marketing,* Grid, 1976.
――, "The Nature and Scope of Marketing," *Journal of Marketing,* Vol. 40 (July, 1976), pp. 17-28.
20) P. Kotler, 前掲注3)に同じ．
21) 非営利組織マーケティング論の評価については以下を参照されたい．上沼克徳「非営利組織マーケティング論の再評価」『経済貿易研究』第17号，1991年，神奈川大学経済貿易研究所．
22) このようなマーケティングをコトラーは，ディマーケティング(demarketing)と呼び，規定している．
23) C. H. Lovelock and C. B. Weinberg, *Marketing for Public and Nonprofit Managers,* John Wiley & Sons, 1984, pp. 31-35. および渡辺好章「USDA/Cooperatorsのマーケティング活動」『サービスのマーケティング――新製品開発への視点』（日本商業学会年報1986年度）．
24) P. Kotler, *Marketing Professional Services,* Prentice-Hall, 1984. Co-author: Paul N. Bloom.
25) P. Kotler, *Strategic Marketing for Educational Institutions,* Prentice-Hall, 1985. Co-author: Karen Fox.

26) P. Kotler, *Marketing for Health Care Organizations,* Prentice-Hall, 1987. Co-author: Roberta N. Clarke.
27) P. Kotler, *Social Marketing : Strategies for Changing Public Behavior,* The Free Press, 1989. Co-author: Eduardo Roberto.

〔上沼　克徳〕

第Ⅱ部　社会経済的マーケティング論

第7章

L・D・H・ウェルド
——社会経済的マーケティング論の創始——

第1節 は じ め に

　ルイス・D・H・ウェルド（Louis D. H. Weld）の研究は，結論からいえば，20世紀初頭に多くの問題を抱えていた農産物流通に取り組みながら，これを契機として，さらにより広範な社会経済的商品流通を網羅する，一般的なマーケティング理論を構築しようとするものであった。したがって，ウェルドは農産物マーケティング論の嚆矢として高い評価を得てきたのはもちろんのこと，本『学説史』にみられるとおり，社会経済的マーケティング論のパイオニアの位置にも置かれる。後にコンヴァース（P. D. Converse）は，彼について「マーケティング論の発展に多大な貢献をなした先駆者の中で特に重要な研究者の1人」[1]と述べている。

　本章では，このウェルドの理論的枠組を中心としてその概要を述べ，マーケティング論への貢献および評価をしていくことにしよう。まず，その理論展開に影響を及ぼしたと思われる彼の略歴を示せば，次のとおりである[2]。

1882年　出　生
1905年　ハーバードを経てボードィン大学卒業（コープランドと同窓）
1907年　イリノイ大学にて経済学修士号を取得
1908年　コロンビア大学にて Ph.D を取得

1908年　ワシントン大学講師
1909年　ペンシルベニア大学ウォートン・スクール講師
1912年　ミネソタ大学助教授（経済学部，1年後に農学部へ移籍）
1916年　エール大学シェフィールド・サイエンティフィック・スクール教授
1916年　主著『農産物マーケティング』を出版
1917年　著名な2論文を相つぎ発表
1917年　スイフト社，商業調査部長（"精肉業界初のスポークスマン"）
1926年　マッキャン広告代理店，顧客担当責任者(いわゆるAE)，後に同マッキャン・エリクソン社，調査担当取締役
1946年　グローセスター(Mass.)の避暑用別荘にて死去

　みられるように，Ph.Dを取得後，大学教員の職にあること10年，その後実務界にあること30年(その始めの10年はスイフト社，その後20年はマッキャン・エリクソン社)の経歴をもつ。大学教員としては，生成期マーケティング論の他の開拓者達と同様に，当初には経済学を講じているが，徐々に問題意識は「商品流通」に傾斜していく。特にその転機となったのが，ミネソタ大学での経済学部から農学部への移籍である。これは農学部が，彼に「農産物マーケティング」の講座を開設・担当させるとともに，どのように中西部ミネソタの農産物を販売していくかという実際的な問題に関する知識の発展を熱心に求めたからである。ウェルドはその要請に実態調査を中心に見事に応えて，数年を経ずして主著を公刊するのである。
　その後，実務界に転ずるが，当初はその評価は大変厳しくかつ冷たいものであったという。すなわち，当時スイフト社をはじめ精肉業界が，取引・競争上の制限をしているかどでFTC(連邦取引委員会)から告訴されており，これに対してウェルドは同社の行動を積極的に擁護する役回りを務めるところになった。このため研究者仲間から「金のために良心を売った」と非難されたのである。しかしながら，こうした当初の非難にもめげず，ウェルドにとっての調査研究活動は，学界から実務界へと仕事の場は変わっても他界するまで一貫して

さて，ウェルドのマーケティング理論上で注目される著作は，次の1著書2論文である[3]。

① *The Marketing of Farm Products,* The Macmillan Co., 1916. (以下 Weld 1916 と略す)

② "Marketing Functions and Mercantile Organization," *American Economic Reveiw,* June 1917, pp.306-318. (以下 1917 a と略す)

③ "Marketing Agencies Between Manufacturer and Jobber," *Quarterly Journal of Economics,* August 1917, pp.571-599. (1917 b と略す)

以下では，第2節で主著である①の『農産物マーケティング』の内容について中心的に吟味し，さらに第3節では②，③の著名な2論文についての概要にふれる。最後の第4節でその貢献について述べることとする。

なお，ウェルドは，1933年にはアメリカ・マーケティング協会（AMS，後にAMA）の会長を経験しているとともに，1949年のAMA第1回コンヴァース・シンポジウムにおいて，マーケティングへの理論的貢献者に与えられるP.D.コンヴァース学会賞を死後受賞している[4]。

第2節　『農産物マーケティング』(1916年)

ウェルドの主著であるこの『農産物マーケティング』は，1913年にミネソタ大学農学部に移籍してから精力的に州農業の実態を調査研究した結果，1916年に出版されたものである[5]。

その目次を示せば，表6-1のとおりである。（またこれより先，1915年にはミネソタの牛乳，クリーム，バター，家禽，鶏卵，家畜，穀物，ポテト，その他の野菜，果物に関するマーケティング実態を，学生との共同調査結果として *Studies in the Marketing of Farm Products,* Bulletin of the University of Minesota. が明らかにされている。）

本文465頁にわたる大部の著書で詳細な紹介はできにくいので，その主張す

128　第Ⅱ部　社会経済的マーケティング論

表 6-1　ウェルド著『農産物マーケティング』目次

第 1 章　マーケティングの基礎	第12章　農産物価格
第 2 章　産地におけるマーケティング	第13章　農産物取引所
第 3 章　販売の諸方法	第14章　価格相場
第 4 章　卸売農産物取引の機能と組織	第15章　先物取引
第 5 章　卸売農産物取引の中間商	第16章　先物取引――その経済的意義
第 6 章　卸売農産物取引の中間商(続)	第17章　検査と格付け
第 7 章　競　　売	第18章　都市市場と郵便によるダイレクト・マーケティング
第 8 章　マーケティング要素としての冷凍倉庫	第19章　協同組合のマーケティング
第 9 章　マーケティング・コスト	第20章　小売業の諸問題
第10章　マーケティング・コスト（続）	第21章　問題点，対策，行政の動き
第11章　マーケティング要素としての運送	

るところを要約的に示すこととしよう。本書の各個所ですでにマーケティング・システム（すなわち，商品流通組織）なる用語を使っているが，その科学的な解明にあたっては，ウェルドは経済学でいう「分業と専門化の原理」をその基礎に据えている[6]。

このマーケティング・システムの進展において，商品別専門化 (specialization by commodities) と，機能別専門化 (specialization by functions) という2種類の専門化が発展してきた。前者の専門化は一般的によく知られているのに対して，後者のそれはあまり知られていない。この機能別専門化は，これを担当するために生産者と消費者との間に多くの中間商人を存在させてきた，という（13～14頁）。商品流通のいわゆる社会的分業である。こうした観点から，マーケティング・システムを構成しているのが図 6-1 にみられるような各段階であり，本書全体の構成は，それぞれの段階を詳細に現状分析し，その機能，問題点，対策を明らかにするという方法をとっている（第1章）。

1.　マーケティング各段階の機能・問題点・対策

機能別専門化に基づくマーケティング・システム（＝マーケティング過程）は，(1)産地出荷段階，(2)卸売段階，(3)運送段階，(4)小売段階という4つの

図 6-1 農産物流通システム

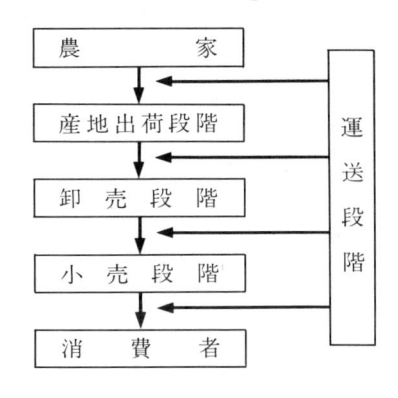

農家 → 産地出荷段階 → 卸売段階 → 小売段階 → 消費者（運送段階）

継起的段階（four successive steps）から構成される（なお，図 6-1 では運送段階を他のレベルと異なるものとして扱い作図した）。この継起的段階における専門化は，分業の一形態であり，分業は生産費を低減し，あるいは努力の分だけより多くの富を生み出す，という事象として一般に称賛されている（16頁）。次に，各段階の機能と問題点をそれぞれ掲げ，最後にその対策についてふれよう。

1）産地出荷段階

産地でのマーケティングは，産地農家から農産物を集荷し，中央市場に出荷するまでの段階であるが，一般に農家は次の5つの方法で販売を行なっている（24頁）。

①消費者への直接販売（産地居住者への直接販売，公設市場を通じての販売，郵便小包・運送貨物便での販売，産地の製造業者への販売），②産地小売店への販売，③大都市の販売業者（卸売，小売業者）への直接出荷，④産地集荷ないし出荷業者への販売，⑤協同組合を通じての出荷（第2章）。

この産地出荷段階での問題点としては，①生産された品種，分類や格付け，市場に出される商品の品質に対する注意不十分，②軽率な包装と包装の不統一，③農家の市場条件や価格に関する知識の欠如，④不必要に多い産地集荷業者，⑤単一集荷業者の場合における独占力の濫用，少数集荷業者の場合における価格協定，⑥産地集荷業者，産地小売店，農協のお粗末な経営管理，⑦農家，産地集荷業者の誠実さの欠如，⑧農場から産地出荷地点までの悪路，が指摘されている（446頁）。

2）卸売段階

産地の農家，農協や出荷業者から集荷して，小売段階に販売する段階である（第4～6章）。ところで，産地出荷段階からなぜ小売段階に直接販売しないの

であろうか。すなわち，なぜ卸売段階を経由することになるのか。その理由についてウェルドは次の5つをあげている（59～60頁）。

①産地出荷業者からの出荷は，毎週，毎季節，量的に変動するが，小売店は毎日確実な供給を欲している。小売店がもし産地から直接購入する場合には，その供給源を絶えず変えなければならないだろう。

②産地から出荷の品質は，毎週多様であり，また出荷ごとにサイズ，品質，品種，成熟の程度が異なる商品が通常集められている。ところが，小売店は顧客にあった一定の品質の商品を欲している。

③低運賃での運送をするためには，産地出荷業者は大量の商品を送り出さなければならない（それは小売業が扱うには多すぎる）。平均的な小売業は非常に種々の製品を運んでおり，また大量の異なる商品を在庫するための必要な施設をもつことができない。そのうえ，こうした施設を備えるために，また大量の商品で資本を固定化させるために，彼にとっては高すぎるものとなろう。小売業のコストはいずれにしても高く，またそのコストを低減する最善の方法は，手持ちの在庫をできるだけ少なくし回転を早めることである。

④産地出荷業者と小売店の間の商売関係は確立するのが困難で，維持することもなお難しい。個人的な懇願や継続的な対応が必要であり，不満や誤解は解決困難である。

⑤小売業は「支払いが遅い」としてよく知られている。ところが産地出荷業者は，農家がその商品を運んでくるたびに毎日支払えるように現金を用意しなければならない。小売業とじかに接触している卸売業でさえ彼らに即座に支払うのは途方もなく難しい。

さて，このような卸売経由の意味は，その卸売機能と密接にかかわり，以下の8つがあげられる（61～62頁）。①産地出荷業者と得意先関係になること，②商品の荷役や在庫のための設備を備えていること，③さまざまな商品を分類すること，④小売段階のニーズを研究し，また得意先になること，⑤小売店への毎日の配達，⑥産地出荷業者と小売店双方への資金援助，⑦市場状況と商品価格についての専門家になること，⑧ぼう大な商品量に必須の商品を正しく計算

する商売上のしくみを備えていること。

こうした卸売段階の機能を担当するのは，実際には wholesaler, wholesale dealer, jobber など種々存在し，用語上の混乱がみられるという。ウェルドはこれら問屋，荷受卸商，ブローカー，受託売買業，ジョバー，輸出商，スカルパー(投機商)，競売会社などを交通整理し，それぞれの卸売商の果たしている機能を説明している。この卸売段階の問題点としては，①詐欺や狡猾なやり方の機会（代理商と顧客との間の関係を支配する原則の一般的侵害を含む），②適切な検査システムの欠如，③卸売市場地区の混雑と輸送ターミナルの不便な立地，④適正な相場システムの欠如，⑤作柄動向，市場状況に関する情報の収集・伝達手段の不十分さ，⑥地域間における方法，習慣，格付け，包装，取引条件などの不統一，⑦取引業者小集団による競売会社の支配，が指摘されている（446～447頁）。

3）運送段階

ウェルドが理解するマーケティング・システムにおいて，この運送段階を他の段階と同列に扱うのは果たして適当であろうか。このような取扱いがされているのは，当時の商品流通では運送という物的流通が大きな課題であったことの証しである。すなわち，全体的な現代マーケティング組織は，主として運送施設の発展の結果である。特に鉄道は農産物市場を広げてきたし，消費者に非常に多様な生産物を入手できるようにしてきた。今日大半のものが鉄道で運ばれ，わずかに水上運送がこれを補完している。ただ，五大湖による水路は重要な発展を果たしてきたし，また市街電車(トロリー)は今後貨物運送手段として可能性がある，という（第11章）。

この運送段階の問題点としては，①運送の遅滞（生鮮品市場での遅延を引き起こす），②ターミナル駅での生鮮品荷役用の冷凍・その他の施設の不足，③地域間・商品間運賃の不統一，④荷役上の不注意，⑤大量運送時期の貨車配備の不足，⑥損害賠償査定の不統一と支払いの遅延，⑦不公正な氷の料金，⑧市街電車サービス拡張に対する注意不足，が指摘されている（447頁）。

4）小売段階

卸売商から購入し最終消費者への販売を担当する段階で，農産物マーケティングでもっとも費用のかかる段階である（第20章）。その理由は，多品種少量の商品をいつも幅広く在庫しなければならないこと，消費者が買いやすいように高くつく場所に立地しなければならないこと，その結果営業費が高くつくこと（広告，品揃えの必要性からも），顧客へのサービス（配達，陳列や衛生条件の改善などを含む）のため多数の店員を抱え人件費がかさむことなどによる（426～427頁）。こうした高費用体質の小売業経営にも，百貨店，通信販売業，チェーンストア，生協など現在は種々の形態をとって費用削減の傾向がでてきている（437～444頁）。

この小売段階の問題点としては，①量目のごまかしと品質の不当表示，②不衛生，③販売前に品質低下を起こす商品の過剰な在庫，④消費者への信用供与の無制限な方針，⑤卸売商への商品購入代金の支払い遅滞，⑥配達やその他の設備・サービスの不必要な重複，⑦お粗末な経営管理，が指摘されている（447～448頁）。

最後に，農産物マーケティング・システム全体にかかわる対策については，以下の4つをあげている（448～451頁）。

①協同化——農家レベルの協同化（農協）と，消費者レベルの協同化（生協）とが考えられる。前者は産地のマーケティング上の欠点を克服するのに特に便益がある。後者は協同組合店舗を通じて，あるいは大量購入する非公式の協定によって，生活費を低減する可能性がある。ただし，生産者から消費者へのマーケティング・システム全体を再構成しようとするとき，この協同組合が万能かといえば実際的ではないし，非現実的である，という。

②卸売業の組織的活動——これは後述する農産物取引所や卸売業界団体など，卸売商が集団組織をつくり活動するものである。だがこれらの組織がどのような目的と機能をもつかについては，人々に誤解されている。たしかに自己満足であったり，世論を馬鹿にしたり，独占的慣行に頼ったりする事実があって評判は良くない。しかし概してマーケティングを能率化する場合に最高度のものである，という。

③教　育——まず一般大衆に中間商人のマーケティング方法とその機能について教育すべきである。そのため，初級の経済学の科目でマーケティング原理が教えられ，また大学や短大に特別の科目が置かれるべきである。農協のマネジャーを教育したり，小売マーチャンダイジングの原理を教えたりする科目が置かれるべきである。消費者には過度のサービスを小売店に要求することは，マーケティング・コストや商品の価格を高くするという事実を教えなければならない。なかんずく，マーケティング・システムについての無知や改革論者のおかしな情報によって生じてきた誤解を解くために，その真実を一般大衆に伝えなければならない，という。

④政府規制——マーケティング・システムの欠陥を是正する政府の活動は，州や連邦政府により通過した非常に多くの法律が示している。このことは，穀物取引，冷凍倉庫，リンゴの格付けなどを規制する州法が注目されてきたし，連邦政府は綿花先物取引の規制，標準容器（タル）の制定にかかわる法律を定めてきたことにみられる。またその他の法律や都市条例が，多様な商品のマーケティング方法やコストに関して生まれてきた。しかしながら，問屋規制のための特別州法(452～458頁)，州マーケティング委員会の活動(458～462頁)，農務省を通じての連邦政府の活動(463～465頁)がひときわ意味をもつとして，さらに詳細に論じている。

2. マーケティング・コスト

　こうした現状分析のなかから，ウェルドが主張するところをあえて2点に限定して以下述べよう。その第1はマーケティング・コストの問題，第2は農産物取引所（＝商品取引所）の問題である。このことは，第1の問題の解明が，本書執筆の基本的なスタートになり本書全体で解明しようとした点であること，換言すれば，マーケティング・コストが本書のキーワードの位置にあるとみられるからである。さらに，その重要な対策のひとつというべきものが，第2の問題たる農産物取引所のもつ役割と理解される。これらは，それぞれ本書のなかでかなり多くのスペースを割いて論じられていることはいうまでもない。

まず，マーケティング・コストの問題についてみよう。ウェルドによれば，1900年以降に農産物マーケティングに一般大衆の関心が高まったが，それは異常な物価上昇に原因があるという。たとえば，合衆国労働統計局の統計では，1890-99年を100とすれば，1912年には食料品小売価格が154.2に上昇しているのに，労働者の週当たり平均所得は131.6であり，したがって賃金労働者の平均購買力は85.3％でしかない。1907年以降に特にこの食料品価格の上昇が激しく，結果的にマーケティング・コスト，すなわち農民の受取額と都市消費者の支払額との大きな差（いわゆる開差）への関心が高まったのである[7]。とはいえ，一般大衆がこの問題に関心をもつようになったのはつい最近のことであり，農民こそが19世紀後半以降の長い間にわたってこうした問題に疑いをもってきたのである。このことは，早くも1870年代の農業不安の時期における「農業の保護者」(Patrons of Husbandry) の重要な目的のひとつが，共同購入・共同販売を通してのマーケティング・コストを削減することであり，(1870年代の顕著なグレンジャーの爆発に引き続いた) 今日の全国的なグレンジや多くの他の農民組織が，マーケティングの方法の改善を公然の目的のひとつとしてきたことである（1～2頁）。

このようにウェルドが直面し解決を託されたマーケティング問題は，アメリカ農業の変革期（農業革命）に噴出した積年のウミであったという経済的背景を忘れてはならないであろう[8]。しかしながら，こうした状況において，普遍的なマーケティング課題は科学的に研究されなかったし，さらに多くの経済学者がこれまで欠落してきたものである（2～3頁）。

さて，農家が消費者の支払額と比較した場合に満足な額を受け取っていないことによって，マーケティング・コストが問題視されている。実際に，平均的な農家の受取額割合は，調査によれば表6-2のとおりである。この11種類の平均の平均を取れば53.1％である。この最終小売価格中の農家の受取額の割合に関しては，論者により35％，42.6％，46％，53％など種々である。これらを検討してみると，全国的にほぼ正確な平均値は，55～60％であるという。だが，これらの数値については，第1に，全国的な正しい平均値を決定するためのデ

ータがないこと，第2に，その算定の範囲基準が明確でないこと，第3に，もしこの数値が正確に決定されても，まだきわめて誤りを導くことになろうし，またマーケティング過程の一般的な能率ないし無駄に関しての結論を引き出すうえで論拠を与えないであろう，といったことであまり意味がない，という（174～178頁）。

表 6-2　小売価格中の農家受取額

	農産物の市場総額	小売価格中農家受取額
	万ドル	％
牛　　乳	700	45
クリーム	140	40
バター脂肪	1,100	75
バ タ ー	360	75
家　　禽	180	45
鶏　　卵	620	69
家　　畜	3,400	55
穀　　物	5,600	70
ポ テ ト	300	50
その他の野菜	100	30
果　　物	20	30

（出所）　Weld 1916, p.177.

　他方，高いマーケティング・コストは生産者と消費者との間の多数の中間商人の存在にかかわっている，と一般に信じられていることである。こうした典型的な考え方は，合衆国農務省の1909年の年次報告書のなかで「これらの流通費における開差は，生産者と消費者との間に介在する中間商人数の差にある程度かかわっている。中間販売がほとんどなかったり，最終消費者が農家からほんの1, 2段階離れているにすぎない場合など，取引が実にうまく体系化されている産物があるし，一方で流通の行程が長くしかも高くつく産物もある」と述べているところにみられる。これに対してウェルドは，マーケティング・コストが高いかどうかは中間商人の数に依存するものではなく，それよりもむしろ商品が販売されるうえでの特定の性質，および当該商品を引き渡す諸条件の結

果であるとする（178〜181頁）。

　特に農産物の場合には特殊な商品であり，①腐敗性，②廃棄や目減り，③年間を通しての供給の変動，④取扱い数量，⑤標準等級別に細分した場合どこに商品が分類されるか，⑥運送に際しての商品の容積と本質的価値との関係，⑦どの程度の包装が望ましいかなど，マーケティング・コストに影響を与える要因が考えられる(183〜187頁)。したがって，マーケティング・コストの正しい算定・理解のためには，商品ごとの性質を考慮に入れて調査分析することが必要になる。ウェルドはそのために商品別研究を実証的に進めたのである。たとえば，小麦の場合をみれば，表6-3のとおりである。この他，バター，鶏卵，家畜(精肉)，穀物，オレンジ，家禽，チーズなどの農産物をそれぞれ調査追及している。消費者の支払額を基準に示しているバターの例は，表6-4にみられる。

　結局，ウェルドはマーケティング・コストについて以下の3点を結論としている。①ほとんどの商品にとって鉄道運賃はあまり重要な役割を果たしていない。それは合衆国農務省の見積りでは平均的な小売価格の7％であり，最終小売価格にあまり影響しない。もちろんそれは，マーケティングと関連する運送問題が重要でないということを意味しているわけではない。②大都市の卸売商は，一般的に信じられているよりもささやかなマージンを受けているにすぎない。おそらく卸売取引は商品の最終小売価格の5〜10％を得ているものといって間違いない。概して，バターや鶏卵のような大半の主要産物ではそのマージンはほとんど僅かなものである。いわば中間商人層が，大量で高能率で扱うことによって相応の利益を得ているのであり，このことは高い賞賛を受ける価値がある。③マーケティング過程でもっとも高くつくのは小売段階である。平均して小売商は農家と消費者との間の開差のおよそ47％を得ている。換言すれば，小売店は産地出荷業者，運送会社，卸売商を一緒にしたものとほとんど同じ位を得ている。そのマーケティング問題は主として小売マーチャンダイジングの問題である。さらに小売商が得る大きいマージンは，小売商の利潤によるというよりも高い営業費を原因とするものである(221〜224頁)。

表6-3 小麦のマーケティング・コスト
（カンザスシティからフィラデルフィア）

（単位：ブッシェル当たり）

	セント
農家の受取額	87.0
産地エレベーターの得るマージン	3.0
カンザスシティへの運賃	6.2
検査・計量・目減り上乗せ	.25
仲介手数料	1.0
	97.45
運賃（カンザスシティからフィラディルフィア）	15.6
カンザスシティ エレベーターでの混合	.25
取引所	.20
出荷業者の間接費	.375
出荷業者の純利益	.675
価格（フィラディルフィア渡し）	114.50

（出所）　Weld 1916, p. 212.

表6-4 バターのマーケティング・コスト

バター1ポンド当たり	合衆国労働統計局		ウェルド調査
	セント	％	％
農家の受取額	32.97	75.9	69.4
バター製造所マージン	2.89	6.7	6.9
貨物運賃	0.76	1.8	4.2
卸売商マージン	1.87	4.3	5.6
小売商マージン	4.92	11.3	13.9
消費者の支払額	43.41	100.0	100.0
（農家と消費者間の開差）	10.44	24.1	30.6

（出所）　Weld 1916, pp. 190-192.

3. 農産物取引所（＝商品取引所）

　ウェルドによれば，農産物流通については卸売段階で2つの一般的な組織が認められるとする。1つは，単一の市場で卸売商（ディーラー）が任意の団体を

作り，一商品ないしは限られた範囲の商品を扱って取引を行なうもの，これが農産物取引所 (produce exchange) である。穀物取引所，綿花取引所，コーヒー取引所，バター・鶏卵取引所，家畜取引所というように，若干の例外はあるが特定の農産物のマーケティングに関連している組織である。2つは，全国家禽・バター・鶏卵協会，全国穀物ディーラー協会，全国仲介商業者組合といった組織で，便宜上業界団体と呼ぶものである。これらは，運賃率や冷凍設備に関する鉄道業務，損害賠償の解決，州や国の規制などについて，団体として一般的な利害について対応していく。しかし基本的にはこの組織は付随的なものであり（263～265頁），前者の農産物取引所が重要であるとする。

農産物取引所は，その名称が一様ではなく，board of trade, mercantile exchange, commercial exchange, merchants exchange, chamber of commerce など各地で異なって使われている。現在ではこれを一括して商品取引所 (commodity exchange) と呼ぶ。その成立は古く，著名なシカゴ商品取引所 (Chicago Board of Trade) の場合，1848年に中西部の交通の要衝地に穀物市場として産声をあげている。この時期以降各地に取引所が開設されている[9]。

農産物取引所は(1)手頃な市場ないし取引場所を提供すること，(2)会員の商取引を規制すること，(3)取引紛争の解決を容易にするシステムを提供すること，(4)一定の格付けと検査システムを確立すること，(5)市場情報を収集・伝達すること，という5つの役割が要請される（266～267頁）[10]。取引所を構成するのが会員（取引員）であるが，その数は各取引所の発展経過ともかかわりこれも一様ではなく，またその会員，取引方法などについての規制も厳格である（268～276頁）。当時の各取引所の状況については，ウェルドは表6-5にまとめている。

ところで，農産物の場合，収穫期になると当面の需要をはるかに越えるような小麦，とうもろこしなどが市場にどっと出回る。この需給のアンバランスから当然に価格が暴落することになる。その結果，農民は満足な収入を得られないだけではなく，出荷最盛期には折角丹精込めたものを廃棄せざるをえないことにもなりかねない。他方，端境期には供給不足となり価格は暴騰する。こう

表6-5 各地の商品取引所（1914年）

取引所名	会員数	会員権価格
	人	ドル
ミネアポリス商業会議所	550	3,500
シカゴ商品取引所	1,625	2,200
ニューヨーク物産取引所	2,000	450
ダルース商品取引所	200	4,000
カンザスシティ商品取引所	200	3,000
セントルイス商人取引所	1,165	150
オハマ穀物取引所	182	550
フィラディルフィア商業取引所	414	150
トレド物産取引所	52	50
ミルウォーキー商業会議所	605	75

（出所）Weld 1916, p.275.

した需給矛盾，価格不安定について，売り手・買い手双方が解決策を模索しなければならないのはいうまでもない。こうした問題に答える方策が，農産物取引所のシステムである。

当初は現物(実物)取引中心であったこの農産物取引所も，上のような農産物特有の問題を解決するため，先物取引を導入するところとなったが，これによりその後飛躍的に発展を遂げることになる。もちろんその導入が順風であったのではなく，世紀転換期前後のおよそ50年にわたる（1884年の商品取引所・先物取引への規制法案提出頃から，1922年の穀物先物法の成立頃まで）綱引きがあった。特に産地の農家とそれに加担する州および行政は，先物取引が農産物の価格を（投機の対象とされ）不当に暴落させ農民を苦しめると激しく攻撃した。これに対して，農産物取扱業者は取引を円滑にするものであり，さらに危険負担機能をもつとして対峙したのである[11]。

先物取引には，2種類のものがある。第1は，ディーラーが価格変動から利益を得る目的のために単純に空売買するという，本来の投機取引である。第2は，ディーラーが価格変動の結果と不都合を回避するという特別の目的のために先物取引を使う，いわゆるヘッジング(掛繋取引)である。先物取引では，「投機」の用語が頻繁に用いられるほど一般的になっている。ヘッジングは，マーケテ

ィング取扱いコストを低減する。それによって,生産者と消費者双方に利益になる。このことは,投機の最大の機能である(336頁)。

　結局,農産物取引所(そこでの先物取引とくに投機)の機能は,以下の3つに要約できる。第1は,実際の商品販売業者から専門的リスク担当者に,大部分リスクを転嫁することができる。第2は,価格水準を安定したり,その年の作物が消費される際,その率を制限したりするのを助ける。第3は,異なる市場間の価格を調整したり,生産地から消費地への商品の流れを調整するのを助ける。たとえば,価格安定に関していえば,シカゴにおける小麦の1901～10年にわたる平均月別価格は,表6-6にあるように,年間を通して平準化されていることが明らかである(336～337頁)。

　かくして,ウェルドは「概して,農産物取引所はマーケティング上,最高の組織形態であり,また最高の能率が得られる」(283頁)とその重要性を指摘している。さらに,取引所を通じての商人の協同作業は,商品および方法の高度な標準化をもたらし,商業倫理水準を向上させ,会員間に驚くほどの能率を発展させ,このためにマーケティング・コストを引き下げることに貢献するという。その場合に,こうした組織は独占力を意味すると感じる人もでてくるが,それは取引所の機能と方法を誤解したことに基づくともいっている(283頁)。これについては,「投機の悪弊」(357頁)の項目を立てて論じてもいる(336～361頁)。

表 6-6　小麦の月別価格推移
(1ブッシェル当たり)

	セント		セント
7月	93.1	1月	91.2
8月	92.1	2月	93.5
9月	92.7	3月	92.8
10月	92.3	4月	92.3
11月	91.1	5月	95.6
12月	93.3	6月	95.7

(出所)　Weld 1916, p.352.

　このように,ウェルドは農産物取引所の意義を高く評価して本書でも大きく扱っていることがひとつの特徴でもある。このことと関連して本書発行の前段階での論争を想起させる。後年その回想録で,1913年に大学でマーケティング論を担当するにも適当な文献がなかったという状況をふまえて「私は外部に出かけ,自分なりに情報を探り出さねばならなかった。私は,ミネアポリス商業

会議所（＝商品取引所）で先物取引を行なっている穀物の動きをじかに研究した。私はワシントンの（農務省）市場局に対しこのテーマについての報告書を書いたが，この資料は出版されなかった。というのは，先物取引とその経済的機能にはっきりと賛成したからである。私はまた，ミネソタの立法調査委員会に呼び出された。それは，ミネアポリス商業会議所および先物取引の機能を通しての穀物マーケティングの能率に関する危険な学説を，大学の理事会によって命令されて私が（大学で）教えてきた，ということを立証しようとするものであった！」と述べている[12]。

第3節　マーケティング機能と中間商人問題

　主著『農産物マーケティング』で論じたところから，マーケティング機能と中間商人問題を中心としたマーケティング機関について，さらに敷延し明確にしたのが1917年に発表された「マーケティング機能と商業組織」(Marketing Functions and Mercantile Organization) と「製造業者と分散卸売商との間のマーケティング仲介業者」(Marketing Agencies Between Manufacturer and Jobber) という2つの論文である。これら（特に前者）は，マーケティングとは何か，マーケティングの果たす役割(機能)は何か，という原初的なマーケティング論争で必ず引用されてきた意義ある論文（注目度さらに影響力でも主著に勝るとも劣らないといえるであろう）である。

　まず，マーケティング機能であるが，その理論的な嚆矢はショウ (A. W. Shaw) であるとみるのに誰も異論がないであろう(本書第1章を参照のこと)。そのショウに引き続いて，ウェルドは異なる視点から機能論を展開している。すなわち，「商品を生産者から消費者にもたらすにあたり遂行されねばならないサービスは，…中間商人によってだけではなく，多かれ少なかれ生産者それ自身によっても遂行される」とともに，さらに「概して最終消費者によっても一部遂行される」ことである。このことから『中間商人の機能』（ショウ）と呼ばれるものを『マーケティング機能』として言及する。マーケティング機能と中間商人の

機能とは決して同じものではなく，中間商人を排除してもマーケティング機能を排除できず，依然としてマーケティング機能は誰かによって遂行されねばならない，という（1917 a, 306頁）。そのために，ウェルドは研究の方法を「できる限り基本的で意味ある分類に達するようにというだけではなく，マーケティング過程の実際の組織と関連させて記述することが価値ある」(307頁) と考えて機能分類し，以下のように7つに整理しているのである。

1) 収　　集 (assembling)　　種々の場所から商品を買い集めるという購買に関するすべてのサービスを含むものであり，供給源の探索，商品購入の交渉，最低価格で購入できるように市場状況の研究を意味する。

2) 保　　管 (storing)　　便利な地点に商品を在庫しておくこと。

3) 危険負担 (assumption of risks)　　マーチャンダイジングにかかわる危険として，価格変動，火災による焼失，品質の低下，スタイルの変化，金融上の危険がある。

4) 金　　融 (financing)　　この機能を遂行する種々の方法のうちでもっとも重要なものが信用供与である。

5) 再 調 整 (rearrangement)　　分類，格付け，分割，包装などを含む。

6) 販　　売 (selling)　　マーケティング機能のなかでもっとも重要な機能であり，また遂行にもっとも費用のかかるもので，商品の需要を創造することと買い手にその商品をもたらすことという2つを含む。

7) 運　　送 (transportation)　　実際上の商品の運搬をすること。

これら7つの機能を現実に誰が担当しているかを中心に論じているが，紙幅の関係で省略する[13]。

次に，中間商人問題についてふれよう。特に当時問題視されていたその排除問題である。「この傾向があることは確かであるが，けれども生産者と卸売商間に介在する中間商人の使用は，ふつう考えられる以上に非常にありふれており，多数の重要な業界で見いだされる。その上この中間商人は，驚くほどに自分自身の地位を保っており，彼は不明瞭な将来にわたってもマーケティング組織において重要な要素として存続していくだろうという確かな証拠がある」(1917 b,

571頁)とする。ウェルドはこの種の中間商人として，問屋(commission houses)，製造業者代理商（manufacturer's agent），ブローカー (broker)，購買代理商 (purchasing agent)をあげるが，これらはいわゆる手数料商人であり，論文名にあるように生産者と卸売商との中間に位置するものである。したがって，商品の所有権を自己のものとする本来の卸売商を含めた，中間商人一般を検討対象にしているわけではない。その実際を織物業界，金物業界，食料品業界に求めこれを調査分析し，総括的に次のように述べている。

「製造業者がなぜその商品販売にあたり中間商人を使うのかという理由は，中間商人はマーケティング機能を製造業者が自分自身で果たすよりももっと安くできるからである。おそらくその主たる理由は，彼が多数の製造業者の生産物を一緒にして，各製造業者独自の販売組織で販売するよりも，大量の異種商品や同種商品を一つの販売組織を使って販売するからである。商品当たりの販売費は，1人の販売員が単独の製品よりも1系列の商品を販売する場合の方が安くなる」(572頁)。もちろん，すべての製造業者がこれに当てはまるわけではなく，大規模か小規模か，あるいはその商品の性格等，製造業者の立場も関係する。とりわけ小規模製造業者の場合は，自己の販売部門を維持していくとなれば法外な費用（prohibitive expense）を負担せざるをえなくなると，中間商人使用の有利さを指摘している。

いずれにしても，両論文とも先行するショウの所説に対して異なる視点から自説を展開しており，説得力をもっていると理解される。

第4節　現代的評価

ウェルドの主要な業績を中心にみてきた。これらについて，実態分析の枠を越えるものではないという批判が一部にあるが，パイオニアの1人としてマーケティング論への貢献は，以下の諸点にあると思われる。

(1)　「農産物マーケティングを通じて，（一般的な）マーケティングの基本原理」(1916.序文)を明らかにすると言明しているように，社会経済的視点から

のマーケティング論体系の構築が目指されその先鞭をつけたことである。

　その展開方法の中心には，20世紀初頭に大きく問題とされていたマーケティング・コスト(低減)問題，中間商人(排除)問題を据えている。これらは農産物に限らず製造物一般も含めて解決されなければならない社会経済全体の（また個別経済的にも）課題であったが，ウェルドは「分業と専門化の原理」を採用して，当初農産物を対象として実証研究を進めながら，理論構築を図ったのである。

　(2)　このようにウェルドの研究方法は，はじめに農産物からの「商品別研究」を進めたことである。まったく標準的なテキストがない状況において彼の文献は貢献するところ大となり，これにより農産物マーケティング論のパイオニアたる地位を与えられたといえよう。次にこの主著で開陳され，さらにその後の2論文に明確にみられたように「機能別研究」，「機関別研究」が取り入れられたと理解できることである。これらはマーケティング論の伝統的な3研究方法と理解されているもので（一般化したのは1920年代であるが），彼の研究においてすでに先行して使われていたことを指摘できるのである。

　これら(1)，(2)の点から，1910年代にマーケティング論の「概念化」[14]を図った際立った研究者として，ショウ，バトラー(R. S. Butler)とともに，このウェルドをあげることが至当である。いわば，次の1920年代に体系的なテキストが続々と出版され「黄金の10年間」ないし「統合の時代」[15]を迎えることになるが，ウェルドらはその先駆けとなったのである。

　(3)　このほか間接的な理論的貢献のひとつとして，学会創設への寄与があげられる。1914年にアメリカ経済学会において彼がマーケティングに関する初報告をして以来，大会でのシンポジウムが開催されるとともに議長を務めるなど，マーケティング問題に関心をもつ研究者の輪が広がり，組織化が急速に進んだ。その結果，マーケティング教師協会（今日のアメリカ・マーケティング協会の前身）になったという，いわば学問的発展の場たる学会の生みの親でもあったことがあげられる。

　こうした貢献を認識しながら，ウェルドの所説は今日的にはどのような意味

をもっているであろうか。

(1) 今日のマーケティング（第2次世界大戦後の）が，マネジリアル・マーケティング（個別経済的な経営者的視点からの需要創造・獲得活動としてのマーケティング）を本流としていることからすれば，社会経済的な視点からこれを展開したウェルドの場合は，傍流とならざるを得ないといえよう。しかし，その考え方のなかに十分に今日の中心的なコンセプトが盛られていることを評価したい。たとえば，「生産の一部としてのマーケティング」(1916. 3～7頁) がそれである[16]。これまで経済活動は，生産(＝production, 効用の創造, すなわち, あるモノをより有用なものに変換するプロセス)，分配(＝distribution, 労働者, 資本家, 土地所有者間の富の分配)，消費(＝comsumption, 人間の欲求を満足させる商品の最終消費) という3つに分類されてきたが，この点からマーケティングは分配ではなく生産の一領域であるとみる。そして，このことから効用に対する見方も，(生産が形態的効用を創造するのに対して) マーケティングは時間的効用，場所的効用，所有的効用の3つを創造している，という理解は妥当なものであり評価されてよい。

(2) 特に日本ではマーケティング論上での農産物の取扱いは「農産物流通論」ないし「農産物市場論」として独自の領域を形成しており，今日のマーケティング論とは一線を画してきた観がある。しかし，今後は両者の歩み寄りが必然化せざるを得ないと思われる。たとえば，昨今の農産物が農協，経済連などを中心に産地包装をはじめとする有標化の波に洗われており，そうした組織によるマネジリアルな展開がこれからはどうしても不可欠なことだからである。このことは，これまでの第2次世界大戦後のマーケティングが，製造物消費財に限定されすぎた反省から，より広範なマーケティングの一般理論が再体系化されることが今問われているといってもよい[17]。ウェルドの所説はこうした温故知新の材料として現代的に再評価することが緊要と思われる。

〔注〕
1) P. D. Converse, *The Beginning of Marketing in the United States,* Bureau

of Business Research, Univ. of Texas, 1959, p.45（梶原勝美訳『マーケティング学説史概論』白桃書房，1985年，74ページ）。

　このことから生成期マーケティング論を形成した代表者としては，ショウ，バトラー，ウェルドの3人をあげる場合（橋本勲，光澤滋朗教授ら），さらにチェリントン（P. T. Cherington）を加えて4人をあげる場合（バーテルズ，彼はこの4人を「この時期の総合的思想体系への貢献者」としている）がある。橋本勲「社会経済的マーケティングの形成(1)」京都大学『経済論叢』第96巻第2号，1965年8月；同『マーケティング論の成立』ミネルヴァ書房，1975年に所収；光澤滋朗「マーケティング論の生成過程——農産物流通問題に関連して——」『同志社商学』第35巻第4号，1983年12月；同「生成期マーケティング論争の発端——ShawとWeldの対立——」『同志社商学』第40巻第3号，1988年10月；同『マーケティング論の源流』千倉書房，1990年に所収；R. Bartels, *The History of Marketing Thought,* 2nd ed., Grid, 1976, p.143（山中豊国訳『マーケティング理論の発展』ミネルヴァ書房，1979年, 213ページ）。

2)　ウェルド（フルネームはLouis Dwight Harvell Weld）の略歴については，R. Bartels, *op. cit.*, 山中訳，前掲書；P. D. Converse, *op.cit.*, 梶原訳，前掲書；D. R. G. Cowan, " A Pioneer in Marketing : Louis D. H. Weld," *Journal of Marketing,* Oct. 1960, pp.63-66. 等を参照。

3)　この他，注目される業績として次のようなものがある。"Market Distribution," *American Economic Review,* March 1915 Supplement, pp.125-139.（これは1914年の第27回アメリカ経済学会での報告要旨である）；*Farmer's Elevators in Minnesota,* Univ. of Minnesota, 1915.；(Institute of American Meat Packers ed.) *The Packing Industry,* Univ. of Chicago Press, 1924, pp.67-96.；"Early Experience in Teaching Courses in Marketing, " *Journal of Marketing,* April 1941, pp.380-381.

4)　1949年のコンヴァース賞は，本書で取り上げた研究者では，ショウ，バトラー，コープランド，それに物故者からはウェルドとクラークがそれぞれ受賞している。H. G. Wales ed., *Changing Perspectives in Marketing,* Univ. of Illinois Press, 1951.

5)　ウェルドによれば，すでに原稿は1915年に完成していたという。なお，この改訂版として1932年にはF. E. Clarkとの共著で *Marketing Agricultural Products in the United States,* The Macmillan Co. が出版されている。

6)　分業（division of labor）は，アダム・スミス（A. Smith）が『諸国民の富』でピン工場の作業分業の実例をあげて説明し有名となった概念。生産物の生産工程を多段階に分け労働者がこれを分担させて完成させていくもので（工場内分業），これにより生産力の飛躍的な発展が可能となる。さらにこれを多数の独立的生産者が分担していくのが社会的分業であるが，ウェルドは商品流通担当機関にもこの分業を適用できると理解する。

第7章　L・D・H・ウェルド　147

7) 農産物流通に関する全体的な枠組については，高橋伊一郎『農産物市場論』(現代農業経済学全集第4巻)明文書房，1985年；川村・湯沢・美土路編『農産物市場の形成と展開』『農産物市場の再編過程』『農産物市場問題の展望』(農産物市場論体系第1～3巻)農山漁村文化協会，1977年。またマーケティング・コストについては，佐々由宇「『配給費用問題』の起源」鈴木・田村編『現代流通論の論理と展開』有斐閣，1974年，213-234ページを参照のこと。

8) 19世紀最後の四半期は「農業の発展と農民の苦境というパラドックス」(岡田泰男「アメリカ中西部の農民運動」『社会経済史学』第46巻5号，1981年2月，575ページ)の時期であり，この「アメリカ農業が発展し，西部が『世界の穀倉』となった時期は，農民の不満が高まり，1870年代のグリーンバック党や，グレンジャー運動にはじまり，アライアンス運動，90年代のポピュリスト運動と，さまざまな農民運動が生じた時代であった」(岡田「西漸運動の経済的意義」岡田・永田編『概説アメリカ経済史』有斐閣，1983年，所収83ページ)。

　これらは十分に解決をみないままに20世紀を迎え，ウェルドらが農産物マーケティングについて苦悩するのである。

　アメリカ農業問題については，とりあえず，馬場宏二『アメリカ農業問題の発生』東京大学出版会，1969年；小澤健二「19世紀後半のアメリカにおける農民運動の展開(1)——中西部を中心として——」『農業総合研究』第28巻2号，1974年4月を始めとする一連の論文のほか，同『アメリカ農業の形成と農民運動』日本経済評論社，1990年，等を参照されたい。

9) アメリカにおける商品取引所の生成・発展については，高橋弘『米国商品先物市場発展史』東洋経済新報社，1978年；鈴木正武『新版・商品取引所通論』中央経済社，1972年を参照されたい。なお，古くは福田敬太郎『取引所論』千倉書房，1938年。

10) 農産物取引所の役割については，取引所論の権威といわれるヒューブナー(S. S. Huebner)の所説(1911年論文)が参考になる。ウェルドも参照したと思われる。すなわち，「①取引所規則は「現物」と「先物」市場の売買活動を便宜ならしめる，②取引所は商品に対して機動性を与える，③取引所は継続的市場を供する，④製造業者の売買損益に対する保険手段としての継続的先物市場，⑤商品取引所は情報のクリアリング・ハウスである」という5つをあげている("The Function of Produce Exchange," 高橋，前掲書，116ページ)。

11) 鈴木正武，前掲書，29ページ；全国商品取引所連合会『商品取引所体系1』同刊，1979年，79ページ，参照。

12) ウェルドによる回想，L. D. H. Weld, op. cit., *Journal of Marketing,* April 1941, pp.380-381.；Bartels, *op.cit.,* p.258.

13) ウェルドのマーケティング機能は，その担当者を含め次表のように要約できる(光澤「前掲論文」『同志社商学』第40巻第3号，1988年10月，81ページ)。
　ウェルドのマーケティング機能については，概してショウとの比較検討からさ

マーケティング機能とその担当者

	内　　容	担　当　者
収　集	購買に伴う諸業務	卸売商・小売商・輸入商などの商的中間商人，問屋・代理商・仲立商などの代理中間商人
保　管	生産物の期間的保持	倉庫業者，大部分の商的中間商人，生産者，消費者
危険負担	商品化に伴う危険の負担	保険会社，大部分の商的中間商人，生産者
金　融	流通に必要な資金（や信用）の供与	銀行，大部分の商的中間商人，一部の代理中間商人，生産者
再調整	生産物の分類，格付け，分割，包装	生産者，大部分の商的中間商人
販　売	需要創造および注文獲得	生産者，広告代理店，すべての中間商人
運　送	生産物の場所的移転	運送会社，大部分の商的中間商人，生産者，消費者

（出所）　Weld 1917a, pp.307-314.

れる場合が多い。これら機能論については以下を参照されたい。福田敬太郎「アメリカにおける配給論の発達」『国民経済雑誌』第47巻5号，1929年11月；竹林庄太郎「アメリカにおける配給理論の生成——ショウの所論を中心として——」『経済学雑誌』第8巻4号，1941年4月；大野勝也「配給機能に関する一考察——ショウおよびウェルドの所論を中心として——」『明大商学論叢』第49巻6号，1966年2月；上岡正行「マーケティング機能の確定に関する試論(1)——マーケティング機能の先駆的諸研究——」『大阪経大論集』第71号，1969年9月；光澤滋朗，前掲書および論文。

14)　バーテルズは1900～10年を「発見の時代」，1910～20年を「概念化の時代」，1920～30年を「統合の時代」としている。 R. Bartels, *op.cit.,* p.141-153（前掲訳書，210-230ページ）．

15)　「黄金の10年間」は橋本，前掲書，32ページ。「統合の時代」は前注。

16)　ここでいう「生産の一部としてのマーケティング」のレベルとは異なるが，研究・開発，あるいは生産からマーケティングを考えるという，いわゆるマーケティング志向（ないしは消費者中心志向）が今日のあるべきマーケティングとして理解されていることと無縁ではない。

17)　これまでの企業による（すなわち営利組織の）マーケティングだけではなく，現在は非営利組織のそれも包摂したものとして，マーケティング論の体系化が要請されてきている。

〔小原　　博〕

第8章

F・E・クラーク
──機能的アプローチの集大成──

第1節　は　じ　め　に

1. 略　　歴

　フレッド・E・クラーク（Fred E. Clark）は，アメリカ・マーケティング協会の第2代会長（学者初）で，計2回会長を務め，死去後の1949年にはそのマーケティング論への功績を讃え P・D・コンヴァース賞が授与された。では，彼がそこにいたる道はどのようなものであったのか。彼はミシガン州アルビオンで育ち，地元のアルビオン大学を卒業した後，イリノイ大学の大学院に入学した。そこで彼は経済学を専攻し，「イリノイにおける穀物の協同貯蔵運動」(Cooperative Grain Elevator) を修士論文のテーマとした。1916年には同大学で博士号を取得した。教職には，デラウェア大学，1916年からはミシガン大学，1919年から亡くなるまではノースウェスタン大学に就いていた。

　クラークがマーケティングを研究するにいたったきっかけは，次の3つが主なものである。ひとつは，大学卒業後に数カ月間，ファイアレス・クッカー社 (Fireless Cooker Company) のデトロイト営業所でセールス・プロモーション活動に従事していたことである。もうひとつは，イリノイ大学在学中に経済学専攻だったものの，当時の学部長の影響で商学関連の勉強もしたことである。その結果，公的な問題と私的管理の問題の双方に対して，ビジネス（実務）的観点

から検討することに興味を持った。3つ目は，教職に就いてから行なった，企業，業界団体，政府機関に対するコンサルタントなどの活動である。その政府機関には，農業調整局の管轄下にある3つの立法機関も含まれていた[1]。

2. 主要業績の概観

当時の他の研究者たちと同様，ウェルド（L. D. H. Weld），ナイストロム（P. H. Nystrom），バトラー（R. S. Butler），スパーリング（S. E. Sparling），ショー（A. W. Shaw）から影響を受けた。彼が1920年代初頭に作成した文献目録[2]には，ウェルドの著作が6本ともっとも多く，ウェルドからの影響の大きさが推察される。ついでパーリン（C. C. Parlin）が5本，チェリントン（P. T. Cherington）が4本であり，もちろん本数だけで判断できないが，彼らからの影響も少なからずあったと考えられる。

こういったマーケティング研究の先輩たちの影響下で，そして彼らの創造した諸概念を統合することによってまとめられたのがクラークの主著『マーケティング（諸）原理』（*Principles of Marketing*, 以下『原理』と略す）である。同書は1918〜19年ミシガン大学の講義で謄写版という形で使用が開始され，翌年にはミシガン大学の他にさらにミネソタ大学，ノースウェスタン大学でも使用された。ノースウェスタン大学へ移籍後，学部長や同僚であるヴァンダーブルー（H. B. Vanderblue）の協力で初版を完成し，1922年に出版した。

ちなみに1920年代は，『マーケティング原理』というタイトルの著作が出版され始めた時期である[3]。たとえば，クラークの他にもアイヴィ（P. W. Ivey）は1921年に，メイナード，ベックマン，ワイドラー（H. H. Maynard, T. N. Beckman, and W. C. Weidler）は1927年に，まったく同名のテキストを出した。このことは，1910年代に提起された新しい概念・原理が整理・統合されてきたことを示している。アイヴィの場合を除き，残り2冊のテキストはその後も改訂を重ねることで，数十年間にわたって影響力を維持し続けたのであった。

次に注目すべき著作は，『アメリカ合衆国における農産物マーケティング』（1932）である。これは1916年にウェルドが出した『農産物マーケティング』を

クラークが加わって改訂したものであり，その影響の大きさからみてクラークの第2の主著ともいうべきものである。彼自身は，農産物マーケティングに興味を持った契機として，若いときの農村生活，その後の営利目的で農園を経営した経験，1918年からのシカゴの農産物大中央市場との接触をあげている。ただし，同書の内容その他については前章に譲る。

その他の著作として，『マーケティング読本』(1924)がある。ここには主著『原理』を補足するために当時の研究者，研究機関等による論文やその抜粋が集められている。彼自身の重要な論文には次の2本がある。ひとつは，「ウェルドの論文『大規模生産の原理はマーチャンダイジングに適用できるか』についての論考」(1923)であり，ウェルドの主張を整理・補充する形で大規模な流通業者がコスト削減できる面と上昇させる面とを論じた。もうひとつは，「広告批判の再検討」(1925)である。ここでは一般にいわれている広告に対する批判に対して反批判が試みられている。

以上がクラークの研究上の主な業績である[4]。これらの業績を通じていえるのは，彼の研究スタイルが「新しい理論を提示するというよりも，既存の理論を掘り下げて要約し，明快な形で提示」[5]するという特徴を有していた，ということである。その意味で彼は「マーケティング研究における最も優れた文献研究者の1人であった」[6]といえよう。以下では，『原理』を中心に彼の学説を検討することとする。

第2節　『マーケティング原理』の内容と問題点

1. 分析方法——機能的アプローチ——

クラークの分析方法は機能的アプローチとしてよく知られている。彼はなぜ商品的アプローチや制度的アプローチではなくて機能的アプローチを採用したのか。それは，商品やマーケティング機関が何であっても，すべてのマーケティング機能は遂行されなければならず[7]，また，なぜ中間商人が存在しているの

か，なぜマーケティングがコストがかかるのか，なぜ特定のマーケティング制度や方法が発展したのかという問題に答えるのに有効だからである[8]。さらに，具体的なマーケティング問題の解決にとってももっとも有効だからである。すなわち，クラークにとって，機能的アプローチは他の2つのアプローチを基礎づける役割を果たすとともに，現実の諸問題を解決するうえでも効力を発揮するアプローチだったのである。より抽象的な原理を提示し，かつそれを活用することでより具体的な問題に応用可能なアプローチというわけである。

このように機能的アプローチの優位性を確認した後，彼はマーケティング機能の分類を表7-1のように行なった。

表 7-1

A. 交換機能（Functions of Exchange）
　1. 需要創造（販売）（Demand Creation（selling））
　2. 収集（購買）（Assembly（buying））
B. 物的供給機能（Functions of Physical Supply）
　3. 輸　送（Transportation）
　4. 保　管（Storage）
C. 補助的または促進的機能（Auxiliary or Facilitating Functions）
　5. 金　融（Financing）
　6. 危険負担（Risk-taking）
　7. 標準化（Standardization）

これら大別した3機能のうち，交換機能と物的供給機能が重要であり，そのうちでも交換機能が中心である。さらに交換機能のなかで需要創造機能が収集機能よりも重要である，とした。交換機能については後で詳しくふれるので，ここではまずその他の5つの機能について簡単にみておこう。

輸送と保管は交換機能が所有権の移転を遂行するのに対し，製品の物理的な移動に関する活動であり，両者は補完的な関係にある。輸送の改善は大市場，大規模生産，産業の専門化を可能にし，入手できる商品の多様性を増大させ，物流コストを引き下げる。しかし，輸送の主要機能は商品を生産される場所から消費されるであろう場所へと移動させることであり，「場所効用の創造」と呼ばれるものである。保管が必要となるのは，ひとつには，市場に必要な量の正

確な把握は不可能なため,売れない商品が保管されなくてはならないからである。もうひとつは,配送が遅かったり,予期せざる需要の増加に対応するために,余分に保有しておきたいということがあげられる。最後に,生産量が年間を通じて一定に保てない場合,生産量が少ないときのために保管する必要性が発生する。

　金融機能については,現代マーケティングは多くの資源を必要とし,大量の商品を保管することが必要なので,重要となっている。危険負担機能は,専門の機関に負担を委ねることができるものとできないものとがあり,後者はビジネスマン自身が引き受けなければならない。標準化は,販売の基礎(base of sale)と深くかかわる。販売の基礎には,現物販売(sale in bulk),見本販売(sale by sample),説明販売(sale by description)がある。製品の標準化が進めば見本販売と説明販売が行なわれやすくなり,そのことによって,大量購買を可能にし,経済性を高めるのである[9]。

　クラークの機能分類は,機能的アプローチを採った他の論者と比べてどのような特徴を有しているのだろうか。ひとつは,先輩の研究者たちとの関連でみると,7つの機能の内容の点ではウェルドの分類方法(収集,保管,危険負担,金融,再調整,販売,輸送)[10]を継承し,3つにグループ化する点ではチェリントンの分類方法(本質的または基本的活動と補足的活動に大別し,後者をさらに商品機能,補助機能,販売機能にグループ化)[11]を継承していることである。しかも,彼は当時にしては珍しくこういった継承関係を明記している。このことは,この時期にはすでに機能分類のアイデアはある程度提示されており,次に問われていたのは,これらのアイデアをもとにマーケティング機能分類の決定版を提起することであったことを示している。そして,クラークがまさにそれを達成しようとし,実際一定程度成功したのである。

　このことがクラークの機能分類のもうひとつの特徴である。すなわち,このクラークの機能分類は,そっくりそのままか若干の修正を受けたかは別にして,以後他の学者によるテキストで継承されることが多くみられるようになった[12]。たとえば,その代表的なものとして,クラークのそれと同様定番テキスト

となった，メイナードらの『マーケティング原理』があげられる。以後との継承関係をみればこの点が大きな特徴である。したがって，クラークの機能分類の壁を破って新たな分類を生み出すには[13]，機能的アプローチそのものから脱却することが必要となった。そのことを如実に表わしているのが，マクゲリー (E. D. McGarry) の機能分類である[14]。マクゲリーは従来の機能分類を批判的に検討し，新たに接触機能，マーチャンダイジング機能，価格設定機能，宣伝機能，物流機能，終結機能をあげた。この6つの機能は，1960年にマッカーシー (E. J. MaCarthy) が『ベーシック・マーケティング』[15]で提唱したいわゆる4P（製品，価格，チャネル，プロモーション）という分類へと承け継がれたことから判断できるように，マネジリアル・アプローチへの移行を示している。つまり，マクゲリーは，機能的アプローチを掲げながらも，実際の機能分類に際しては，従来の機能的アプローチに基づく多くの機能分類が有していたマクロ的な観点をそぎ落し，経営主体，より正確にいえばマーケティング・マネージャーの観点を導入したのであった。

クラークの機能分類の問題点として次の3つの点があげられる。ひとつは，7つの機能が同一次元のものではないことである。たとえば，アメリカ・マーケティング協会定義委員会が「……収集，保管，輸送のような機能は広く一般的な経済的機能であるのに対し，販売と購買は性格上本質的に個別的である」[16]と述べているように，販売・購買機能とその他の機能とでは，概念の広さが大きく異なる。森下氏も金融，危険負担，標準化などの機能はマーケティングにのみ固有のものではない，と同様の指摘している[17]。このような概念を同列に並べることは妥当なのか。

もうひとつは，クラークによって分類された7つの機能がすべてマーケティング機能なのかという問題である。補助的または促進的機能は，その呼び方が示すようにマーケティング機能そのものではなく，それを補助・促進する機能でしかないのではあるまいか[18]。このことは，以後のマーケティング論の発展過程で，特にマネジリアル・アプローチが浸透していくとともに，こういった機能はマーケティング論の枠外へとしだいに排除されていったことと無関係では

ないと考えられる。

　最後に，彼の機能をみる視点が統一されていないことが指摘できよう。すなわち，需要創造は個別主体の観点から分析されているのに，その他の機能はむしろ主としてマーケティング過程全体のなかでどういう役割を果たすのかという観点から分析されているのである[19]。この点については，以下で需要創造と収集を詳しく取り上げたうえで再度論じることとする。

2. 需要創造と収集

　クラークが現代流通の中心となる事実とした需要創造（販売）と収集（購買）とは，いかなるものであったのか[20]。

　需要創造の目的は，需要の方向をコントロールすることであり，その過程は，製品やサービスに関するアイデアやセールスポイントを売り手から見込み顧客へと伝達することである。このために3つの方法がある。製品の使用による満足，販売員による勧誘，広告である。その他に試供品提供(sampling)があるが，これは人的勧誘や広告と結びつけて使用される。また，顧客が製品から得る満足はマーケティング努力の結果ではなく，優れた生産の結果であり，優れた生産は消費者のニーズと欲望の注意深い分析が必要なので，こういった分析もマーケティング過程の一部である。

　創造される需要の種類で分類すると，需要創造には次の4つの場合がある。

（1）　消費者にそれまで消費していたよりも多く購買させる場合
（2）　習慣では購買しなかったものを購買させる場合
（3）　同種類の製品のなかである製品を他の製品よりも選好させる場合
（4）　ある販売業者を他の販売業者よりもひいきにさせる場合

　クラークは（1）の例として，自動車を1台購買させるかわりに2台購買させることと，3〜5年使用した後に中古車を売らせるかわりに2年使用した後に売らせることをあげている。1回の購買量の増大と購買頻度の上昇である。（2）の例は所有したことのない飛行機を購買させることであり，（3）には，生産者Bの衣類ではなく生産者Aの衣類を購買させるケースがある。（4）の例として

は，商人Yではなく商人Xから購買させることを示している。

製品の種類はどのような需要創造が必要かに影響を与える。基本的なニーズを満たす製品，すなわち必需品(staples)に対しては，一般的な需要がすでに存在している。さらに，これらを生産するために必要な製品についても同様に一般的な需要は存在している。しかし，このような必需品でも種類が多様になり，消費者が自律的に製品選択を行なうため，それを販売する人は自社ブランドへの需要を創造することが必要になった。ここから「ブランドのついた必需品」(branded staples) が生まれるのである。たとえば，小麦粉がそうである。同種類の製品間で展開される競争を，クラークは「ブランド間」競争("brand"competition) と呼んだ。

必需品とそれを生産するのに必要な製品以外のもの，すなわち特製品 (specialties)には，一般的な需要事態が存在していないので，まずこれを創造しなければならない。しかし，消費者の所得が一定であれば，ある特製品の需要創造は他の種類の特製品の需要を減少させることになる。そこで，異種類の製品間で需要創造をめぐって競争が行なわれる。これが「産業間」競争("industry" competition)である。「ブランド間」競争は先述の(1)～(4)のうち(3)と，「産業間」競争は(2)と直接関係する。

このような需要創造はマーケティングといつもかかわってきたが，最近特に重要になってきた。しかも個人の消費財に関してはとりわけそうである。重要性が増してきた要因として次の2点がある。ひとつは，生産力の上昇による過剰生産である。すなわち，生産力の上昇によって消費者の購買力が拡大されるが，購買力の拡大は生産力の上昇よりも遅れるため，過剰生産の傾向が存在するのである。もうひとつは，生産者の売上高拡大の欲求である。

次に，収集についてみておこう。収集とは，供給源から商品を探索し，商品購買のビジネス関係を形成し，極力最低限の価格で購買するために市場条件を検討することである。収集は輸送や保管と混同されやすいが，それは誤りである。というのは，輸送や保管は物流機能であるのに対し，収集は実際に物流機能が遂行される以前に必要な判断を含んでいるからである。どのような製品を

どれだけの量，消費者が必要としているか，どれくらいの速さで消費されるのか，どこから入手するのかなどの問題についての判断を含んでいるのである。

収集に関しては中間商人の役割が大きいことが特徴である。製造業者も消費者も収集を行なうが，自分自身ですべてを行なうことはなく，中間商人の専門的な働きに依存してる。たとえば，製造業者の場合，大手であったり特殊な材料が必要なときであれば，自社の購買部門に探索させるであろうが，そうでなければ中間商人に任せることが多い。

収集の最終プロセスは消費者が自分に必要なものを集めるプロセスである。しかし，そこにいたるまでには中間業者を始めとして，製造業者や製造業者より川上の業者など収集機関の長いラインが存在する。そのことを考慮すれば，先ほどは中間商人の重要性を指摘したが，それ以前の製造業者の収集も検討する必要があろう。

製造業者の収集には2つのタイプがある。ひとつは，自分の工場の完成品を後に購買する人のために間接的に収集するタイプである。自動車はこういった意味で収集された製品である。もうひとつは，より直接的なタイプである。ある製品ラインの特定部分しか生産していない製造業者は，他の製造業者から関連商品を購買することでその製品のフルラインを扱うことができるようになる。このことは，販売上の優位性をもたらすとともに，単位当たりの間接費を削減するという利点を持つ。この場合は製造過程を間に介在させないという意味でより直接的である。

以上，需要創造と収集について詳しくみてきたが，注目しておくべきことは，先ほども指摘しておいたように，この2つの機能を取り上げる視点が異なっていることである。この点を検討するためにここまでの内容を整理すると，まず需要創造の分析は主に次の5つの点で行なわれた。(1)需要創造の過程，(2)需要創造の方法，(3)創造される需要の種類，(4)製品種類(必需品と特製品)と創造される需要との関係，(5)需要創造が重要性を増してきた要因である。

一方，収集の分析は次の4つの点でなされた。(1)収集と物流との相違，(2)収集における中間商人の役割の重要性，(3)消費者にいたるまでの長いプロセ

スとしての収集，（4）製造業者による収集の2つのタイプである。

　これらの分析ポイントからわかることは，需要創造の分析の場合には(5)を除き実際にある経営主体が需要創造を行なう際にそれを効果的に行なうためのノウハウ的なものが重きをなしているのに対し，収集の分析の場合にはそういう扱い方がほとんどなされていないということである。むしろ，収集がマーケティングの一機能として客観的にどういう特徴があるのか，そして収集に対して中間業者や製造業者がどういう役割を果たすのかに力点が置かれている。こういう取り上げ方は補助的または促進的機能についても同様で，需要創造の分析視角が全体のなかでは特異といえよう。つまり，クラークは自ら分類した7つの機能のうち6つを主としてマクロ的観点から，ひとつだけを主としてミクロ的観点から分析したのである。彼はマクロ・マーケティングが主流であった当時の本流に位置していたのであり，また，その傾向をいっそう強化したのであった。

　しかし，他方からみれば，需要創造に対するこの分析視角は，戦後のマネジリアル・アプローチに引き継がれるものとも考えられる。そのことは1942年版の『原理』における需要創造の記述が雄弁に物語っている。そこではマーチャンダイジング（価格設定も含む），チャネル選択，販売員と広告による勧誘が扱われており，4Pがまだ1セットとしてではないものの明確な形で登場している。したがって，戦後長期間にわたって主流的な位置を占めるマーケティング・ミックス・アプローチは，戦前を代表する機能的アプローチの需要創造あるいは販売機能の部分を，具体的な経営ノウハウを提供するという観点を徹底させ，そして先述したマクゲリーによる機能的アプローチ批判を介することによって，結果的に「継承発展」させたものであると考えることも可能なのではなかろうか[21]。

3. 社会的公的な観点――マクロ・マーケティングとしての特徴――

　クラークのマーケティング論の大きな特徴として，機能的アプローチと並んで，公的な観点でマーケティングに関する諸問題を再検討した点があげられる。

しかし，公的な観点から検討を加えたからといって，私的企業が行なうマーケティング活動にすべて批判的な態度をとったわけではない。企業のマーケティング活動のなかにも，公的にみて奨励すべきものもあれば批判すべきものも，あるいはときにはその両方が複雑に絡まっているものもあって当然である。彼は諸問題を慎重に検討することによって，極端な批判論からも極端な弁護論からも免れることができた。以下では，そういった問題のなかから主だったものを，弁護的姿勢の強いものから批判的姿勢の強いものへとほぼ順に取り上げていくこととしよう。

1) 広告論[22]

広告に対する当時の批判には次のようなものがあった。(1)費用がかかり社会的浪費である，(2)資金の潤沢な企業にしかできない，(3)製品とサービスを差別化することで標準化の経済性を排除する，(4)贅沢品に対する需要（想像上の価値）を生み出す，(5)効果がないあるいは不確実である。

このような批判に対し，クラークは逐一反批判を加えていった。(1)については，広告は販売員による販売促進よりもかえって安価であり，販売費用を引き下げる働きをしているし，(2)については，もしその批判が正しいのなら鉄鋼を製造するのに多額の費用のかかる工場を建設するのもよくないことになると応えている。また，(3)はたしかに批判されるべきことだが，競争の自然の結果であり，消費者が重要な差別化とそうでない差別化を見分ける能力を持つようにならなければならない。(4)については，広告にそれだけの力があるか疑問であるし，あったとしてもその結果の善し悪しは各人の考え方の問題であり，(5)は他の販売方法にも程度は少ないがあてはまるが，問題点としては残る。このように彼は，広告の問題点は多少認めながらも，大規模生産と地域的専門化の支援要因として，そして有効で経済的な販売方法としてその意義を強調したのである。

2) 中間商人排除論への批判[23]

中間商人を排除すべきだと議論するとき，2つの問題が含まれている。ひとつは，中間商人があまりに多段階存在しているという問題であり，もうひとつは，

各段階にあまりに多数の中間商人が存在しているという問題である。しかし，当時は後者は中間業者の最適規模にかかわる重要な問題であるのにまったく議論されず，もっぱら前者だけが取りざたされた。クラークはまずこの点を批判し，通常中間商人問題とされていた前者の検討に移っていった。

では，中間商人の多段階性はなぜ排除されるべきなのか。当時の排除論によれば，多くの中間商人の手を経ることで，その連鎖の構成員がサービスに見合う以上の利益を受け取ることが可能になるので，コストが高くなるか，サービスが悪くなるというのである。したがって，中間商人を排除してより直接的な取引を行なうことが必要になる。

しかし，クラークは，これは取引する機関が減少すればするほど，速く効果的に安く流通できるという誤った考え方から生まれ，さらにこの根本にはマーケティング活動が遂行される必要があり，生産活動と同様困難でコストのかかるものだということに対する無理解があると指摘した。中間商人を排除してもその機能は遂行されなければならないので，要は独立した組織と統合された組織のどちらが能率的に機能を果たすのかという問題になる。しかし，当時進行中の統合化傾向は，価格低下，サービス向上が目的というよりも，激しい競争が原因となっており，市場の統制を大きくすることはあっても，価格を低下させるかどうかは疑わしい。こうしてクラークは，中間商人排除論を批判し，中間商人の存在を弁護する見解を主張したのである。

3) 製造業者による価格維持[24]

製造業者が価格維持を行なうことについて，当時相反する2つの見解があった。ひとつは，価格切下げは小規模商人を排除し，大規模商人の側に独占を生み出す傾向があるので，価格は維持されるべきだという賛成論である。もうひとつは，価格維持は価格競争を制限するため，高能率の商人に不利であり，公衆にも不利益をもたらすがゆえに，価格は維持されるべきではないという反対論である。これによると，高能率の商人は競争手段をサービスの面に限定されるし，低能率の商品が存続することで消費者は高価格で購買させられることになるのである。

クラークは事実から判断して，独占の場合を除いては，価格維持を行なえば必ず高価格になるとはかぎらないとし，反対論が主張する価格維持の弊害を全面的に認めはしなかった。次に，彼は，価格を長期間維持することは現実的に不可能であるし，もし維持されてもサービスや品質上の競争が起こるので事態はよくならないと主張した。さらにもし維持しないで弊害が現われたとしても，連邦取引委員会のような行政機関が規制するので問題はないとした。結局，彼は賛成論を詳しく検討し問題点を鋭く指摘しながらも，単純に反対論に組しないでいわばやや反対論よりの立場をとったと考えられる。

4) マーケティング・コストは高すぎるか[25]

クラークは，マーケティング・コストが高すぎるという批判に対して，まずマーケティングに関する科学的研究の立ち遅れの原因を示すことで，マーケティング・コストが高いことがやむをえない面もあることを指摘した。すなわち，マーケティングの科学的研究は生産の科学的研究に比してかなり浅い歴史しかないうえに，しかもその後を追って進展するという性格を有しているため，遅れていて当然であり，コスト高になるというのである。

とはいえ，このコスト高は是正されるべきであり，そのためにはコストが実際どれくらいかかっているのかを明らかにする必要がある。そこで，彼は農産物，製造品（必需品と特製品），小売業，生産財のマーケティング・コストを検討し，次のような結論を下した。①中間マージンのうち小売マージンが最大である，②同種類の店でも小売マージンや在庫回転率に大きな隔たりがある，③消費財の販売コストが大きい，である。彼はこのうち①に注目し，マーケティング・コストの中心問題として小売流通のコスト高を設定し，詳しい分析を加えた。その際，中間商人問題の2つ目である各段階で同種類の商人が多すぎるかという観点から議論を進めた。つまり，小売店の数が多すぎると各店の規模が小さくなりコスト高になるか，ということである。たしかに，小規模多数の小売流通は過剰コストをもたらす面があることは否めないが，大規模小売業も営業費に関してより効率的であるとはかぎらない。したがって，効率の低さは小売店数の削減によってではなく，むしろ経営方法の教育によって改善するこ

とができる。ここでもクラークは，小売流通のコスト高の問題点をはっきりと確認する一方で，大規模化さえすればよいという俗論には批判的である。そして，小規模店と大規模店の利点を合わせ持つチェーン・ストアに期待を寄せている。

5) マーケティング能率の構成要素[26]

クラークによると，マーケティング能率の分析には2つの観点がある，という。ひとつは，個々の企業の観点，すなわち「私的観点」(the private point of view)である。これは個々の企業や特定の種類の私的営利組織の利益を増大させることに関心がある。もうひとつは，「社会的公的観点」(social or public point of view)である。これはマーケティングの社会的意義，いいかえると，いかにしてマーケティングが社会全体の経済状態を改善するように遂行されうるのか，を研究することが目的である。より有効に，より経済的に機能できるかどうかを明らかにするのである。両観点による研究は一致する点もあるが，後者は個々の企業の成功がより有効で経済的な流通組織を開発する傾向があるかぎりにおいてのみ，その成功に関心がある。彼はこの社会的公的観点をとるとした。この観点からマーケティング能率の構成要素として次の3つをあげた。①流通サービスの有効性，②流通サービスのコスト(費用と利益)，③流通サービスのコストとサービス提供の方法が生産と消費に与える影響，である。したがって，有効であってもコスト高であれば能率が悪く，コストが低くても有効でなければ能率が悪い。さらに，有効でコストが低くても生産と消費に悪影響を与えるならば能率が悪い，ということになる。ここでは社会的な影響が個々の企業の成功・失敗よりも明確に重要視されている。

6) ブランドを手段にした競争[27]

先述したように，産業間およびブランド間で需要の争奪が行なわれているが，このうち特にブランド間競争は社会的公的観点からみて好ましくない影響を及ぼす。競合製品と価格で容易に比較できなくなるし品質をもってしてもそうである。また，ブランドがつき，製品に一定の「改善」が行なわれ，明確な評価が不可能になることによって，そうでない場合よりも企業が長く存続できるよ

うになる。その場合，グッドウィルは競争がもたらす社会的に望ましい結果を排除する傾向にあるし，そのような販売方法は需要創造のための高価な機構を過度に重複させることになる。過剰な需要創造努力が行なわれ，マーケティングが複雑になり，その社会的コストが法外なものとなる。

このような事態は，もちろん生産・販売者側に大きな責任があるが，消費者側に判断能力がないことも原因のひとつである。すなわち，多様な製品の正確な特徴を判断し，類似した製品と比較し，多種類の製品との関連で当該製品を自らの価値尺度で評価することができない。このことは以下の3つのことに起因する。①製品の物理的特徴を評価する方法が開発されていない，②見込み顧客が製品の特徴に対する反応が異なっている，③買い回り，品質について学習を積む時間と意欲に欠けている，ことである。しかし，こういった点は製品の標準化を進めることによって改善していくことができるし，またそうすべきでもある，とクラークは主張した。

以上のように，クラークは社会的公的観点を採用し，マーケティング活動に実際存在している問題点を率直に認めながらも，マーケティング活動全般を否定する極端な反対論には立たなかった。また，マーケティング活動がもたらす積極的な面を正当に評価しつつも，全面的弁護論にも流されることがなかった。個々の論点に関して正当な主張であったかどうかは別にして，クラークの議論の進め方はきわめて慎重であり，かつバランス感覚に優れたものであったといえよう。このことが彼にマネジメント的観点からのみマーケティングを考えるマーケティング論とはかなり異質な理論を構築させたのである。

4. 他の2つのアプローチとの関係

ここまででクラークの主著『原理』を中心に彼の主張の重要なポイントをおおよそ取り上げることができた。彼の分析方法である機能的アプローチの特徴と問題点，最重要機能とされた需要創造と収集の意味ととらえ方の特徴，社会的公的観点からのマーケティング問題に対する評価が主要な論点であった。これらは『原理』の最初の2章と後半13章で扱われている。したがって，あと半

分弱を占める第3章から第13章までの計11章分が残っていることになる。最後にこの箇所について簡単にみておこう。

この部分の章題は，第3章：農産物のマーケティング，第4章：農産物の卸売，第5章：農業卸売市場の中間商人，第6章：原材料のマーケティング，第7章：製造品のマーケティング，第8章：製造業者市場の卸売中間商人：ジョバー，第9章：製造業者市場の卸売中間商人（続），第10章：製造品のダイレクト・マーケティング，第11章：小売流通，第12章：大規模小売業，第13章：流通の協同組合，である。ここからも察せられるように，第3章から第10章までは商品的アプローチ，第11章から第13章までは制度的アプローチに基づいてマーケティング現象が記述されている。クラーク自身も1942年版ではこのことにふれている。そして，1922年版ではこの部分の役割は，機能的アプローチを展開するための予備知識を提供することであると述べている。つまり，商品的アプローチと制度的アプローチの2つが，マーケティング現象をありのまま素材として提供するのに便利であるため，『原理』の前半で採用されたのである。このことはクラークにとって機能的アプローチは中心となる分析方法ではあるものの，他のアプローチを排除するものではなく，むしろこれらが機能的アプローチを補う関係にあることを示している。

第3節 現代的評価

クラーク理論は1920年代以降20年以上もの間，学会，教育界，実業界に広く流布し，大きな影響力を持った。それだけにこれが当時および現代にもたらした功罪も多大である。では，現代からみてクラーク理論の意義はどこにあるのか。

ひとつは，社会的公的観点からマーケティング問題を検討し，極力慎重に議論しかつ公平な結論を導こうとしたことである。現在，こういう観点はマクロ・マーケティングと社会マーケティングに継承されている。ただし，これら2つはかつてのクラーク理論のような中枢的地位を占めてはいないので，全体的な

傾向としてややもすると私的観点のみが優先されるきらいがある。その意味でクラークの社会的公的観点を再評価する必要があろう。

　もうひとつは，直接的ではないにしろ，機能的アプローチを集大成することで，4Pを中心にしたマーケティング・マネジメント論へ道を開いたことである。機能的アプローチが集大成されるなかで，最重要機能である需要創造機能の分析が積極的に進められ，他方，その他の機能，とくに補助的または促進的機能への関心は弱まることになった。その結果，1942年版にはすでに4Pを手段とするマネジリアル・アプローチが萌芽的に現われており，この部分が拡大・整理されることを通じて，1960年代にマーケティング・ミックス論が展開されることとなったのである。

　今日からみると，理論的にも歴史的にも問題点が存在する。理論的な問題点としては，ひとつは，分析手法があまりに記述的であり，理論的基礎が弱体な点である。この手法を継続すれば，機能をより細かく分類するか，新しい現実を書き加えるか以外には進めることが困難である。また，ミクロ的観点とマクロ的観点が混在しており，ひとつの理論体系として整合性に欠ける点である。たとえば，需要創造とそれ以外の機能の分析視角の違いがそれである。

　歴史的な限界性としては，社会的公的観点をとりながらも，消費者の権利の尊重という視点が弱いことである。これは30年代の消費者志向，戦後のコンシューマリズムの洗礼を受けることになる。さらに，間接的にではあれマネジリアル・アプローチへと道を開いたとはいえ，このままではマーケティング・マネージャーが活用するノウハウとしては単純すぎ，実務上役立つというまでにはいたっていなかったという点である。

〔注〕
1)　以上の略歴については，次の文献を参照した。R. Bartels, *The History of Marketing Thought* , 2 nd ed., Grid, 1976（山中豊国訳『マーケティング理論の発展』ミネルヴァ書房，1979年）；P. D. Converse, *The Beginning of Marketing Thought in the United States, with Reminiscences of Some of the Pioneer Scholars*, University of Texas, 1959（梶原勝美訳『マーケティング学説史概論』

白桃書房，1985年）；R. M. Clewett, "Fred Emerson Clark," *Journal of Marketing*, Vol. 22, No.1, July, 1957.
2) P. D. Converse, "Fred Clark's Bibliography as of the Early 1920's," *Journal of Marketing*, Vol. 10, No.1, July, 1945.
3) R. Bartels, *op.cit*., 前掲訳，222～226ページ。ここであげられている著作は以下のとおりである。　P. W. Ivey, *Principles of Marketing*, Ronald Press, 1921；H. Maynard, W.C. Weidler and T. Beckman, *Principles of Marketing*, Ronald Press, 1927.
4) ここにあげたクラークの著作は，年代順に示すと以下のとおりである。F.E. Clark, *Principles of Marketing*, Macmillan, 1922（緒方清・緒方豊喜訳『売買組織論――貨物配給の論理――』上・下，丸善，1930・31年），3 rd ed.(with C.P. Clark), Macmillan, 1942；"Discussion of Weld's paper on 'Do Principles of Large-Scale Production Apply to Merchandising ?'," *American Economic Review*, Vol.13, No.1, Supplement, March, 1923；*Readings in Marketing*, Macmillan, 1924；"An Appraisal of Certain Criticism of Advertising," *American Economic Review*, Vol. 15, No.1, Supplement, March, 1925；*Marketing Agricultural Products in the United States*, (with L. D. H. Weld), Macmillan, 1932. 日本においてクラークを詳しく検討した著作には，次の2つがある。森下二次也「配給論のFunctional Approachについて」『経営研究』第22号，大阪市立大学商学部，1956年；近藤文男『成立期マーケティングの研究』中央経済社，1988年，139～175ページ。
5)6) P. D. Converse, *The Beginning of Marketing Thought in the United States*, 前掲訳，105ページ。
7) コンヴァースはすべての機能が遂行される必要はなく，排除される機能もあるとし，この見解に異を唱えた。事実，重要度が低いか補助的な役割しか果たさない機能は，マーケティング機能の枠内から次々と削除されることとなった。P. D. Converse, *Marketing : Methods and Policies*, Prentice-Hall, 1921.を参照のこと。
8) F. E. Clark and C. P. Clark, *op.cit*., p.12.
9) F. E. Clark, *Principles of Marketing*, pp.10-28. ただし，1942年版ではC.に市場情報(market information)が追加され，全体で8機能となっている。
10) L. D. H. Weld, "Marketing Functions and Mercantile Organization," *American Economic Review*, Vol. 7, No.2, June, 1917.
11) P. Cherington, *The Elements of Marketing*, Macmillan, 1920.
12) 橋本　勲『マーケティング論の成立』ミネルヴァ書房，1975年，69～70ページを参照のこと。
13) クラーク以降，機能的アプローチについて論じた主な文献としては次の4つがある。F. W. Ryan, "Functional Elements of Market Distribution," *Harvard*

Business Review, Vol. 13, No.2, January, 1935 ; E. S. Fullbrook, "The Functional Concept in Marketing," *Journal of Marketing*, Vol. 4, No.3, January, 1940 ; D. E. McGarry, "Some Functions of Marketing Reconsidered," in R. Cox and W. Alderson, ed., *Theory in Marketing*, Richard D Irwin, 1950 ; R. J. Lewis and L. G. Erickson, "Marketing Functions and Marketing Systems : A Synthesis, " *Journal of Marketing*, Vol. 33, No. 3, July 1969.

14) D. E. McGarry, *op.cit*.
15) E. J. McCarthy, *Basic Marketing*, Richard D Irwin, 1960.
16) D. E. McGarry, *op.cit*, p. 264.
17) 18) 19) 森下二次也, 前掲論文.
20) F. E. Clark, *op. cit*., pp.12-19, F. E. Clark and C.P. Clark, *op.cit*., pp 22-39.
21) このような機能的アプローチとマーケティング・ミックス論との継承関係の指摘は, 以下でもなされている. S. D. Hunt and J. Goolsby, "The Rise and Fall of the Functional Approach to Marketing : A Paradigm Displacement Perspective," in T. Nevett and R. D. Fullerton ed., *Historical Perspectives in Marketing*, Lexington, 1988 ; J. N. Sheth, D. M. Gardner and D. E. Garrett, *Marketing Theory : Evolution and Evaluation,* John Wiley & Sons, 1988 (流通科学研究会訳『マーケティング理論への挑戦』東洋経済新報社, 1991 年). 上記のひとつめの論文は, 機能的アプローチがマネジリアル・アプローチにとって替わられた外的な契機として, アメリカにおけるビジネス教育全般の転換とマーケティング・マネジャーの登場をあげている.
22) 広告の議論に関しては『原理』よりも以下の論文の方が詳細かつ論点が整理されているので主にそれを参照した. F. E. Clark, "An Appraisal of Certain Criticism of Advertising, " 1925.
23) F. E. Clark, *Principles of Marketing*, pp.271-292.
24) *Ibid*., pp.447-466.
25) *Ibid*., pp.505-519, pp.530-537.
26) *Ibid*., pp.494-504.
27) *Ibid*., pp.522-527.

〔尾崎久仁博〕

第9章

R・F・ブレイヤー
——制度主義的マーケティング論の開拓者——

第1節　は　じ　め　に

　ラルフ・F・ブレイヤー（Ralph F. Breyer）は，1897年にメリーランド州ボルティモアで食料品店の息子としてに生まれた。フランクリン・アンド・マーシャル・カッレジの最初の2年間課程を修了後，陸軍に入隊し，除隊後はペンシルベニア大学に移籍し，1920年に学士号を取得した。さらに同大学ウォートン・スクールに進み，23年に修士号，25年に博士号を取得している。教職は20年のペンシルベニア大学商業・運輸学部の授業補助者を皮切りに，24年同マーケティング論助教授，38年準教授，のち教授に昇進し，68年に定年退官している（ペンシルベニア大学名誉教授）。退官後はフロリダで隠居生活に入り，74年に生涯を終えた。みられるように，彼は人生の圧倒的大部分をペンシルベニア大学で過ごした文字どおりのウォートニアンであったといえる。

　さて，彼が著した書物には以下のものがみられる。まず1925年に最初の書物として『輸出取引の機関と契約』（*Agents and Contracts in Export Trade,* 1925）がみられるが，これは彼の学位論文である。彼の最初の本格的な著書としては，1931年の『商品別マーケティング』（*Commodity Marketing,* 1931）をあげることができる。本書は，回顧録によればペンシルベニア大学のマーケティング論講座の副産物である。すなわち，「・・・・・このコース（マーケティング論——光澤）は当時，商品をベースに教育されていた。私は最終的にこのコースの講師

の地位を引き継いだ。そして講義の副読本を改良するとともに，当時のマーケティング文献上の重大な空白と考えられたものを埋めるために，『商品別マーケティング』を執筆した」(Bartels 1941, pp.465-466) 由である。なお本書は，コックス（R. Cox）評によると，「多数の商品，より正確にいえば産業の各々に用いられるマーケティング・システムについて詳細な調査をすることによってマーケティング一般論を教えることを意図した，農産物以外ではきわめてまれな教科書の1つである」。「彼はこの書で多数の散在した資料源から忍耐ある，苦労の多い，骨の折れる事実の収集とそれを体系的な記述に編成する点で持てる力を遺憾なく発揮した」(Cox 1974, p.10)。

しかし彼はこの書物で満足したわけではけっしてなかった。彼にはさらに「マーケティング現象に全体性と秩序を求める」(Bartels 1941, p.466) というより重要な課題があった。その課題は1934年に出版された第2冊目の革新的な書物『マーケティング制度論』(*The Marketing Institution,* 1934) において果たされることになる。したがって，彼の本来的な意図からすれば，本書こそ彼の主著というにふさわしい。なお，この書については第2節で詳しくみることにする。

その後，彼の思索はさらに発展する。マーケティング・チャネル問題への関心がそれである。もちろんチャネル問題への関心はすでに『商品別マーケティング』でも『マーケティング制度論』でもみられるが，そこで対象とされたチャネルはマクロ的な観点からのチャネル（流通機構）であり，また管理対象としてのチャネルではなかった。チャネルを明確に管理対象と措定したのは，1949年に出版された第3冊目の開拓的な書物『チャネルの定量システム的分析と統制』(*Quantitative Systemic Analysis and Control : Study No.1, Channel and Channel Group Costing,* 1949. 本書はもともと3冊本の1冊であったが他は未完）である。本書は定量的な見地からチャネル管理の方策を模索したものである（ただし，その対象としてのチャネルは個別企業のマーケティング・チャネルではなく，また総体としての流通機構でもなく，いわばその中間的な存在としてのチャネルであることに注意しなければならない）。ここで学説史的に興味

あることは，彼がこのようにミクロでもマクロでもないチャネルを対象に，しかもその定量的分析に乗り出した背景であろう。その背景のひとつとして，彼が30年代にウォートンでニューディールと関連して同業組合や商業会議所など業界レベルの活動について講義していたこと（cf. *ibid.*, pp.2-3）ならびに食品流通におけるバルク流通と包装流通のコスト比較に携わったこと（"Bulk and Package Handling Costs," *American Management Association, Packaging Series* No.10, 1944）があげられるが，いまひとつの理由として当時，業界レベルでの流通の定量的研究が大幅に立ち遅れていた点があげられるであろう。

　なお学会活動では，アメリカ・マーケティング学会で長期にわたって文献調査を指揮し，一連の報告"Research in Marketing Completed and in Progress"（*Journal of Marketing,* April 1943 〜 April 1949. なお，1945年10月号以降は"Research in Marketing"に改名）を行なっている。地味な仕事であるが学会のために貴重な貢献をなしたことで知られている。

　ブレイヤーの以上のプロフィールは，生前，彼が恵まれた環境のもとで，大学人としてはごく平均的な一生を終えたかの印象をわれわれに与える。しかし実態はどうもそうではなかったらしい。特に突然見舞われた聴力の喪失（その正確な時期は定かでないが，助教授時代とみられる）は，彼の学究生活を左右する重大事であった。それは，彼が他の多くのマーケティング論者のようにコンサルタントとして実業界で活躍することを不可能にさせただけではなく，公式・非公式の会議や会合を利用する機会を一切奪ってしまうことになった。その後，彼の研究上の資料は公刊された書物や論文や資料だけとなり，また研究方法も既存資料の批判的検討以外に残されてはいなかった。しかし幸か不幸か，このことがかえって雑念にとらわれずに純理論的な思索に彼を向わせ，また以下でもみるように通説を超える革新的な理論を生み出させる契機となったのではないかと思考される（以上の人物紹介は，Bartels 1941 および Cox 1974 に負うところが多い）。

　以下，彼の主著『マーケティング制度論』と後年彼が追い求めた研究テーマ「チャネル管理」を取り上げ，ブレイヤー所説の意義について考えることにする。

第2節　『マーケティング制度論』(1934年)

1. institutional approach

　本書はその書名（*The Marketing Institution*）からややもすれば「マーケティング機関」（marketing institution）を扱った書物と考えられるかもしれないが，すぐ後にもみるとおりマーケティング機関の書物ではない。ただ少し紛らわしいことは，彼がみずからの研究方法を institutional approach と名付けていることである。というのは，マーティング論で institutional approach という場合，一般には，いわゆる伝統的な3研究方法──商品的アプローチ(commodity approach)，機関的アプローチ(institutional approach)，機能的アプローチ(functional approach)──のひとつである institutional approach を指すとみるのが常識であるからである。そこでまず，彼のいう institutional approach について彼自身の説明を聞いてみることにしよう。

　彼によれば，「マーケティングは1つの経済的制度である。それは他のあらゆる制度と同様に，1つの中心的な目的または機能，すなわち商品をその消費者である最終の買手に持ち込むことをもち，またこの主要な目的を達成するための構造と組織をもつ」（Breyer 1931, p.1）とみる。したがってまた，マーケティング研究は，「その基本的な目的と一般的な組織を分析・関連させることによってアプローチしうる。これは institutional approach と名付けられる。多くの人はこれを functional approach と呼ぶが，そこではマーケティング機能と同時にその一般的な構造も研究されるので，その用語は不正確である」(*ibid.*)と述べている。それと同時に，institutional approach はけっして万能ではないことも指摘する。「institutional approach によって描かれる平均的な条件には多数の重要な変異がみられる」(*ibid.*)。「これらの多様性について明確なアイデアを得，その背後の原因を見，他のマーケティング部面への影響を理解し，マーケティングの一般原理を現実市場における実際的な条件に適用する問題の困難性をマ

スターするためには，代表的な商品グループについてのマーケティング・システムを研究することが必要になる。・・・・・これはマーケティング研究へのcommodity approach である」(*ibid,* p.2)。かくて，「institutional approach と commodity approach は，マーケティングの十分な基礎的知識を得るために採用されねばならない」(*ibid.*) という。

彼の上の説明から明らかなことは，第1にマーケティング研究方法にはcommodity approach と institutional approach があり，両者は相互に補足するものであること（なおついでにいえば，commodity approach は Breyer 1931 の採用するところであり，また institutional approach は以下で取り上げる Breyer 1934 である），第2に本題の institutional approach についていえば，それは伝統理論でいう institutional approach と異なり，むしろ伝統理論でいう functional approach を包摂したものであることである。

しかし彼のいう institutional approach は，伝統理論でいう institutional approach と functional approach との単なる接合ではない。この点は，彼の以下の説明からも明らかである。すなわち，彼のいう institutional approach では，「マーケティングは第1に市場条件，第2に社会福祉という2つの観点から研究される必要がある」(Breyer 1934, 序文)。まず市場条件の観点では，マーケティングが「統一的かつ統合的なマーケティング制度が各種の市場属性や条件によってどのような影響を受け，またそのもとでいかに機能するか」が研究される。この点は伝統理論と大いに異なる点でもある。すなわち，伝統理論ではマーケティングが主であり，市場については単に補足的な説明がなされているにすぎないが，彼にあっては「市場はマーケティングを研究するための基準線を提供する基標」（同上）である。さらには，マーケティングの書物であるにもかかわらず，「市場が基本であり，マーケティングはむしろ副次的」（同上）とすら言いきって，「市場」をことのほか重視する（ただし，その背後には市場を「交換または売買の機会」とする彼特有の市場概念があることに注意しなければならない。後述)。また後者の社会福祉の観点では，マーケティングが社会全体という観点から研究される。「マーケティング制度は個別利潤獲得の手段で

はなく，最大多数の最大福祉に奉仕すべく用意された社会的な用具とみる」(同上)というのはそのためである。このことはまた，マーケティングの社会的有効性を評価すべきことが重要となる。以上の指摘からも，彼のいう institutional approach が伝統理論でいうそれとは異質のものであることが観取されるであろうが，さらに具体的な内容の観点からこの点を検証することにしよう。

2. 概　要

『マーケティング制度論』は4部からなる。

まず第1部は，マーケティング制度の目的と構造が述べられる。まず，マーケティング制度は一定の社会的目的・機能・業務 (Breyer 1934, Ch. 1, Ch. 2. 以下，本節の引用はすべてこの書による) とそれを達成するための構造・組織・機構 (第3章，第4章) からなる。マーケティング制度の社会的目的・機能・役割とは，商品をその消費者である最終の買手に持ち込むことであるが，かかる中心的な目的や課業は現実にはいくつかの経済的サービスに分解され，実施される (彼はこれを接触，交渉，保管，測定，品質決定，包装，輸送，支払い，金融，危険負担の10のタスクに分類している。これらはいわゆるマーケティング機能に該当するが，「接触」や「交渉」など，彼独自のものが提示されている点も見落してはならない。なおまた，この2つの機能はマーケティング制度の形成に深くかかわる重要なものでもある。後述)。

またこのような目的を達成するための構造・組織・機構も，現実にはいくつかの機関に分けられる (彼はこの実施機関を「取引」という観点から，直接取引機関，間接取引機関，準取引機関，非取引機関の4者に分ける)。ただこれら各種の機関がいかにして全体の機構に編成されていくか，またその際の調整メカニズムは何かが問われなければならない。彼によれば，その調整メカニズムは「市場」に求められる。ただし，彼のいう市場は売買の場所や買手の集合場所ではなく，売手 (供給者) と買手 (需要者) が交換・売買する機会 (あるいはそのための潜在力) を意味する。したがって，また市場は売買の流れに即して系列的にも並列的にも存在することになる。この市場の並列・系列関係に規

定されたマーケティング機関の総体が，実はマーケティング制度に他ならない（第5章）。図示すれば，図8-1のごとくである。

図8-1　市場の並列関係と系列関係

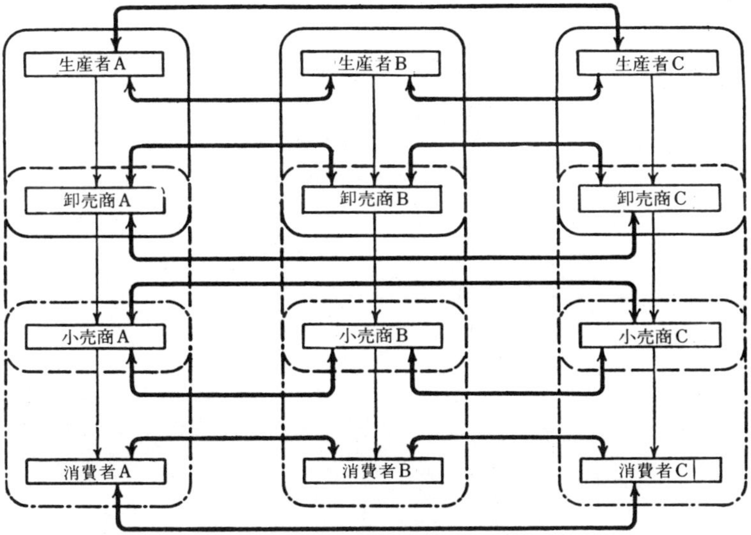

（出所）　Breyer 1934, 訳書, 59ページ。

続く第2部では，マーケティング制度の形成・変動とその成果が扱われる。上の第1部がマーケティング制度の静態的研究に当たるとすれば，第2部はその動態的研究であるといえる。まず，マーケティング制度は市場の属性である需要（第6章）と供給（第7章）間の取引にとって形成される（第8章）。彼はその形成プロセスを大変突飛なことであるが電流現象とのアナロジーで考える。すなわち，マーケティング現象（商品，注文および支払いの流れ）が電流現象（電気の流れ）に類比される。電気の回路（＝マーケティング回路に類似する，以下同じ）では，陽電荷をもつ極（＝供給力をもつ企業や個人）と陰電荷をもつ極（＝需要力をもつ企業や個人）が相対峙し，両極はそれぞれアンテナ（陽極のアンテナとして需要源探索手段，陰極のアンテナとして供給源探索手段が考えられる）をもち，それによって相互に相手をサーチ（＝探索）し，スパーク（＝交渉）し，回路が閉鎖され（＝契約が締結され），その結果，電気が流れ

176 第II部 社会経済的マーケティング論

図8-2 マーケティング回路（閉鎖前）

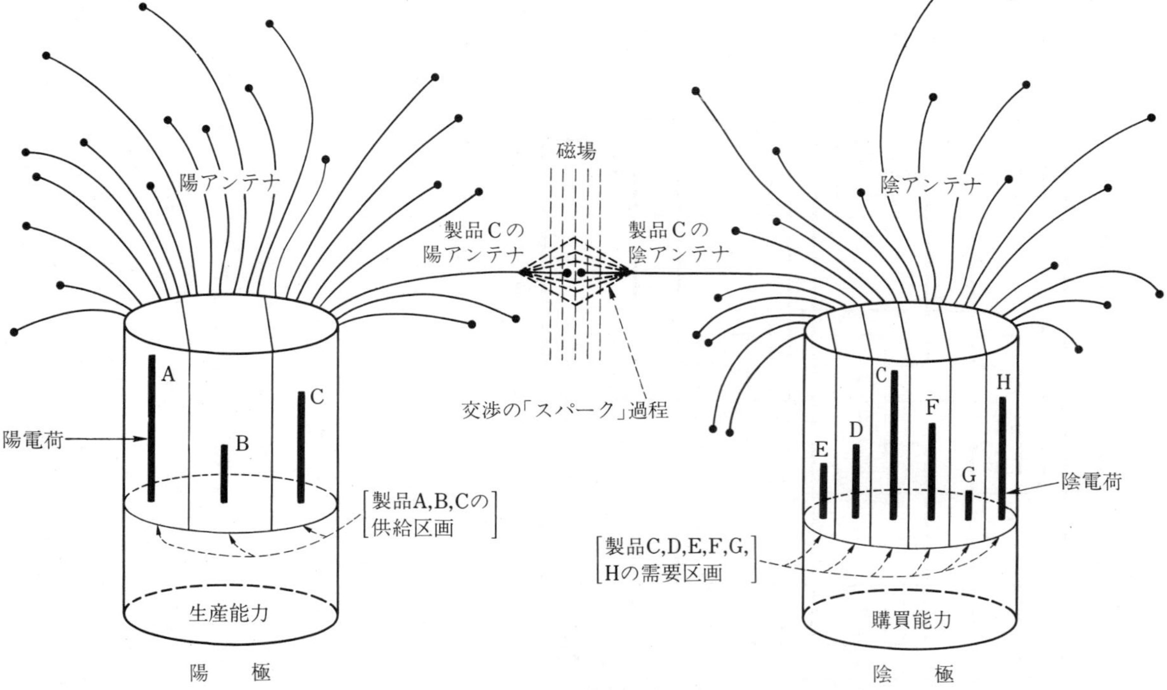

陽極 / 陰極

陽アンテナ / 陰アンテナ

製品Cの陽アンテナ / 製品Cの陰アンテナ

磁場

交渉の「スパーク」過程

[製品A,B,Cの]供給区画

[製品C,D,E,F,G,Hの需要区画]

陽電荷 / 陰電荷

生産能力 / 購買能力

[注意] 電極の個別区画は、各種類の製品ではなく、各種類の製品の各ブランドであるほうがより正確であろう。しかしここでは議論を単純化するために、異種製品のものとしてそれを使用している。

(出所) Breyer 1934, 訳書, 98ページ。

第9章　R・F・ブレイヤー　177

図8-3　マーケティング回路（閉鎖後）

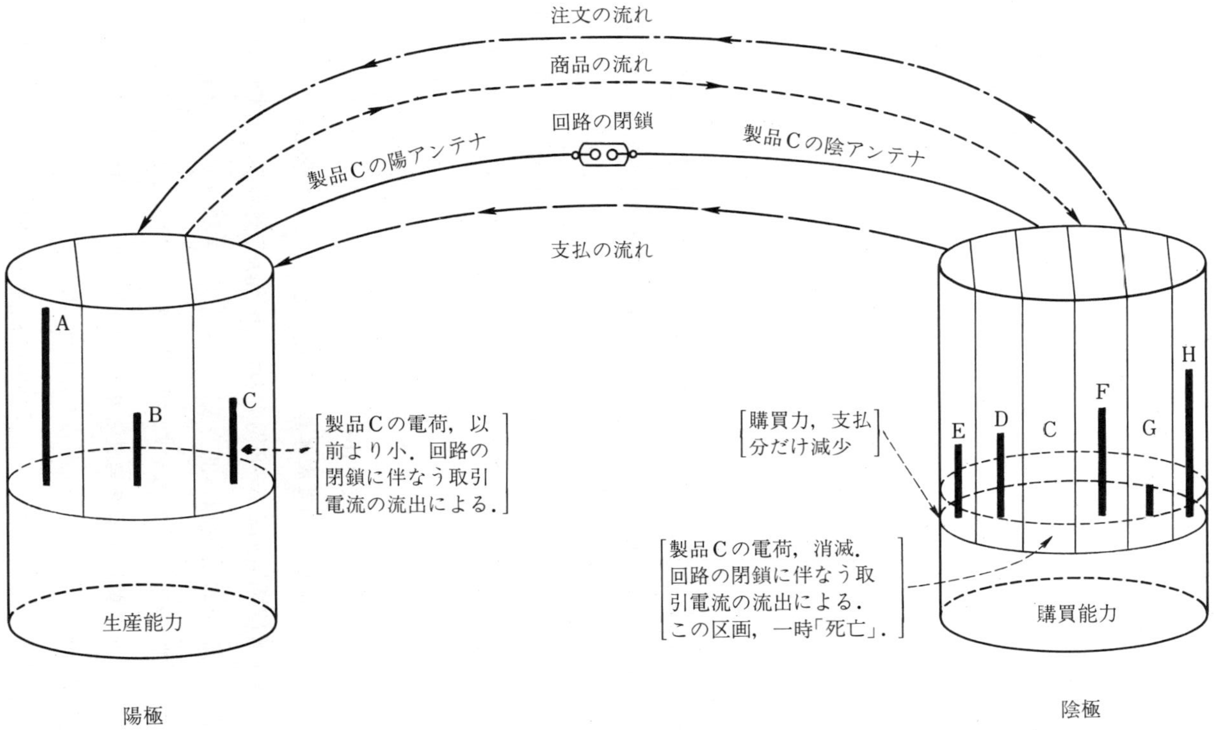

［製品Cの電荷，以前より小．回路の閉鎖に伴う取引電流の流出による．］

［購買力，支払分だけ減少］

［製品Cの電荷，消滅．回路の閉鎖に伴う取引電流の流出による．この区画、一時「死亡」．］

陽極　生産能力

陰極　購買力

注文の流れ
商品の流れ
回路の閉鎖
製品Cの陰アンテナ
製品Cの陽アンテナ
支払の流れ

〔注意〕陰・陽両極のアンテナは，混線を避けるために，この図では省略されている．しかし，それらは依然として存在し，活動している．

（出所）Breyer 1934, 訳書，102ページ．

る（＝注文，商品および支払いが流れる）とみる。図示すれば，図8-2，図8-3のごとくである。

　上のマーケティング制度形成の説明で注目されることは，彼がマーケティング現象を商品，注文および支払いが「流れる」現象とみていることであろう。これは今日，マーケティング論でいうフロー概念（flow concept）に相当するものと考えられる。なお，図8-2，図8-3はマーケティング制度のいわばプロトタイプのごときものであって，現実はこのように単純ではない。まず，陰極と陽極の間に多種多様なマーケティング機関が介在するし，また介在する各機関は決して真空の中に存在するのではなく，市場の残る属性，時間（第9章），空間（第10章），競争（第11章，第12章）の具体的な条件に規定され，またそれにしたがって変化・発展するからである。

　マーケティング制度の変化・発展は，社会に一定の成果（マーケティング費用に集約される。第13章）をもたらす。マーケティング費用は「先行する増殖過程の最終産物」(同上，訳 p.160)であり，社会全体では膨大な額となる。たとえば，1929年度の社会的マーケティング費用（彼は「全部マーケティング費用」と呼ぶ）は，ラフ（W. H. Lough）の推定によれば，生産財部門では90億ドル，消費財部門では168億ドル，総計258億ドルである。これを最終購買額（生産財590億ドル，消費財471億ドル）で割ると，マーケティング費用比率が出る。ラフは生産財部門のマーケティング費用比率として15.3％（＝90÷590），消費財部門のそれとして35.7％（＝168÷471）と見積るが，ブレイヤーはこの比率には「生産者の販売費」が考慮されていないとして，消費財部門における生産者の販売費を最終購買額の5〜8％（平均6.5％）と見積り，消費財のマーケティング費用比率を約42％（＝35.7％＋6.5％）と修正する（生産財部門の「生産者の販売費」のデータがないため算出していない）。なお，この修正は社会的マーケティング費用比率を考える場合に，きわめて重要な意味をもつと考える（後述）。

　さらに第3部では，マーケティング制度の社会的な観点からする評価・検討とその調整・統制が取り上げられる。マーケティングは個別利潤獲得の手段で

はなく，大衆に奉仕するための社会的な用具とみるのがブレイヤーの一貫した主張である。したがってまた，ここで個別企業の取得能率(aquisitive efficiency)ではなく社会的有効性（social effectiveness）が問われるのは当然である。具体的には，マーケティング制度が①マーケティング状況，②商才（取引条件），③操作技術の3側面から検討される。たとえば①では，高い小売廃業率問題を取りあげ，小売店の廃業は個別企業はもとより社会的にも重大なロスであるとし「小売産制計画」を提唱したり，また中間商人の過剰問題では「過剰能力」と「過剰専門化」との混同を戒めるとともに，業界や市場の具体的な条件に照らして適時正されるべきことなどを提案している。

最後の第4部ではマーケティング制度とニューディールとの関係が検討される。1933年3月4日に実施されたニューディールはマーケティング制度と不可分の関係にあり，特に全国産業復興法（NIRA），農業調整法（AAA）が市場およびマーケティングに及ぼしてきた影響と今後及ぼすであろう影響が分析される（しかし彼自身も指摘しているように，本書の出版がニューディール開始1年後のことであり，また当時ニューディールは継続中であったため，両者の影響関係の分析は完全なものではないが，かなり詳細に分析されている）。

3. 思想的背景

以上がブレイヤー『マーケティング制度論』の概要である。以上の概要紹介からも，本書が伝統理論と異なる方法と内容をもつことが明らかであろう。以下，本書の思考上の特徴にふれ，総括しておくことにしよう。

本書の第1の特徴は，全体論(holism)に立脚する点に求められる。マーケティング現象を個別企業的観点ではなく全体的な観点からとらえるという点では伝統理論も同じであるが，そのとらえ方が異なる。伝統理論はいわゆる伝統的な3つのアプローチによってマーケティング現象を分析する。もとよりこれらの3つのアプローチはそれぞれ内容を異にするが，にもかかわらずそこにはひとつの共通的な視点が識別されるはずである。すなわち，マーケティング現象を一定の基準に基づいてひとまず分類し，分類された特定の商品，機関，機能

ごとにその詳細を分析し，暗黙・明示のいかんにかかわらず，そのおのおのの成果（あるいは成果の総合）から現実の複雑なマーケティング現象を把握しようとする。いまかりに所与のマーケティング現象を「全体」とし，分類されたおのおのの商品や機関や機能を「個」とすれば，伝統理論はいずれのアプローチを採るとしても，全体をひとまず個に細分し，細分された個の総合から全体を把握するということができるであろう。これに対してブレイヤーの現象把握の方法は，まず第1に全体を個に細分するのではなく，全体をひとつの目的と構造をもつ単位，すなわちマーケティング制度として認識する。つまりこれは，最初にあるのは全体であり，それを構成する個々の要素（あるいは部分）でないとみることを意味する。第2にマーケティング制度を個別要素の機械的結合としてではなく，その有機的結合として分析する。つまりこれは，全体は個の総和ではなく，個の総和以上のものとみることを意味する。以上の見方は哲学でいういわゆる全体論の観点であり，これはまた伝統理論にみられたデカルト的，機械論的世界観とは異質のものである（光澤，p. 137）。ここに，本書の伝統理論とは区別される第1の特異性を見出すことができる。

　本書の第2の特徴は，社会改良主義（social reformism）に立脚する点に求められる。伝統理論も明示，暗黙のいかんを問わず社会改良を意図する点は異ならない。しかし伝統理論は商品，機関，機能のいずれのアプローチをとるにせよ，研究の深化とともに，研究上の細分化と精密化が進行し，重点がしだいに全体から個に移行することとなった。またそれとともに，目的と手段の転倒がみられるにいたり，社会福祉という本来の目的からますます遠ざかることになった。これに対してブレイヤーは理論の原点に立ち返り，マーケティング全体を社会性，公共性，福祉性という観点から評価検討し，かつこれを全体的な観点から調整統制することを意図する。ここに，本書の伝統理論とは区別される第2の特異性を見出すことができる。

　このように本書は，全体論と社会改良主義という二大思想的背景に立脚するが，かかる思想的背景こそ，アメリカ固有の経済思想たる制度主義（institutionalism）と共通するものであり，この点，本書は制度主義を受け継いだも

のと考えられる（なお本書には制度経済学の泰斗，ヴェブレン（T. Veblen)，コモンズ（J. R. Commons)，ミッチェル（W. C. Mitchell）の著作の引用はみられないが，ニューディール経済学者の著作は参考文献として多数あげられている）。したがってまた，本書はその書名（*The Marketing Institution*）から類推されるような『マーケティング機関論』の書物ではなく，制度主義を方法論的基礎とし，また制度主義の観点からマーケティング（流通）の体系化を意図したものであり，正しくは『制度主義的マーケティング論』とでも呼ばれるべき書物といえる。

第3節　チャネル管理

　ブレイヤーのいまひとつの関心は，「チャネル管理」（Breyer 1949, Breyer 1964 など）である。一般に「チャネル管理」という場合，個別企業の観点からするチャネルの管理が問題とされるが，彼はこのような見方・考え方に対して批判的であり，チャネルを「全体」の観点から問題にする。

1. チャネル概念

　彼はまず管理対象としてのチャネルを定義する。一般によく使用される伝統的なチャネル概念（生産者→卸売商→小売商→消費者）——これはチャネル参加者の抽象的かつ一般的な形態によるから，彼はこれを「形態マーケティング・チャネル」（type marketing channel）と名付ける——は，「流通の入門的な研究には十分であるが，チャネルの分析・統制，特に正確な定量的な尺度による分析・統制にはきわめて不十分である」（Breyer 1949, p.19. 以下，本節の引用はすべてこの書による）として，新たに「企業マーケティング・チャネル」（enterprise marketing channel）を提示する。これはチャネル参加者として，消費者以外に，所有権を異にする特定の企業を仮定するものであり，生産者A→卸売商B→小売商C→消費者Dと具体化，特定化されたチャネルをいう。またこのチャネルは取引接触の流れによる「企業販売チャネル」（enterprise sales channel）と物流の流れによる「企業商品チャネル」（enterprise goods channel）からなり，後者には必要に応じて非取引企業が含まれる（p.22）とする。なお，このチャネルでは，伝統的なチャネルでは不確定のままであった消費者が明確に位置づけられている点が注目される。ただし，消費者は「チャネル分析・統制目的にとっては，チャネル構造の一部ではなく，チャネルの終着点とみる方が適切である」（p.27）と指摘している点を見落してはならない。

　しかし彼によれば，このチャネルでもなおチャネル分析・統制の対象としては不十分であるという。というのは，現実には同一企業が複数段階にまたがって営業しているという事態が日常的にみられるからである。このような場合，「チャネル分析・統制のためには，チャネル参加企業は所有権の共通性にもかかわらずそれぞれ別個の事業単位（business unit）と認識しなければならない」（p.28）という。かくて認識されたチャネルが，「単位マーケティング・チャネル」（unit marketing channel）である。このチャネルも，上の「企業マーケティング・チャネル」と同様，「単位販売チャネル」（unit sales channel）と「単位商品チ

図 8-4　単位マーケティング・チャネル

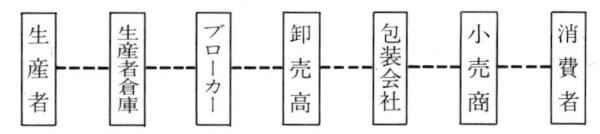

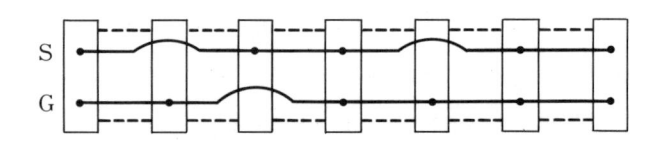

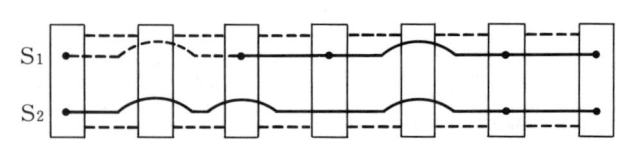

生産者 ─── 生産者倉庫 ─── ブローカー ─── 卸売高 ─── 包装会社 ─── 小売商 ─── 消費者

記号　S：販売チャネル，G：商品チャネル，S_1：売買チャネル，S_2：所有権チャネル
（出所）Breyer, 1949, p.31.

ャネル」(unit goods channel) に分れることはいうまでもないが, さらに事業単位が仮定されることによって「販売チャネル」が, ①販売・購買努力が流れる「販売活動チャネル」(selling channel)――上の「販売チャネル」と紛らわしいので,「売買チャネル」と呼ぶ――と所有権の移転による「移転チャネル」(transfer channel)――これも物流と紛らわしいので,「所有権チャネル」と呼ぶ――に分れることに注意しなければならない(pp.34-35)。図示すれば, 図8-4のごとくである。

2. チャネル管理とチャネル統制

かくてチャネル管理は, 具体的には単位マーケティング・チャネル(およびそのグループ)を対象に行なわれるが, ここではさらに「管理」という概念が明らかにされねばならない。というのは, 管理(management)の解釈は論者によってまちまちであるだけではなく, 特に統制(control)としばしば混同されるからである。彼は, 管理と統制を峻別し, 前者を後者の上位概念とし, また管理は以下の4要素からなるとしている。①全般的な基本方針の設定, ②十分な組織の創造と維持, ③諸活動間の調整, ④統制がそれである (p.49)。したがって統制は管理の最終局面を担なうが, 彼によれば「管理の本質は統制にある」(cf. p.49)。というのは, 統制は管理の善し悪しを最終的に判定し, その改善のための情報を提供するという重要な役割を担なうからである。かくて彼は管理の中心問題として, チャネル統制の問題に的を絞る (ただ統制が管理の本質であるか否かは議論の分かれるところであるが, ここでは問わないことにする)。

さて, 統制の本質は「所与の目的の達成に向けての指導的な影響力の行使」(p.269)である。より具体的にいえば, 個別企業の統制にみられるように, 統制は以下の4要素からなる。①現実の成果の測定, ②成果基準の設定, ③基準に照らしての成果の点検, ④成果が不満足な場合の是正措置の実施がそれである (p.49)。チャネル統制についても同じことがいえるが, その目的は異なる。たとえば, 個別企業の場合, 統制目的は能率の向上であるが, 全体的な観点からするチャネルの統制(彼はこれを「システム的統制」という)では当該システム

を構成するチャネルまたはチャネル・グループの全体的な操作上の有効性を改善することにある(p.49)。

3. 流通コスト分析の援用

チャネル統制は現実には具体的な条件に左右されることになるが,チャネルのシステム的統制はまずできるだけ客観的な資料に基づくことが望ましいとして,定量的な尺度による統制の重要性を強調するともに,そのための具体的手段として「流通コスト分析」(distribution cost analysis)に着目する。つまり,コスト観点からするチャネル統制を模索する。

しかし個別企業で採用されている流通コスト分析技術のシステム的分析への適用には,両者間における対象の相違から技術的な制約がみられるとして,システム的費用分析では以下の2点に限定される。①コストの算定。個別企業の流通コスト分析ではコスト(トータル・コストおよびサブ・コスト)の算定はコスト分析の一部ですらないが,システム的コスト分析ではコストの算定それ自体が大きな問題である(p.273)。②コストそれ自体の比較検討。個別企業の流通コスト分析ではグロスマージンや粗利益とコストから純利益または貢献差益が計算され,またそれに基づいて意思決定がなされるが,システム的コスト分析ではグロスマージンや粗利益に該当するものがないから,コスト比較,すなわちトータル・コスト(あるいはサブ・コスト)の前期実績との比較,類似他チャネルの同期コスト実績との比較などが行なわれ,またそれに基づいて問題が摘出される。

以下,具体的に,(1)1製品を1消費者に販売するという単純な単位チャネルを例にしたトータル・チャネル・コストおよび機能別,部門別,受注規模別のサブ・コストの計算方法,(2)複数製品に拡張した場合や代理店・非取引機関(運送・保管会社など)を含んだより複雑なチャネルの場合に利用できるコスト計算方法,(3)チャネル・グループのコスト計算方法について詳述している。

4. 残された問題

　以上，要するに，彼はこれまで一般に個別企業の観点から扱われてきたチャネル管理問題を全体的な観点から問題にする。このような問題の提起は今日でもその重要性を失わないが，斬新な主張であるだけに課題も多い。たとえば，コスト費目の問題(個別企業の利潤が排除されていること)，統制尺度の問題(非コスト的な尺度も考慮する必要があること。幸いこの点は，Cox and Goodman 1956 に受け継がれ，改善されている)，チャネルの管理可能性の問題(独立の意志決定主体であるチャネル参加者を果たして管理しうるのか否かの問題)，消費者をも含めた真の意味での社会的な管理の問題などが指摘される。しかし彼がチャネル管理問題イコール個別企業の問題とする通念にとらわれず，全体的な観点から問うことの重要性を大胆に指摘し，またその方向に向けて問題解決の第1歩を印した意義は大きい。なお，ロングマン（D. R. Longman）の指摘，「*Quantitative Systemic Analysis* はまったく独創的な，著者独自の思索と研究の産物であり，マーケティング論分野ではきわめてまれな書物である」(Longman, p.99)ことを勘案すれば，所説に内在する問題より，むしろその開拓的意義を評価すべきかもしれない。

第4節　現代的評価

　以上，ブレイヤーの所説を主著『マーケティング制度論』と研究テーマ「チャネル管理」を中心にみてきた。人の思想は基本的にはもちろん個人的な資質によるが，同時に時代的背景に規定されることも多い。特に社会科学の分野では自然科学分野と異なって，そのような傾向が一層強いといえる。ブレイヤー所説の背後には，1930年代という時代的背景があったことを見落してはならないであろう。

　周知のように，1929年の大恐慌とともに幕明けした1930年代は，歴史上かってみられなかったほど深刻な恐慌の10年間であり，資本主義の自動的回復力を

信じ，また単に小手先的な恐慌対策に終始したフーバー大統領に代って登場したルーズベルト大統領は，沈滞しきった経済活動に対して広範な一連の経済政策，いわゆるニューディールを実施した。ニューディールは18の法律に支援されているが，とりわけ経済全般に中心的な役割を果したのがNIRAであり，またAAAであった。以後，アメリカ経済はルーズベルトの指導のもとに運営されることになるが，彼のブレーン・トラストこそ，ミッチェル，クラーク(J. M. Clark)，タグウェル (R. G. Tugwell) などの制度経済学者であった。彼らの基本的な思考は経済現象を全体性，公共性，福祉性という観点から評価検討するとともに，それを人為的に調整統制することにあった。このような思考はひとり経済学の分野だけではなく，マーケティング論の分野に生まれても決して不思議なことではない。ブレイヤー所説はまさにかかる時代的背景のもとに生まれたということができる。以下，ブレイヤー所説の特徴とその意義についてみることにしよう。

1. 制度主義的マーケティング論の開拓

ブレイヤー所説は，いわゆる伝統理論のデカルト的，機械論的世界観とは異なり，制度主義を方法論的基礎とし，また制度主義の観点からマーケティング現象を体系化した理論，制度主義的マーケティング論を開拓する。以後マーケティング論は制度主義的思考に大きく傾斜していくことになる。たとえば，Duddy and Revzan 1947, Vail, Grether and Cox 1952, Fisk 1967 などがその一例としてあげられる（ただ大変奇異なことに，Duddy and Revzan 1947 との交渉はみられない）。ブレイヤーの所説はマーケティング論の流れを大きく変える契機となったという点で，重要な意義が認められる。なお，今日，マーケティング論の分野では専門分化が進展し，多数のきわめて細部的な研究がみられる一方，そのおのおのが「理論」を主張するところから，セオリー・ジャングルの様相を呈しているが，今日要請されることはむしろ，これらの細部的な研究や「理論」を統合するグランド・セオリーであり，この点でもブレイヤーのマーケティング論はそのひとつの有効な枠組となりうるように思われる。

2. フロー・アプローチの開拓

ブレイヤーはすでにみたように,マーケティング現象を解明する際にマーケティングを構成する要素のフローという観点から分析する。マーケティング論ではこのような分析方法をフロー・アプローチとかフロー分析と呼ぶが,かかる方法を最初に提唱したのはブレイヤーである。フロー・アプローチはその後,Vaile, Grether and Cox 1952, Cox and Goodman 1956, Cox 1965, Bucklin 1966, Fisk 1967, Jaffe 1969, Layton 1981, 1984, Grether 1986 など多くの論者により継承されている。このフロー・アプローチの含意は,マーケティング現象を平板かつ平面的に理解せずに,これをひとつの過程(プロセス)としてみることを意味する。すなわち,マーケティング現象を静態的な現象としてではなく,常に変化し,発展する動態的な現象としてみることを意味する。所与の現象は過程の法則を明らかにすることによってよりよく把握することができるから,このような方法は今後も多くの論者によって継承されていくものとみられる。

3. 社会的マーケティング費用問題への貢献

個別企業のマーケティング費用と区別された社会的マーケティング費用の問題では,Stewart, Dewhurst and Field 1939, Barger 1952, Cox 1965 などがつとに有名であるが,スチュアートら以前にもラフ(前出)によるボストン小売流通会議(1932年)での発表(後に Lough and Gainsbrugh 1935 に所収)ならびにその報告に対するブレイヤーの異議申立てがあったことを忘れてはならない。ブレイヤーの疑義は,社会的マーケティング費用(彼の用語では「全部マーケティング費用」)は卸・小売など流通機関の費用のみならず,生産者の販売費を含めるべきではないかというところにあった。この主張は,社会的マーケティング費用の項目(流通機関の費用だけではなく,生産者など非流通機関の費用を考慮すべきか否か)や生産者の「一般管理費及び販売費」の取扱い(生産費と販売費とに按分する問題)にかかわる重要な,今日でも未解決の問題につながる。いずれにしても,ブレイヤーがきわめて早い段階で問題の所在を指

摘した意義は大きいと考えられる。

4. 「社会的」チャネル管理の提唱

すでに指摘したように，一般にチャネル管理という場合，個別企業的な観点から問題にされるが，ブレイヤーはこれを社会的な観点から問題にする。このような取扱いにも，彼がマーケティング問題を個別企業の取得能率の問題と解し終らず，全体の観点からその社会的有効性を追及する姿勢が一貫してみられる。もちろん既述のように数多くの問題も残されているが，この問題提起には大きな社会的意義があるものと考える。すなわち，企業間の自由競争を前提とする社会では，たとえ個別企業が能率的に活動しているとしても，それが必ずしも全体としての効率や取引上の公正を保証するとは限らない。つまり，個の最適化が必ずしも全体としての最適化を導かない場合がありうる。否，流通における現実は，効率どころか非効率が，また公正どころか不公正が常なる現象であるから，これを全体の観点から，その是正を試みることは，たとえば公正な取引の確保や物価の低落など，社会的観点からも望ましいことはいうまでもない。したがって，このような観点からのチャネル研究は今後もさらに深められる必要がある（Cox and Schutte 1966 は明らかにこのブレイヤー所説を継承したものであるが，消費者をも含めた「全体」の観点ではないことが惜しまれる）。

以上，ブレイヤー所説の特徴として，主たるものを4点取り上げたが，他にも機能分類における「接触」と「交渉」の指摘，商品流通における地理的パターンの図解，流通における時間や競争要素の指摘，マーケティング費用の増殖過程の図解，チャネル分析におけるマーケティング・チャネルの3類型の提示などが注目される。いずれも制度主義的思考ならではの産物であり，貴重な問題提起であるとともに，今後さらに顧みられるべき点でもある。

以上のような意味で，ブレイヤーはマーケティング論の発展に数々の貴重な貢献をなしたと考えられる。

〔参考文献〕

Bartels, R., *Marketing Literature; Development and Appraisal,* The Ohio State University, 1941.

―, *The History of Marketing Thought,* Grid Publishing, Inc., 1976（山中豊国訳『マーケティング理論の発展』ミネルヴァ書房，1979年）.

Breyer, R., *Agents and Contracts in Export Trade,* Wharton School of Finance and Commerce, 1925.

―, *Commodity Marketing : The Marketing of a Number of Selected Non-Agricultural Products and Public Utility Service,* McGraw-Hill Book Co., Inc., 1931.

―, The Marketing Institution, McGraw-Hill Book Co., Inc., 1934（光澤滋朗訳『マーケティング制度論』同文舘，1986年）.

―, "Bulk and Package Handling Costs," American Management Association, *Packaging Series,* No.10, 1944.

―, *Quatitative Systemic Analysis and Control: Study No.1, Channel and Channel Group Costing,* Wharton School of Finance and Commerce, 1949.

―, "Some Obserbations on 'Structual' Formation and the Growth of Marketiarng Channel, " in R. Cox, W. Alderson and S. J. Shapiro eds., *Theory in Marketing,* Second Series, Richard D. Irvin, Inc., 1964, pp.163-175.

Bucklin, L.P., *A Theory of Distribution Channel Structure,* IBER, University of California, 1966（田村正紀訳『流通経路構造論』千倉書房，1977年）.

Cox, R., "Ralph F. Breyer : 1897- " in J. S. Wright and R.B. Dimsdale, Jr., eds., *Pioneers in Marketing,* Publishing Division, School of Business Administration, Georgia State University, 1974, pp.9-13.

―, *Distribution in a High-Level Economy,* Prentice-Hall, Inc., 1965（森下二次也監訳『高度経済下の流通問題』中央経済社，1971年）.

―and C.S. Goodman, "Marketing of Housebuilding Materials, " *Journal of Marketing,* July 1956, pp. 36-61.

― and T.F. Schutte, "A Look at Channel Management, " *Proceedings of the American Marketing Association,* August 1966, pp.99-105.

Duddy, E. A. and D.A. Revzan, *Marketing: An Institutional Approach,* McGraw-Hill Book Co., Inc., 1947 ; rev. ed., 1953.

Fisk, G., *Marketing System : An Introductory Analysis,* Harper & Row, Publishers, 1967.

Grether, E. T., "Flow Analysis in Marketing," in G. Fisk ed., *Marketing Management Techonology as a Social Process,* Praeger Publishers, 1986, pp.115 -120.

Jaffe, E. D., "A Flow-Approach to the Comparative Study of Marketing Systems," in J. Boddewyn ed., *Comparative Mangement and Marketing,* Scott, Foreman and Co., 1969.

Layton, R. A., "Trade Flows in Macromarketing Systems, " *Journal of Macromarketing,* Spring 1981, pp.35-48 ; Fall 1981, pp.48-55.

Longman, D. R., "Book Review : Quatitative Systemic Analysis and Control : Channel and Channel Group Costing, by Ralph F. Breyer, " *Journal of Marketing,* July 1950, pp.98-99.

Lough, W. H. and M. R. Gainsbrugh, *High-Level Consumption : Its Behavior, Its Consequences,* McGraw-Hill Book Co., Inc., 1935.

光澤滋朗「マーケティングとブライヤーの制度主義」森下二次也還暦記念論文集『現代流通論の論理と展開』有斐閣，1974年，135〜155ページ。

Stewart, P.W., J. F. Dewhurst and L. Field, *Does Distribution Cost Too Much ?,* The Twentieth Century Fund, 1939.

Vaile, R. S., E. T. Grether and R. Cox, *Marketing in the American Economy,* The Ronald Press Co., 1952.

〔光澤　滋朗〕

第10章

E・A・ダディ&D・A・レヴザン
――制度主義的マーケティング論のパイオニア――

第1節 は じ め に

　エドワード・A・ダディ（Edward. A. Duddy）とディヴィッド・A・レヴザン（David. A. Revzan）（以下ではダディ&レヴザン）は，ブレイヤー（R. F. Breyer）とともにマーケティング研究において制度主義の方法論をとった著名な研究者である。

　ダディはシカゴ大学の教授であり，レヴザンはカリフォルニア大学バークレイ校の教授であった。彼らの共著であり，マーケティング論体系化に大きな影響を与えた『マーケティング――制度的アプローチ』（*Marketing――An Institutional Approach*, McGraw-Hill）は1947年に書かれた。500ページを越すこの共著は，1953年には第2版が発行され，制度主義についての解説がつけ加えられ600ページを越す文字どおりの大著となっている。ここでは，この著書を中心に検討を進めることとする。

　ところで，ダディ&レヴザンの共著は，これ以外には，*The Changing Relative of the Central Livestock Market*, Studies in Business Administration, Vol.8, No.4, Chicago University Press, Aug., 1938. がある。この書物は家畜市場についての研究であるが，その焦点は「卸売市場」に置かれている。しかし本書は日本ではほとんど紹介されていないし，また彼らの母国でも今日，マーケティングあるいは卸売市場についての研究で引用されることはない。

ダディ＆レヴザンは，1930年から1943年まで，ともにシカゴ大学で教鞭をとっていた。この間に彼らは，マーケティングについてのさまざまな議論をしたようである。その議論の結果は，2人の共著ばかりでなく，レヴザンの単著や論文に結実しているとみられる。レヴザンの単著であり名著でもある *Wholesaling in Marketing Organization* , John Wiley and Sons , 1961 は，当時シカゴ大学の名誉教授であったダディに捧げられている。

一方，ダディのマーケティングに関する論文や著書は，レヴザンとの共著以外には見当たらない。おそらく寡作の研究者であったと想像される。

一方，レヴザンは，1909年生まれであり，バークレイ時代の彼に指導を受けたり研究室に出入りしたわが国のマーケティング研究者は少なくない。

よく知られているように，制度主義は，アメリカで生まれ，発展した経済学の方法である。それは，ヴェブレン（T. Veblem）やコモンズ（J. R. Commons）を創始者として，クラーク（J. M. Clark），ミッチェル（W. C. Mitchell）などの経済学に発展している。伝統的な新古典派の経済学が，さまざまな経済現象を要素還元して分析しようとするのに対して，制度主義は，要素をばらばらにすることに反対し，全体とか過程を重視する。また経済学が与件とする制度――法，慣習などを含めるが，制度を具象化して考えることには躊躇する――が経済行動を規定する重要な要素であるとして分析のなかに含めようとする。このような制度要因の重視や全体的な人間行動とのかかわりで，経済行動を分析し，それを進化論的な累積的変化の過程においてとらえようとする姿勢はきわめて重要である。なぜなら人間行動は，諸制度から自由であり得ないからである。しかし，このような認識は，別の視点からみると分析の難しさをもたらすことになる。結局は，現在までのところ伝統的な制度学派は伝統的経済学に対してインパクトを与えはしたが，明確な学派としてのセクトを形成せず，また自らの手で経済現象を解明したモデルの開発や研究の展開を行なわなかった。その意味において，それは経済学の主流にはなり得ていない。独自のモデル開発を行なわなかったのは，制度学派経済学者の怠慢に原因があったわけではない。繰り返し述べるように，伝統的経済学が所与とする問題を，この学派はすべて

分析対象として抱え込んでしまおうとする点に方法論上の本来的な問題があったと考えられる。

　この学派は，1920年代にアメリカの経済学界では，きわめて大きな勢力と影響力を持った。しかし，やがては経済学の主流から離れてしまった。そしてヴェブレンやコモンズの成果は，悲しいことであるが，現代経済社会に対する鋭い洞察力を示しているにもかかわらず，経済学としてよりも社会学の範疇に入れられることが多い。

　しかしながら，均衡分析を中心に据える新古典派の経済学が行きづまりをみせたときには，きまって制度学派の再評価が行なわれる。そして現在，この新古典派のフレームワークでは現代のように激しく変化する経済現象の動態は解明できないとして経済過程に視点を当て，制度と経済現象の相互作用を「取引コスト」から分析しようとする「新制度学派」が台頭してきている。コース (R. H. Coase) やウイリアムソン (O. E. Williamson)，ラングロワ (R. N. Langlois) などはこの学派を代表する現代の経済学者である。(この点については，今井賢一編『プロセスとネットワーク』NTT出版，1989を参照のこと。)

　それでは，マーケティング研究と制度主義との関係はどうであろうか。今世紀の初めに経済学から分派してきたマーケティング論は，当然のこととして経済学の影響を受けてきた。とりわけ，制度主義が全盛期を迎えた1920年代から1930年代にかけてのマーケティング研究では制度主義の影響は大きい。1920年代の伝統的なアプローチのひとつに数えられている「制度的アプローチ」は，方法論的には制度主義とはかなり異なっているが，その影響を受けたものであることは否定できない。

　セェス (J. N. Sheth) などによると，制度学派はマーケティング学者の間での知的進歩や人気といった点で，およそ1954年から1974年にかけての20年間，そのピークに達した[1]とされているが，それにはダディ＆レヴザンの著書がきわめて大きな影響を与えたものと考えられる。

　制度主義者たちのなかでマーケティング研究にもっとも大きな影響を与えたのは，経済・社会分析の中心に「取引」を据えたコモンズである。彼は商品に

代わって過程，感情に対するに活動，個人行為に対して集団行為，均衡に対してマネジメント，自由放任に対して統制を措定する[2]。彼によれば，「制度」とは「個人行為を統制し・解放・拡張する集団行為」として定義される。コモンズは，経済現象を「集団行動」とする。この「集団行動」は，活動準則によって導かれるが，それは固定的ではなく，状況に応じて変化・発展する。いわゆる「過程」分析の重視である。この経済活動の単位は「取引」であり，それは「活動の最終単位であり，これは法律学，経済学，倫理学に関係している。またそれ自体の中に衝突，依存性および秩序という3つの原則を含んでいるのである[3]」。ここで示した，コモンズの重要なキイ概念「過程」，「集団行動」，「統制」，「衝突」などは彼の制度主義的方法の特徴を示すものである。これらの制度主義のキイ概念は，ダディ＆レヴザンのマーケティング論のなかに，どのように取り入れられているのかを次の節でみてみよう。

第2節　ダディ＆レヴザンによるマーケティング論の課題

1.　マーケティング構造認識

　ダディ＆レヴザンの代表的な著作は，上述したように，『マーケティング――制度的アプローチ』である。この著書の初版は1947年であり，第2版は1953年に出されている。初版では以下のように6部構成となっている。
　　第1部　マーケティングの制度的見解
　　第2部　市場の構造的組織――小売市場の機関構造
　　第3部　市場の構造的組織――卸売市場の機関構造
　　第4部　市場の地域構造
　　第5部　価格構造
　　第6部　マーケティング構造の整合と統制
しかし，第2版では，以下のように2つが追加され，8部構成となっている。
　　第1部　マーケティングの制度的見解

第2部　マーケティング機能
第3部　市場の構造的組織——小売市場の機関構造
第4部　市場の構造的組織——卸売市場の機関構造
第5部　市場の地域構造
第6部　価格構造と構造的変化
第7部　マーケティング構造の整合と統制
第8部　マーケティングの評価

　ここでは，とりわけマーケティング機能に大きなスペースが割かれているが，この中で追加された注目すべき項目は「マーチャンダイジング」と「購買・販売」である。そして前者にはマーケティング戦略が，後者にはマーケティング戦術があてられている。本書は，マクロ・マーケティング，すなわち流通構造全体についての解明を試みたものである。ここに，いわばミクロ的レベルの戦略，戦術問題を導入した意図は，彼らが，統制的手段としての人間の意思性をより一層重視したためと考えられる。

　レヴザンは，この共著の要点を次のようにまとめている[4]。

　「このアプローチ（制度主義）の核心は，全体構造と機関，地域および価格というその下位構造の視点からマーケティング分析（マーケティング体の解剖学）を行ない，マーケティング構造の操作（マーケティング体の機能様式）を研究する。そして最後に，マーケティング構造が全体の流通過程にわたって行なっている整合性（マーケティング体の生理学）を強調する」とし，次の9点を指摘している。

　第1，マーケティング過程はお互いに関連性をもった構造あるいはひとつの有機的システムの機能様式として考えられる。そしてその機能様式はある一定期間に，それが作用している地域の文化パターンの影響を受ける。

　第2，この有機的構造は全体経済との関係で考察しなければならない。この両者は分割不可能なのである。このように広範にわたる相互の関連を分析することによって効果的な成果を得ることができる。

　第3，全体的なマーケティング構造のなかで操作している各機関は，進化論的

なパターンにそって分析される必要がある。これはライフ・サイクルをもっている。そしてこれらは特定の社会経済的・文化的環境に結びついた妥当性をもっている。

第4，個人の判断は独立的に行なわれるものではない。それは集団の構成員として操作しているものといえる。個人の意思決定および行為は彼の所属している集団の基準によって条件付けられ，決定される。

第5，機関は第4の基盤に基づいており，またコモンズによって仮定されている基本的特徴をもっている。

第6，個人は，制度的集団の構成員として，集団行動を通じての協同と安全を求めている。したがって，個人は自己利益の大部分は維持しているが，そのある種の部分は犠牲にしているといえる。

第7，集団行動へ向かおうとする傾向は，さまざまな形態の意識的統制の努力を導くことになる。その統制とは個人に対する集団権限の賦課，多様な行政レベルにおける政府規制，慣習・伝統，独占力，協同組織などである。

第8，集団行動は，必然的に集団間の衝突を招く。このことは，さらに政府による統制への要求を強めることになる。そして次には，この権限を利用するか制約するかをめぐって集団間の対抗がつくりだされる。

第9，機関による強制，統制への働きかけの問題は，その行為に対する責任の倫理問題を生み，その評価が必要となる。

彼らのキイ概念や問題把握のための枠組みは，明らかなようにコモンズから借用したものである。さらにマーケティング論の基本的体系は，希少財をめぐる個人や集団間の衝突，活動主体としての人間集団を前提として認識することによって，一層明確なものになるとされる。そしてそれは，次の基本的要件を持つものとされている。

（1）　機能的活動
（2）　構造的組織
（3）　統　　　制
（4）　経済的・文化的環境

彼らのマーケティング論体系に即していえば，これらの基本的要件は次のように考えられる。財・用役移動のための機能構造(機能的活動)は，それを遂行するためのメカニズム(構造的組織)をもち，これが価格，マネジメント，政府による統制(統制)によって調整される。しかもこれらは一方で環境(経済的・文化的環境)の制約を受けている。

　ダディ&レヴザンによれば，マーケティングとは，「財および用役が交換され，その価値が貨幣価値で決定される経済過程」である。そしてマーケティング機能とは，「生産地点から最終使用点へ財を移動するために必要とされる活動の連続を含んだ交換過程」である。ここで過程とは活動である。しかもこれは整合された活動の集団を意味するが，それは自然発生的なものではなく，現在および将来の消費者欲求に奉仕し，刺激を与えようとする経営者の意識的努力の結果として具現化したものである。

　マーケティング機能が遂行されるメカニズムはマーケティング構造と呼ばれる。これには次の3つのものがある。すなわち，

　（1）　機関構造　Agenncy structure
　（2）　地域構造　Area structure
　（3）　価格構造　Price structure

である。これらの3つの構造は，いうまでもなく商品流通が一定の「機関」を経て，一定「地域の市場領域」へ，一定の「価格」で移動するという認識に基づいている。そしてこれらの構造分析こそがマーケティング現象，すなわち商品流通の問題を明らかにする枠組みを提供するのだと主張されている。

　「構造」とは何か。ダディ&レヴザンによれば，構造とはひとつの設計であり，それは機能遂行目的のために展開される。それはまた組織と形態，大きさ，複雑性などの次元をもっている。構造と機能の間では相互作用がある。また構造はマネジメントの単位である。マネジメントの主体は，消費者および企業と政府である。これらは経済学でいわれている経済主体にほかならない。ところで，これら3者の主体のうち中心に据えられているものは企業，とりわけその「トップ・マネジメント」でありその実体は「企業の意思決定」である。

このような枠組みは，現代の市場経済体制の下においては，商品流通の主要部分が企業によって行なわれること，しかもその態様が企業の意思決定によって規定されるという認識を基にしている。

　マーケティング機能は，すでに紹介したように，生産地点から最終使用点へ財を移動するために必要な活動の連続を含んだ交換過程であるから，これは当然，商品の流通過程で相互作用している。これらの機能が遂行される構造においては，その相互作用を通じて必然的にマーケティング過程に組織を生じる。

　ところで，ここでいう「機関構造」とは，マーケティング機能を遂行するために公式的に組織された事業体の形態をいう。これは大きく卸売と小売の機関に分けられる。ダディ＆レヴザンがあげているこれらの機関は当時のアメリカの「流通センサス」によるものであるが，小売について以下，列挙してみよう。

（1）独立小売商（非統合型）
　　a　単体小売商――総合ライン
　　b　単体小売商――限定ライン
　　c　単体小売商――専門店
　　d　複　数　店
　　e　スーパー
　　f　市場（いちば）およびロードサイド店
　　g　リース店舗
（2）独立小売商（統合型）
　　a　百　貨　店
　　b　通信販売店
　　c　直接販売（家庭から家庭へ）
　　d　スーパー
　　e　公益事業体店舗
　　f　（軍隊などの）販売部
　　g　農業および消費協同組合
（3）連　鎖　店

a　地　方　的
　　b　地域あるいは全国的
　　c　製造業者運営
　　d　ボランタリー店（卸売商支配型および小売商支配型）
　　e　リース店舗

　当時，ディスカウント・ハウスやコンビニエンス・ストアなどは，まだ出現していなかったのである。

　「地域構造」は，次のような経済的な要素によって決定されるひとつの広がりをもった市場の領域である。この経済的な要素とは，購入の利便性，広告および新聞発行の範囲，交通，地勢，政治的要素，慣習，購入場所についての個人的ロヤリティなどである。これらの要素の最終的な分析は地域に制約された多様なコストと価格に集約されるであろう。この地域構造はさまざまな分類が可能である。たとえば，それらの分類には購買地域と販売地域あるいは卸売地域（卸売商圏）と小売地域（小売商圏）などがある。

　「価格構造」とは一定商品あるいは用役の個々の価格が全体的な価格体系に結びついた一定の系列あるいは整序である。個々の企業が設定する，あるいは設定しようとする価格は，全体的な価格体系と関係をもったときにのみ，実際の意味をもつのである。このような見方は，個々の価格が価格構造を決定するというよりも，これを含めた全体的な価格体系のなかで作用している力によって，むしろその個々の価格が決定づけられるという全体を強調する制度主義の方法論上の特徴を示している。

2．マーケティング構造の整合手段

　マーケティング構造を整合するための手段としては，「価格」，「マネジメント」，「政府」が設定されている。確かに，これらの3つの整合手段は商品流通にともなう経済活動を統制し調整する役割を担っている。価格は，独占の場合を除いては，個別企業の自由裁量におかれているわけではない。現実には個別企業の価格は価格体系に関係づけられて設定される。このことの意味は，価格

が制御的な役割をもつということである。またマネジメントは，市場への意識的な適応的行動であり，それによって，マーケティング構造は結果として調整されていく。政府の統制的役割は，正しく，全体の整合のために経済活動に介入することである。

　これら3つの整合手段は相互に影響するものと考えられている。たとえば，政府の統制は価格に影響を及ぼすであろうし，企業が行なう意思決定はマーケティング構造に影響を与える。しかしマーケティング構造はまたマネジメントに影響を与える。企業の意思決定がこの構造に及ぼす影響については，彼らは，一定の制約を設けている。企業の意思決定という統制を越えた変化の要因が存在しているからである。個別企業全体の意思決定の相互作用が単一企業の意思決定を否定し，またその意図と反する結果や修正を求めるのである。このことがマーケティング構造をダイナミックで複雑なものとしているのである。「市場について，制度主義は有機的な視点をとる。条件変化に対応して制度の成長，変化に強調をおく歴史的な立場」(Duddy & Revzan, *Marketing*, 1947, p.15) をとるので，この構造は成長と変化の法則に従うのである。個別企業の意思決定の結果が市場で相互作用する姿は，われわれの経済社会の常体である。この相互作用の過程を，われわれは「競争過程」または「市場過程」として認識している。

　制度主義は，しばしば「進化論経済学」と呼ばれる。それはダーウィンの進化論の枠組みで経済現象をとらえようとするからである。重ねて指摘するように，企業は自らの意思で市場に対して働きかけていく。しかし競争を含めた市場の環境は，企業およびマーケティング構造に対してインパクトを与えるのである。したがって，マーケティング構造は「繁栄し，拡張する成長期があるし，衰退し経済的な重要性をなくしてしまうこともある」(*Ibid*., p.112)。また，この変化を引き起こし影響を及ぼす過程は複雑である。それは，第1に，企業の活動領域の決定，流通経路の決定，価格政策，組織の法的形態の選択，競争への対応様式などの変更が市場環境とは独立的には操作することができないからである。また第2には，ある一部分の変化が全体に波及し，それが全体的な競争

領域に広がるからである。また，その作用の全体過程は一層の複雑性をともなっている。

それでは環境のインパクトとは何か。ダディ&レヴザンによれば，それは，①競争，②人口変化，③技術改善，④資本蓄積，⑤所得配分の変化，⑥階級意識，⑦危険および危険に対する保証の要求，⑧政府の行為である。これらはまたダイナミックに変化していく。そして，この環境諸力の変化に基づき，マネジメントの意思決定が変化し，マーケティング構造の形態変化が導かれるのである。

3．マーケティング構造の変化

マーケティング構造の変化は，その副次的構造である機関構造，地域構造，価格構造の変化を引き起こす。

第1の構造変化はもちろん，流通機関に何らかの変化が生じることをいう。その変化の形態は，①構成単位数の変化，②機能数の変化（垂直的統合をしないで機能数が追加あるいは減少すること），③機能数の減少（垂直的統合をせず，継起的段階での機能のシフト），④垂直的な統合による機能の統合化である。

①は店舗数や企業数の増加または減少によって引き起こされる構造変化である。また②～④はマーケティング構造で作用している機能が，減少したり増加したりすることによって引き起こされる構造変化である。

第2の地域構造の変化は，生産技術の発達，交通手段の発展による運送費の低減などによって取引範囲が拡大してくることなどによって引き起こされる。

第3の価格構造の変化は，需要と供給や競争，個々の企業の意思決定，政府の介入によって引き起こされるのである。

第3節　レヴザンによる方法論的展開

以上のダディ&レヴザンの共著の内容は，レヴザン個人によって書かれた次の論文，著書のなかで，さらに拡張されている。

2つの論文とは

"The Institutional Approach Revisited,"

"The Holistic-Institutional Approach to Marketing,"

であり，著書は，

Wholesaling in Marketing Organization

である[5]

　レヴザンによるこれらの研究展開は，基本的にはダディ&レヴザンの共著にそっており，その基本的な枠組みを変えるものではない。しかし概念と論理の一層の明確化が意図されているのである。以下このレヴザンに即して検討していこう。

　彼によれば，制度主義は，制度と構造および機能を強調する。その視点は，市場メカニズムを通じて需給の経済的な力が均衡するというメカニカルなとらえ方とは真っ向から対立する。彼は，マーケティング・システムという概念で，全体としてのマーケティングがかかわる部分を包括している。このマーケティング・システムという概念は，ダディ&レヴザンの共著にはなかった概念である。このマーケティング・システムは今日の財および用役の取引きのために存在しており，分業の結果として出現したもので，集団社会の諸次元内で操作しているひとつの集団メカニズム mass mechanism である。これは次の諸点から分析される。

（1）　機関の機能的活動

（2）　機関構成の構造的組織

（3）　構造変化の過程

（4）　経済的・文化的環境を含めた整合と統制

　共著と異なっているのは，(3)の構造変化の過程が付け加えられ，環境と統制が一緒にされた点である。しかしながらそのなかで取り上げられている内容は，共著とレヴザンの論文とでは，基本的に変わっているわけではない。レヴザン論文が共著と異なっている主要な点は，諸概念をより一層詳細に検討していることである。たとえば，上述のマーケティング・システムであるが，これ

は共著ではマーケティング構造とされていたものである。したがって，レヴザンの論文においても，このシステムの構成要素として，機関構造，地域構造，価格構造が設定されている。また，これとは別に，マーケティング構造とマーケティング組織が異なった概念として取り上げられている。レヴザンによれば，マーケティング構造とは「マーケティング制度の諸要素と諸活動のフォーマルな組織である」。そしてマーケティング組織とは，「財，用役の交換のために必要な価格と販売条件の決定に結びついて，生産から消費地点への財および用役の体系的・持続的な移動を可能とするように，さまざまな生産，購買，販売，助成機関内で，多種・多様な個々の企業と制度体が，それ自体フォーマルで体系的な様式でならんでいる状態である[6]」。

そしてこのレベルは，
（1） 第1次産業および製造業レベルにおける専門化された生産単位
（2） 第1次段階および中間段階の卸売市場で操作している専門化された中間商人ならびに統合化されたタイプの系統
（3） 小売市場での小売中間商人ならびに統合化されたタイプの系統
（4） あらゆるレベルの事業体に用役を提供している多数の助成機関

である。要するに，マーケティング組織は生産単位から財，用役を移動させるために互いに体系的な様式でそれ自体が整列している機関とマーケティング・メカニズムとを横断的に見たひとつの側面である。このマーケティング組織は複雑なネットワークを形成している。そして，それはそのままの状態では有効なものとはならず，流通チャネルを通じてはじめて有効なものになるのである。

それでは流通チャネルとは何か。流通チャネルとは「財および用役が生産地点から中間使用および最終消費地点へと流れる道筋のことである[7]」。このチャネル内には，製品の流れを迅速にするために，種々のマーケティング機能を遂行する卸売や小売といった一連のマーケティング機関が存在している。それは，「概念的にいえば，マーケティング組織をその外的側面においてみるためのものであり，また価格決定を含めた交換過程を通じて生産者から消費者へと財が移動する上で存在している物理的・非物理的なギャップを架橋するための媒介

物[8]」である。ここで，ギャップとは，時間，距離，コスト，知識，品揃え，情報などについての懸隔のことである。チャネルは，売手は見込み顧客を，買手は自分の要求に見合った売手を探すことによって，構造的に調整される。

　チャネルはひとつの構造的な配列 structural arrangement である。この配列によって，売手あるいはその代表である中間商人は見込み顧客を探索し，情報伝達して，最終的にはその顧客に販売がなされる。そして次にはその構造的な配列によって買手は欲求する品揃えをもたらしてくれる売手を探索し最終的には，彼から購入がなされる。

　これらのマーケティング構造，マーケティング組織，流通チャネルはひとつのマーケティング・システムでダイナミックな姿を帯びてくるのである。

　以上から，レヴザンは，次の8つの命題を導いている。

① マーケティング組織は相互に関連づけられた構造や有機体システムの機能様式として考えられる。また，その機能様式は一定期間において作用する地理的な単位の文化的・政治的パターンによって調整される。

② 上記の意味において，マーケティング・システムは，そのより広い全体的な経済との関係を離れては効果的に分割されないし，考えることもできない。またそれは経済的専門化の一側面を示しているひとつの実体としてみなければならない。

③ マーケティング・システム全体のなかで作用している各制度は，特定の社会経済的・文化的環境とのみ関連している進化論的なパターンの視点から分析されなければならない。

④ 個人は独立的に判断して行為するものと考えるのではなく，集団の構成員として行為するものと考えられる。そして彼の行為と意思決定は，彼の所属している集団の基準によって制度の集団行動内で条件づけられ，ときには決定される。

⑤ これらの制度的集団の構成員として個人は，自己の利益を大きく維持したり行使し続ける一方で，それぞれ個人的な自由の幾らかを犠牲にして集団行動を通じた共同と安全を求める。

⑥　集団行動への傾向は，さまざまなタイプの制度による意識的な統制の努力をもたらす。

それらは，
（a）　個人行為の自由への集団権限の賦課
（b）　さまざまな管理や権限のレベルでの政府による統制の実行
（c）　大量市場の圧迫内で，さまざまな制度に対して作用している慣習と伝統の支配力
（d）　独占力が常に成長し広がっているという明白な事実と競争からの逸脱
（e）　すべてのチャネル・レベルにおける支配の意図

⑦　個人行為を集団行動に代えていくことは，必然的にさまざまな立場にある集団行動間の衝突を招く。これらの衝突は政府統制の必要性を増大させるだろう。そして次には，このような権限や統制を求めようとする競争を作りだす。

⑧　もし制度が集団行動のなかで，さまざまな形態の強制や支配を働かせるならば，そのような行為に対する責任の倫理的な問題が発生し，評価される必要がある。

以上みてきたように，レヴザンの検討は，基本的には，共著の基本的な枠組みを変えることなく，概念のより一層の明確化を意図して議論を深めている。

第4節　ダディ＆レヴザンの批判と現代的意義

彼らの制度主義的マーケティング論は，主としてコモンズをその方法論的基礎として構築されている。その端緒はすでに，クラーク（F. E. Clark）にみられるが，ブレイヤーの業績は，その意図的導入の最初のものと考えられる。しかしブレイヤーよりも，より一層明確に制度主義的な方法論を意識してマーケティング論の体系化を試みたのが，このダディ＆レヴザンである。

コモンズとの類似は，進化論的な認識を重視し「人間の意識的な側面」を大

きく配慮していること，要素を全体と関連させて「有機的全体」として認識しとらえること，人間行動を集団行動としてとらえること，変化の過程を重視すること，倫理的側面を重視することなどにみられる。

ダディ＆レヴザンのマーケティング論の特徴は，第1に，従来までの商品別，機関別，機能別といった3つの範疇に分ける，いわゆる伝統的アプローチの統合化を意図している点である。伝統的アプローチは，マーケティング事象に対する的確な認識構成上の立場を欠くものであった。統合的認識は「有機的全体」を強調することによって，マーケティング事象の全体的な把握に向けられ，それは，「マーケティング構造」あるいは「マーケティング・システム」概念となって取り入れられている。

第2に，したがって，この点において明確なシステム的認識をみることができる。彼らはマーケティング構造を相互に関連する諸部分からなる有機体として認識することによって，従来のマーケティング論よりもより一層明確なシステム的観点にたって理論展開を試みているといえるのである。システム論が，意識的にマーケティング研究に導入されたのは1960年代後半であることを考えれば，彼らのマーケティング論体系化へのシステム認識は先駆的であるといえるであろう。

第3に，このようなシステム的把握は，機能と構造を同時に研究し，その相互作用を考察するものである。そして，ここでは構造が機能を規定するものと考えられている。

第4に，マーケティング現象そのものが集団原理によって条件づけられるという前提をおいている。これは方法論的には異なる立場をとったオルダーソン（W. Alderson）の場合と同じである。しかしオルダーソンとは異なって，ダディ＆レヴザンにあっては，集団形成の過程についての分析は捨象されている。

第5に，制度主義経済学者コモンズと深いつながりをもっている。コモンズによれば，19世紀の個人主義的行動原理から20世紀の集団主義行動原理に移行したとし，経済行動も集団構造とみて，その分析単位として，彼は「取引」を抽出した。希少財をめぐる利害の衝突を所与とし，そこに人間の自発的意思

による統制の必要をみた。ダディ＆レヴザンも集団間の希少財をめぐる衝突,それを解決するための統制という設定を行なっている。その大きな枠組みにおいては,コモンズと同様である。しかしながら,いうまでもなく,諸概念は伝統的なマーケティング研究のなかから取り入れられている。そしてこれらの概念のなかで中心となっているものは,マーケティング・システム,機能,構造,組織,統制などである。

　第6に,マーケティングを動態的事象としてとらえようとしていることである。この動態的認識は,①マーケティング・システムにおいて絶えざる変化があり,②その変化の過程には種々な要因が相互に影響し,衝突・緊張が起こり,③この衝突・緊張を解決するためには何らかの調整が必要である,という点におかれている。

　しかしながら,このような特徴にもかかわらず,また一面においては,このような特徴のゆえに,ダディ＆レヴザンの制度主義的マーケティング論は多くの問題を抱えているといわざるを得ない。すでにふれたように,ダディ＆レヴザンは,マーケティング事象自体を全体としてひとつのシステムを構成するものとしてとらえ,この全体システムの次元においてマーケティングを一括認識しようとした。もちろんこのようなマーケティング・システムは,いくつかの構造−機能要素とその関連から構成されているのであるが,彼らの制度主義マーケティング論においては,これらの「統合」こそが重要であり,構成要素の個別行動と「統合」との関係そのものよりも,この「統合」が「全体として」もたらされるメカニズムは何かという問い掛けのほうが肝要であった。

　このようなメカニズムとして彼らが想定したものは,価格,マネジメントと,政府統制,慣習であった。もちろん,これらすべては,人間の意思的活動の具体的形態としてとらえられている。

　ところが,このような統合メカニズムないしは,統合へと構成要素をもたらす媒介メカニズムは,現代の寡占経済構造のもとにおいては,すべてこれ,個別寡占企業ないし集団の個別的意思決定によって,その作用様式と結果が左右されるものである。価格はいうに及ばず,政府統制すらもが寡占企業の意思決

定によって左右される[9]。マネジメントとは，まさにそのような意思決定そのものである。

　とするならば，マーケティング・システムの全体的「統合」は，結局，寡占的企業ないしはその集団の意思決定に依存することになり，「社会的システム」としてのマーケティング・システムは，寡占企業とその集団の「私的」システムに転化せざるを得ない。しかしこのように認識することは，彼らの制度主義的マーケティング論では，その方法論的立場からして容認することはできない。この困難を回避するために導入されるのが，「倫理的」観点，統合の「倫理性」の強調である。しかしこれは，本来経験的世界の事象を認識するために，それと相いれない形而上的概念を導入することを意味する。ここに彼らのマーケティング論の限界があるといわざるを得ないのである。

　さらに，基本的な概念についてあいまいさを多くもっているのである。たとえば，彼らがいうように，マーケティング構造を「マーケティング制度の要素と活動のフォーマルな組織」としたとき，機関構造，地域構造，価格構造をその3つの種類としてマーケティング構造に含めるのには不明確さがある。普通，地域構造や価格構造などはフォーマルな組織とは考えられていないのである。それは，フォーマル組織には「目標ないし目的達成」がその要件とされているからである[10]。これらの構造に目標ないし目的達成をどのように関連づけるのか，この点がまったく不明確なのである。したがって，レヴザンが後の彼の論文で機関構造，地域構造，価格構造を「マーケティング・システム」の構造と修正したのは，十分に意味のあることだと考えられる。ところがレヴザンはマーケティング・システムを明確には定義していないのである。

　しかしながらダディ＆レヴザンは，マーケティング現象を独自の認識と方法をもって統合的，組織的，系統的に体系づけるフレームを設定しようとしたのであり，その意味で，これから，特に流通構造を全体的な視点から体系化していくためには，多くの示唆と方向性を与えてくれるものと思われる。とりわけ，マーケティングの一般理論に対して最初の概念的構造のひとつを提示した[11]ものと評価できるのである。現在，マーケティング論はきわめて細分化された個

別理論にそって研究が展開されている。しかし一方で，このような細分化に対して一般理論の構築が叫ばれているのである。ダディ＆レヴザンの研究成果は，この一般理論構築に対して多くの手掛りと方向性を与えてくれるものとして評価できるであろう。

(注)
(1)　J. N. Sheth et al., *Marketing Theory : Evolvtion and Evalvation*, John Wiley & Sons, 1988（流通科学研究会訳『マーケティング理論への挑戦』東洋経済新報社，1991）.
(2)　J. R. Commons, "Institutional Economics," *American Economic Review*, Vol. 21, No. 4, 1931, pp. 648-49.
(3)　ditto, *Institutional Economics*, Macmillan Co., 1934.
(4)　D. A. Revzan, "What is Theory in 'Marketing'?" ; article-review of R. Cox and W. Alderson eds., "Theory in Marketing," *Journal of Marketing*, Vol. 15, July, 1950, pp. 101-9.
(5)　D. A. Revzan, "The Holistic-Institutional Approach to Marketing," および "The Institutional Approach revisited," in *Perspective for Research in Marketing ; seven Essays*, Berkeley, Institute of Business and Economic Research, 1965.

　　D. A. Revzan, *Wholesaling in Marketing Organization*, John Wiley & Sons, Inc., 1961.

　　前者の論文は, reprinted in J. B. Kernan and M. S. Sommers (eds.), *Perspectives in Marketing Theory*, Appleton-Century-Crofts, 1968, pp. 97-136.

　　後者の論文は, reprinted in J. C. Narver and R. Savitt (eds.), *Conceptual readings in the Marketing Economy*, Holt, Rinehart and Winston, Inc., 1971, pp. 90-109.

　　なお，この他に地域構造研究の一部に当てられた *The Marketing Significance of Geographical Variations in Wholesale/Retail Sales Ratios*, University of California, 1967 がある。これはW/R比率研究の先駆的業績である。
(6)　D. A. Revzan, "The Holistic," *op. cit.,* p. 111 及び *Wholesaling, op. cit.,* p. 17.
(7)　D. A. Revzan, "The Holistic," *op. cit.,* p. 124.
(8)　*Ibid.,* p. 124.
(9)　このことは，レヴザン自身も指摘している。
　　D. A. Revzan, "The Holistic," *op. cit.,* p. 133. および "The Institute Approach Revisited," *op. cit.,* p. 101.

(10) P. M. Blau and W. R. Scott, *Formal Organization,* London Rovtledge & Kagan Paul, 1962.

(11) R. Bartels, *The History of Marketing Thought*, 2nd. ed., Grid Publishing, Inc., 1976（山中豊国訳『マーケティング理論の歴史』ミネルヴァ書房，1979，p. 217）.

〔白石　善章〕

第11章

E・T・グレサー
―― マーケティングと公共政策 ――

第1節 は じ め に

　1979年3月29日と30日，カリフォルニア大学バークレー校キャンパスに，エワルド・T・グレサー（Ewald T. Grether）の80歳の誕生日を祝って，同僚，教え子，友人達が集まった。この祝いの会は自然と研究会の形態をとるようになった[1]。

　その記念すべき研究会における一連の討議は，記念論文集として一冊の本にまとめられた。その『マーケティング規制と公共利益――E・T・グレサー記念論文集――』（*Regulation of Marketing and the Public Interest, Essays in Honor of Ewald T. Grether*, 1981）は，バルダーストン（F. E. Balderston），カーマン（J. D. Carman），ニコシア（F. M. Nicosia）らによって編集された[2]。この記念論文集では参加者がマーケティングにおける幅広い議題を取り上げているが，そのすべてがマーケティングと公共政策に関するものであった。グレサーの生涯の研究テーマはマーケティングと公共政策にあったからである。しかし，グレサーのすべての研究論文を検討してみると，いくつかの支流をみつけだすことができる。

　そこで，グレサーの研究論文を，1927年（29歳）から1978年（80歳）まで順次検討することによって，グレサー研究の系譜を明らかにしていきたい[3]。

　グレサーは1899年3月27日，オハイオ州ニューフィラデルフィアで生まれ

た。彼の父親は米国の改革派教会の牧師であった。彼の祖父は1887年，ドイツのバーデンから米国に移民し，オハイオ州カントンに定住した。グレサーは1922年，ネブラスカ大学でB. A. (Bachelor of Arts) を修得した後，1924年，カリフォルニア大学バークレー校で博士号を授与された。博士論文のテーマは『J・A・ホブソンの経済学——福祉経済学の一考察』(The Economics of J. A. Hobson——A Study in Welfare Economics——, 1924)[4]である。ホブソンの経済学は異端の経済学といわれ，ヒューマニズムの経済学である[5]。ヒューマニズムの経済学は，貨幣を仕事の富の尺度とする市場経済学から離れた人間的価値の経済学である。ホブソンはラスキン (J. Ruskin) の影響を強く受ける。ラスキンは古典派経済学の功利主義を批判し，ヒューマニズムの経済学を創唱した人である。グレサーはラスキンらの極端な概念に反対して，市場経済に強く信頼をおくのであるが，その学問的底流は人間や社会価値を重視するヒューマニズムの思想が流れているものと思われる。なぜならば，人間の思考形成は20代において決定的意義をもつものとすれば，グレサーの博士論文はその後の彼の研究の道標となるべきものであると思われる[6]。

　グレサーはカリフォルニア大学バークレー校でティーチング・フェローやインストラクターとして勤めた後，1926年ネブラスカ大学の広告・販売管理の助教授として赴任した。ネブラスカ大学での彼の最初の作品は，『小売マーチャンダイジングにおける特別販売』(Special Sales in Retail Merchandising, 1927)[7]である。この小売商の特別販売政策の研究は，実証的であり，理論的に分析している。特別販売政策における価格引き下げ問題は，その後の再販売価格維持研究の源流になるのである。

　その2年後，1928年にカリフォルニア大学バークレー校に経済学の助教授として戻ったのである。それ以後，グレサーは生涯カリフォルニア大学バークレー校にテニュアをもつ教授としてとどまり，80歳を超えてまでも研究を続けるのである。

　グレサーの生涯の活動領域は，カリフォルニア大学バークレー校の学内・外行政(学部長，学士院の評議員など)，地元カリフォルニア州の公的コンサルタ

ント(世界貿易センター，商工会議所，水資源局など)，さらに連邦政府での仕事（全国復興局，価格管理局，反トラスト局など）、ジャーナル・オブ・マーケティング誌（Journal of Marketing，以下，JM 誌）の編集，マーケティング・サイエンス・インスティテュート（Marketing Science Institute)[8]の参加など多岐にわたっている。

次に，1927年から1978年までのグレサーの研究業績を詳細に検討してみることにする。その業績総数は242本である。これらの業績は，著書，論文，報告書，専門雑誌の論説，記事，書評などをすべて含める。そのうち，著書は次の6冊である。『英国における再販売価格維持』(Resale Price Maintenance in Great Britain, 1935)[9]，『社会経済学の論文集(共著)』(Essays in Social Economics 〔with others〕, 1935)[10]，『公正取引法における価格統制』(Price Control Under Fair Trade Legislation, 1939)[11]，『カリフォルニアの鉄鋼産業(共著)』(The Steel and Steel-Using Industries of California 〔with others, 1946〕)[12]，『アメリカ経済におけるマーケティング（共著)』(Marketing in the American Economy〔with others〕, 1952)[13]，『マーケティングと公共政策』(Marketing and Public Policy, 1966)[14]。このうち，『公正取引法における価格統制』と『マーケティングと公共政策』はP・D・コンヴァース賞（P. D. Converse）を受賞した。前者は1955年オルダーソン（W. Alderson）とともに受賞し，後者は1975年ドラッカー（P. F. Drucker）とともに受賞している。コンヴァース賞は1949年から3年ごとにアメリカ・マーケティング協会からマーケティング理論に貢献した人に授けられるものであるが，2回目の受賞者はオルダーソンを含め少数である。さらに，JM 誌の優秀論文として，グレサーは2つの論文にアルファ・カッパ・プシ賞（Alpha Kappa Psi Award）を受賞している。第1は，1967年「市場システムにおける政府の影響（共著)」("Impact of Government Upon the Market System"〔with R. J. Holloway〕)[15]であり，第2は，1974年「マーケティングと公共政策：現代的展望」("Marketing and Public Policy: A Contemporary View")である[16]。この賞はマーケティングの実践に貢献した人に与えられるものである。

また，興味深いことには，グレサーが最初に書評したのが，コンヴァースの『マ

ーケティングの原理』(*Elements of Marketing*, 1930)[17]である。グレサーはコンヴァースの研究によって，マーケティングの知識や分析的アプローチの統合や実査を学んでいくのである。グレサーの業績をみると，書評の数の多さに驚かされる。1927年から1978年までで，書評総数は57本で，これは業績全体の24.4%を占める。これらの主要な著者リストは，ケインズ(J. M. Kenynes)，ハンセン(A. H. Hansen)，マハルプ(F. Machlup)，ガルブレイス(J. K. Galbraith)，コモンズ(J. R. Commons)，ノース(E. G. Nourse)，チェンバリン(E. H. Chamberlin)や，クラーク(C. G. Clark)，オルダーソン，アンドリュース(P. W. S. Andrews)，バーガー(H. Barger)，ベックマン(T. N. Beckman)，ボーデン(N. H. Borden)などである。グレサーは半世紀にわたる経済学やマーケティングの諸著書をそれぞれ注意深く分析し，自分自身のマーケティング研究の理論的進化のために学んでいったものと思われる。

　グレサーがJM誌の編集に携わったのは，1939年から1943年までである。その間，彼自身も5本の論文をJM誌に寄稿している。彼は40年間(1936年から1975年まで)のJM誌の記載論文を検討した後で，JM誌の主題別記載論文数比率の推移を図表で説明している[18]。

　その主題別カテゴリーは12に分けられている。さらに，その主題別カテゴリーを関心度別に分類してみると，3つのグループに分けられる。第1のグループは，JM誌において比較的関心の少ない主題分野である。それは①歴史的分野，②産業研究，③マーケティング教育などである。第2のグループは中間的で，比較的安定した関心をもたれる分野である。それは④社会的役割，⑤国際マーケティング，⑥マーケティング理論，⑦マーケティング制度，⑧政府の役割(公共政府)，⑨消費者の役割と行動などである。第3のグループはもっとも関心の高い分野である。それは⑩マーケティング・マネジメント，⑪マーケティング・ミックス変数，⑫マーケティング調査などである。

　図10-1は，3つのグループのうち①歴史的分野と⑧政府の役割(公共政策)と⑩マーケティング・マネジメントの分野だけを比較し，その主題別カテゴリーの関心度の時系列推移を示したものである。

図10-1 ジャーナル・オブ・マーケティング誌（1936～75年）の主題別記載論文比率の推移

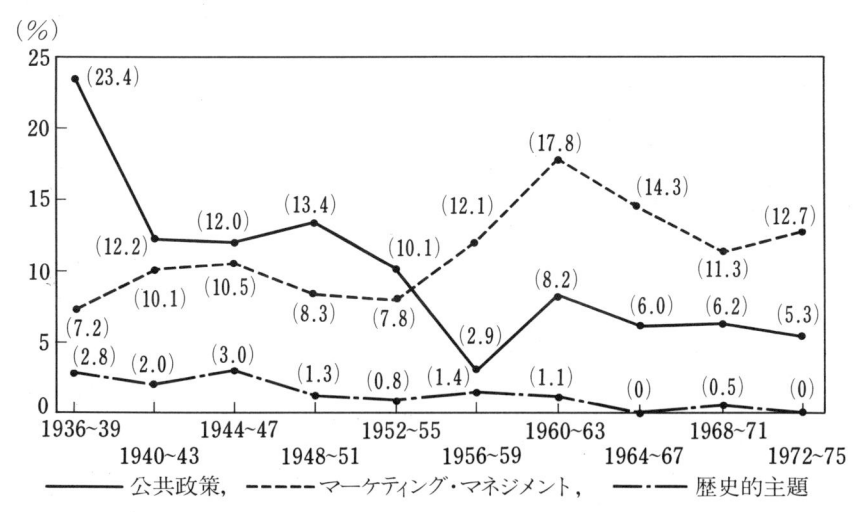

(％)

縦軸：0, 5, 10, 15, 20, 25

公共政策：(23.4), (12.2), (12.0), (13.4), (10.1), (2.9), (8.2), (6.0), (6.2), (5.3)
マーケティング・マネジメント：(7.2), (10.1), (10.5), (8.3), (7.8), (12.1), (17.8), (14.3), (11.3), (12.7)
歴史的主題：(2.8), (2.0), (3.0), (1.3), (0.8), (1.4), (1.1), (0), (0.5), (0)

横軸：1936～39, 1940～43, 1944～47, 1948～51, 1952～55, 1956～59, 1960～63, 1964～67, 1968～71, 1972～75

―――― 公共政策, ------ マーケティング・マネジメント, ―・―・― 歴史的主題

（出所） E.T. Grethar, "The Journal of Marketing : The First Forty years," *Journal of Marketing,* July, 1976, pp.63-69.

①歴史的分野は，JM誌においてもっとも関心の低い分野で，その最高比率でも3.0％であり，それは戦争終結期であった。米国では他の分野でもあてはまるが，マーケティングにおいても歴史的研究には，あまり関心がもたれない。一方，第3のグループであるマネジリアルの研究が重視され，マーケティング・マネジメントの知識や技術の習得，さらにその問題解決技法が優先される。日本では米国よりもマーケティングにおいて，歴史的研究に関心がもたれるのは，日本の研究者達がマーケティングの実体を知るためには，なぜマーケティングが米国で発生したのかを理解することが最初の理論的前提となっているからである。

　グレサーの研究主題である⑧政府の役割（公共政策）は，JM誌での最高潮が1936年と37年の間で23.4％である。この期間は，公正取引法，不公正取引慣行法，ロビンソン・パットマン法などが注目された時期である。その後，第2次大戦中に12.0％になり，さらに，1956年と59年の間に2.9％まで低下していったことは驚くべきことである。なぜならば，この期間は政府の積極的な役割が

増加していた時期であるからである。1960年末の資源問題や社会的問題などによって，⑧政府の役割（公共政策）の論文数は増加するが，その後は減少する傾向をたどる。これと対照的に，⑩マーケティング・マネジメントの論文数は増加する傾向をたどるのである。

図10-2は，1936年から1975年までのグレサーの公共政策に関する論文数の時系列的推移を示している。その論文総数は69本で，総業績の28.5％を占めている。グレサーの公共政策に関する論文数の推移は，JM誌の⑧政府の役割（公共政策）の記載論文比率と類似した傾向をたどっている。ただし，グレサーの公共政策に関する論文は，JM誌がまだ発刊されない前，1934年を出発点にしている[19]。それ以前の1927年から33年までは，彼は小売，卸売商などの価格設定問題に関する論文を書いていたのである。

図10-2　グレサーの「マーケティングと公共政策」に関する論文数の推移

（論文数）

期間	論文数
1936〜39	11
1940〜43	7
1944〜47	4
1948〜51	11
1952〜55	7
1956〜59	5
1960〜63	4
1964〜67	9
1968〜71	4
1972〜75	7

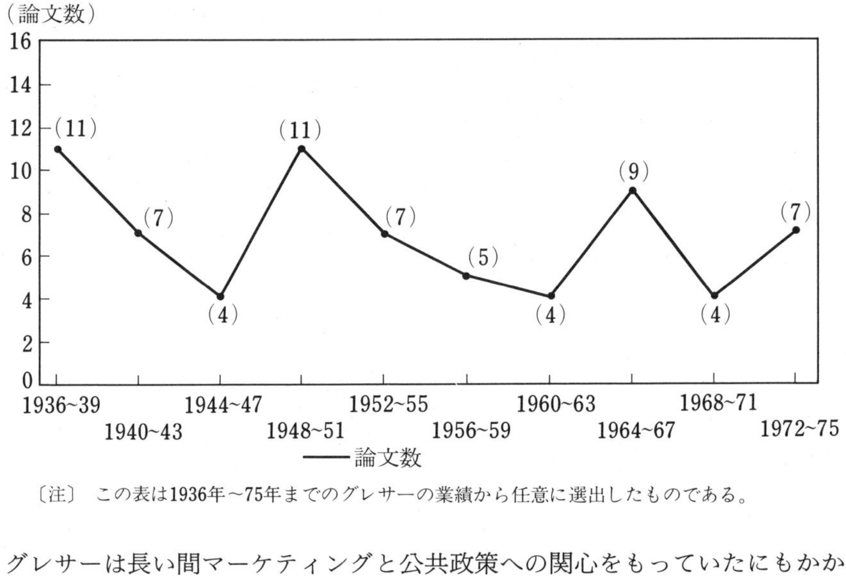

〔注〕　この表は1936年〜75年までのグレサーの業績から任意に選出したものである。

グレサーは長い間マーケティングと公共政策への関心をもっていたにもかかわらず，米国のマーケティングは1950年代からマネジリアル・マーケティング志向の時代へと変遷していくのである。グレサーはこのような過度のマネジリアル志向への傾向に危惧の念をいだいていたのである。

第2節　マーケティングと公共政策

　グレサーのマーケティング研究は，1966年『マーケティングと公共政策』に結実する。この本の目的は，米国におけるマーケティング，マーケティング・システム，公共政策，およびこれらと関係をもつ政府の諸規制との間の関係を分析することにある[20]。プレストン（L. E. Preston）によれば，「マーケティングと公共政策」というテーマは後で新しく考え出されたものではなく，グレサー研究の半世紀にわたる全体的テーマであると指摘する[21]。

　マーケティングと公共政策を考える場合，グレサーはマーケティングをどのように考えていたかを確認する必要がある。彼は『アメリカ経済におけるマーケティング』のテキストのなかで，マーケティングとは資源を配分し，それらの利用を方向付けるものであるとしている。つまり，彼はマーケティングを，生産者から消費者までの財の移転にともなうあらゆる業務，サービス，責任，実施，方法，過程であるとし，米国における重要な経済活動のひとつであるとしている。さらに，彼はマーケティング活動において購買と販売に重点をおいている。特に，そのマーケティング活動では，購買者よりも販売者が優先され，製造企業による流通過程のイニシアチブが強調される[22]。

　公共政策はマーケティングと異なる視点におかれる。製造企業が巨大化し，市場の本質である売買を一部揚棄することになると，自由な競争が制限され，市場が著しく変化することになる。米国における市場経済は市場における競争を維持していかなければならない。たとえ巨大化した少数の企業間においても競争を守ることが必要となる。公共政策とは，寡占市場においていかにして市場機構の有効性を守るかである。これはある意味での国家の市場への経済的介入である。グレサーは『マーケティングと公共政策』の本のなかで，中央で管理された指令型経済の計画よりも市場型経済の競争の優位性を強調するのである[23]。

　ガルブレイスは『新しい産業国家』（*The New Industrial States*, 1964）で米国

の公共政策を批判する。

「われわれの経済において，経済問題の解決法として市場は以前にまして頼りにならなくなっていくだろう。さらに，「技術的要請」の点からみて，小企業の競争はもはや不可能であるから，反トラストのような公共政策はまったく無駄だと確信している。要するに，市場は死んでしまっている」と述べている[24]。このガルブレイスの主張に対してグレサーは強く反駁する。

グレサーは市場は決して死んではいないと主張する。たとえば，巨大企業間の関係，巨大企業とその供給者および顧客の関係，巨大企業と経済の残余部分との関係を考えてみよう。これらの諸関係は何らかの形態の市場機構を通じてのものであると彼は指摘する[25]。

グレサーはガルブレイスと違って，市場機構の有効性を信じるのである。しかし，その有効性が寡占市場において，自動的に達成されるとは考えない。彼は少なくとも，米国の経済においては政府の公共政策による規制を通じて，価格設定という側面を除けば，この市場機構が有効に維持されるものと考えるのである。そして，管理価格の存在，つまり価格面での競争の欠如によってもたらされる欠点は，製品開発や販売促進の面での革新的競争によって生みだされる利点によって相殺されて余りあるものと考えているのである[26]。

市場機構の有効性を守るための競争とは企業競争である。この企業競争の概念はチェンバリンの独占的競争の理論からの応用である。「企業競争とは，企業家が生産における資源の利用のみならず，マーケティング，ことに販売における資源の利用をめぐっても競争しあうような競争の様式をいうのである」[27]。チェンバリンの「独占的競争という呼称は，製品差別化が『独占』と『競争』双方の要素からなっていることを専門用語を使って表現したものである」[28]。

さらに，グレサーはチェンバリンのキーワードである製品差別化をさらに発展させ，企業差別化の概念を追加する。企業差別化とは，まったく同一の価格で同質の製品が販売されても，店の雰囲気や商品とサービスの組合せや立地の相違によって企業の売上高や利益が異なってくるということである。これは，市場における時間的，地理的要因などの差を考慮にいれたものである。また，

グレサーは外部的製品差別化なる概念をつくりだす。この概念は販売促進上の差別化で，製品それ自体におけるよりも，それに付随したもので，くじ類，景品，クーポン，トレーデングスタンプなどがはいる[29]。これらの差別化は企業がマーケティング政策を通じて差別的優位性を獲得し企業競争で優位に立ちたいとする本源的動機から生じたものである。

　グレサーによれば，企業活動とは，すべて，程度の差こそあれ，競争のルールから離脱したり，先んじたりすることを目的としてなされる行動である[30]。そこで，この競争のルールからの離脱や先んずることを，何とか競争のルールに乗せようとするのが公共政策である。

　公共政策はマーケティング政策からみると，外部的環境要因あるいは制度的環境要因のひとつである。それゆえ，マーケティング政策は公共政策から影響を受ける。

　そこで，企業競争下でのマーケティング政策が公共政策とどのような関係になるのかを問題にしてみたい。マーケティング政策は，一般に，製品政策(Product)，プロモーション政策(Promotion)，チャネル政策(Place)，価格政策(Price)，いわゆる 4 P's に分けられる。ここでは価格政策と公共政策との関係を中心にしながら検討してみよう。価格政策を取り上げるのは，企業競争にはいろいろな形態があるが，そのすべてを通じて何らかで価格が常に問題になっているからである。

　企業は激烈な商品競争にさらされている価格を，人為的に維持しようとする強い傾向をもつ。また，企業による攻撃的な価格引き下げが，価格不正行為や不公正競争のような容疑を呼び起こすもとになっている。価格共謀を切りくずし，競争を高めようとする公共政策の努力と，企業による攻撃的な価格引き下げとの間に対立が生じてくるのである。

　価格政策における価格決定に影響を与える米国での問題は，グレサーによれば，特別な規定のうちでも，大体次の3点に集中しているという。①ロビンソン・パットマン法による価格差別，②地域別引渡し価格，および③ブランド品の再販売価格維持。価格決定に関するこれら広範にわたる重要な領域のうち，

どれひとつをとっても，公共政策が市場における競争力と強制との関係を，合理的にしてバランスのとれたものにしているとはいえない。しかしながら，3つの領域は価格決定における若干の戦略的面を除いて，市場システムの内的競争の促進を支持しようとするものである[31]。

公共政策は企業の成長を抑制することにあるのではなく，そのゲーム（ルールの下での競争）の規制の許す範囲内で企業の成長を導くことにある。これらのゲームのルールは，不公正な競争，つまり，不正な略奪的手口や独占を形成しようとする企業行動や努力に対して法的規制をするものである。それゆえ，公共政策における政府の役割は，経済活動を統制し，助成することによって，企業の積極的なパートナーとなることでもある。この役割において，政府は法律を通過させ，企業の諸資源の利用を統制し，助成しうるルールや制限をセットするものである[32]。

グレサーも指摘するごとく，「民主主義社会では政治的諸力——法律と規制———と競争ルールが本来的に備えている力との間に，適切な関係やバランスを工夫し，これを維持することが可能である。もしかかるバランスが維持されえないならば，そのとき社会は，消費者による本当の意味での選択の自由と，生産とマーケティングにおける企業の自由とに関連する基本的価値や効率を，徐々に犠牲にすることを覚悟しなければなるまい。実際問題として，私的企業制の維持という基本原則の貫徹を企業に委任することにより，混合社会での適切なバランスを維持するほうが，統制社会でミクロバランスの実現と維持をはかろうとするよりも，ずっと容易であるにちがいない」[33]。

1966年の『マーケティングと公共政策』の小冊は，その後のグレサーの諸論文の基盤となり，かつ，マーケティングと公共政策の一般研究の先導書となったのである。

第3節　再販売価格維持

再販売価格維持（以下，再販）は，反トラスト法の適用除外である。グレサ

ーによれば，再販は競争を維持することを目的とする規制ではなくて，競争の性質を形成する規制である[34]。

グレサーの再販研究は，英国から始まり，米国，とりわけ，カリフォルニア州が中心となる。英国の再販研究は，1935年の『英国における再販売価格維持』であり，米国の再販研究は，1939年の『公正取引法における価格統制』である。

グレサーは20世紀初期（1910年〜15年）における再販売価格維持制度（以下，再販制度）の賛否をめぐる論争で，その制度に関する実証的研究が欠けていることに不満を抱いていた。そこで，彼はカリフォルニア大学バークレー校から与えられたサバティカルの機会を利用して，再販制度の発達した英国へと実態調査に出かけた。彼の英国における再販制度に関する重要なデータの収集と広範な面接調査によって，その調査結果をひとつにまとめたのが『英国における再販売価格維持』である。この研究の目的は，英国の再販問題を米国に適用しようとしたところにある[35]。

では，なぜ英国において再販が早くから展開されたのであろうか。

グレサーによれば，再販が法的に合法化されたかどうかである。英国では再販が当時のコモン・ローによって法的にバックアップされていたからである。すなわち，英国では，事業者があらかじめ規定した再販売価格維持契約（以下，再販契約）に同意しているかぎり，契約自由の原則を重視するということである。一方，米国では，当時のコモン・ローが自由競争，すなわち，公共利益の原則を受け入れていたので，事業者間の価格競争の制限を意図とする再販は許されなかったのである[36]。

英国では，再販の実施形態において，共同実施が認められていた。一方，米国では再販の共同実施は認められていなかったので，個別実施であった。個別実施は製造企業における価格支配力によって差が生じるので，個別実施の実効性を補うために，米国では非契約者条項が求められた。

英国では，1956年まで共同実施が認められているが，共同実施の効果は非契約者条項の場合よりも厳格に実施するうえにおいては有効である。つまり，再販を拒否する卸，小売商はそれを採用している製造企業の全ブランド品の取扱

いが不可能になるからである。

　グレサーは，英国における再販を共同実施した専売品同業組合（The Propietary Article Trade Association, 1896年）を詳細に検討している。専売品同業組合は医薬品の製造業者，卸売業者，小売業者によって結成されたものである。さらに，専売品同業組合は他の業界の組合と協定して，個別業界の連合組織として公正取引会議（Fair Trading Congress）を結成し，他業界においてサイドラインとして扱われている医薬品の価格を維持しようとしている[37]。

　この英国の再販研究は米国の医薬品産業の再販研究へと引き継がれていくのである。

　再販とは，アメリカ・マーケティング協会の定義によれば，次のようになされている。「再販とは，供給業者が公正取引法あるいはその他の方策に基づき，契約上の合意によって，そのブランド品の販売価格を，その後の流通段階において統制することである」[38]。ここでの再販は契約再販であって，公正取引法の法的拘束力をもって，再販を合理的に実施できるものである。その再販価格は，維持すべき最低価格を定める最低価格制である。

　再販の要求の根拠は製造企業のブランド品のおとり販売にあるといわれている。ブランド品がおとり販売になると，安売りによってブランド・イメージがくずれ，そのブランド品のグッドウィル（goodwill）が損われるということである。英国でも米国でも再販の根拠はおとり販売の対象となるブランド品のグッドウィルの保護にある。そこで，再販は法的に，ブランド品のグッドウィルの所有権をどの程度まで認めるべきかが問題となる。グレサーはトレード・マークに代表されるグッドウィルの根拠に疑問をもつ。すなわち，ブランド品のグッドウィルの所有権は法的トレード・マークに付着する。それゆえ，ブランドはあくまでも経済的目的であって，トレード・マークは法的形態にすぎない。ブランド品の価格引き下げによって，製造企業がどの程度損害を受けたかも明らかでない。グッドウィルの議論は誇張され，その所有権が再販を統制する権利をもつという理由は，経済的に根拠をもたない。おとり販売を阻止するのは再販でなくても，連邦取引委員会法やロビンソン・パットマン法などの他の法

律によって阻止できるなどと彼は主張する[39]。

グレサーは,英国の再販の実証的研究を総括して,価格規制組合(Price Association)の結成目的は,おとり販売にあるのではなく,価格引き下げ自体の規制にあるとする[40]。なぜならば,伝統的小売商が恐れたのは,革新的小売商のおとり販売にあるのではなくて,革新的小売商の低価格政策にあったからである。それゆえ,再販はある意味の伝統的小売商の保護にある[41]。

グレサーは『公正取引法における価格統制』で,カリフォルニア州における再販問題を実証的に分析する。本書は,米国の再販研究の指導的役割を果たす。その構成は前半でカリフォルニア州における再販の立法過程や裁判所におけるケースを検討し,後半では再販の経済的効果について実証的に検討している[42]。

米国では,もし問題があったならば,法律が必要だというのが典型的であるから,経済問題も法律で解決しようとする。法律は主として裁判所によって実施される。裁判所は当事者主義に基づき,立法当局と被告または原・被告双方からなされた主張・立証に対して,判決で最終的判断を言い渡し,その判断が強制執行力で効果性を確信させる形で遵守されるのである。再販問題でも,公正取引法の展開は経済的評価よりも法律の技術的解釈,法的伝統や先例によって判断されるのである。グレサーも指摘するごとく,裁判所の判決の問題点は,その裁判官が経済理論の基本的知識が欠けているにもかかわらず,公正取引を規制するべき行為を経済的結果として理論化しようとしているところにある[43]。

グレサーの研究対象としたカリフォルニア州は公正取引法のパイオニアである。米国での再販が州法から始まったのは,英国と異なって,州際商業における法的障害があったからである。

1931年に,カリフォルニア州で公正取引法が成立し,その後,1938年までに4州とコロンビア特別区を除いて,すべての州が公正取引法を採用した。そのうち10州はカリフォルニア州の公正取引法をそのままコピーし,同じミスプリをもっている州すらあった[44]。1931年の公正取引法によって,契約再販が合法化されたとしても,その個別実施は諸条件によってその効果は軽微であった。つ

まり，この法律はもしも契約を取り交していなければ，何らの権利やパワーが与えられない任意法であったからである。そこで，1931年の公正取引法は，不況のどん底である1933年に改正され，非契約者条項が付け加えられ，強制法に移行したのである。この1933年の公正取引法は，グレサーも指摘するごとく，永い再販規制の歴史において新時代を開くものであった[45]。各州における急激な展開はやがて連邦法であるミラー・タイデングス法が1937年に成立するもとになった。

このようにカリフォルニア州で公正取引法が成立するためには，公正取引運動が必要であった。米国では，法律が自動的に制定されるのでなく，その法律を要求している人々の立法運動が必要となる。つまり，議会と裁判所は業界による圧力に弱いからである。カリフォルニア州の公正取引運動は全国的な運動の展開を先駆的かつ圧縮した型で示されているからである[46]。

カリフォルニア州では，特に，医薬品小売商が再販運動に熱心であった。医薬品が再販の対象になるのは，医薬品がブランド，名称などによって判別できる商品に限られ，また広く広告が行なわれ，相当期間にわたって，季節，スタイル，その他の短期的陳腐化の影響を受けない商品だからである。医薬品小売商は公正取引法を通過させるために，強力な政治的圧力団体となった。しかし，公正取引法が成立しても，その再販をいかに業界のメンバーに採用させ，維持させるかが問題となる。医薬品小売商組合がペプソデント社（Pepsodent Company）の練歯みがきを徹底的にボイコットし，再販を維持させたケースは有名である[47]。

では，なぜ医薬品小売商はこのようによく組織され，強力な再販運動を展開できたのであろうか[48]。

まず第1に，医薬品小売商間ではあまり店舗間の格差がなかったので，同業者間で結束しやすかった。

第2に，医薬品小売商は選択された職業である。とりわけ，薬剤師としての医薬品小売商は商人であるよりも専門家とみなされているのであるから，自分達のサービスは経済的評価でされるべきものでなく，市場から保護されるべき

ものと考えていたからである[49]。

　再販の経済的効果を考える場合，グレサーと全国医薬品卸売商組合のニューコム（E. L. Newcomb）との再販論争が参考になるものと思われる。

　ニューコムは，グレサーの再販研究が実証的根拠に乏しいとし，経済学者は一般にいかなる取引制限も経済的に不健全なものとみなしていると主張する。さらに，彼は再販売価格が公平であり，消費者に，より高い小売価格をもたらすものではないと主張する。彼はチェーン・ドラッグ・ストアの全国協議会の調査報告書を取り上げ，次のように指摘する。すなわち，1939年以来，公正取引品の価格は他の商品よりもインフレーションに抵抗した。たとえば，7,334の規制された医薬品の価格は1939年から47年まで3.1％しか上昇しなかった。一方，食品価格は9.3％まで上昇し，すべての生活費は59％まで上昇したのではないのかと[50]。

　グレサーは1935年の『英国における再販売価格維持』と1939年の『公正取引法における価格統制』を取り上げて，自分の再販研究が実証的根拠に十分になるものと反論する。さらに，グレサーは再販が小売価格をより高い価格に押しあげると主張する。コストや価格が上昇しているときに，医薬品が3.1％しか上昇しなかったこと自体が不自然である。価格が最初から高めに設定されていたのではないかと。一般的にいって，再販がない場合は，各小売商ごとに仕入れコストや消費者需要が異なるのであるから，再販によって小売マージンを標準化していくと，再販がない場合よりもより高いレベルで小売マージンが標準化されるのである。それゆえ，グレサーの指摘のごとく，1933年のカリフォルニア州の公正取引法が実施された後，医薬品の小売価格は上昇している。ただし，再販による小売マージン増減問題は長期的視点からも考えていかなければならないと彼は指摘する[51]。

　再販論争は同じデータでも賛否両論が出てくる恐れがある。それゆえ，当事者間においてできるだけ客観的な立場で討議すべきであろうと，グレサーはこの再販論争をしめくくっている[52]。

第4節 現代的評価

　グレサーはわが国の流通・マーケティング研究者にどのような影響を与えたのであろうか。まず第1に，カリフォルニア大学バークレー校はわが国の研究者の在外研究先としての役割を果たしてくれたことである。わが国の多くの流通・マーケティング研究者はグレサーの門をたたいている[53]。

　第2に，わが国におけるグレサーの学問的影響である。グレサーはわが国に2回（1933年，1961年）にわたって来日し，講演を行なっている。彼がわが国の流通・マーケティング研究に残した学問的遺産は，マーケティングへの経済的アプローチと再販研究，地域的マーケティングである[54]。特に，わが国の再販研究において，グレサーの文献の引用が目立つ[55]。

　では，グレサーのマーケティング研究の位置付けを確認することから始めよう。

　グレサーのマーケティング論を考える場合，マーケティングの科学論争を避けて通ることはできない。これは，1945年のコンヴァースの論文[56]を端緒にして，1948年のオルダーソンおよびコックス（R. Cox）による「マーケティング理論を求めて」と題する論文[57]を契機とする一連の方法論争の展開という姿をとった。すなわち，戦前のマーケティング論は，単なる事実の収集と整理にとどまり，統一的原理も体系もなかったのではないかと反省されたのである。その反省に立って新しいマーケティング論の建設を考えるとき，果たしてマーケティングは科学たりうるかという問題が提起された。この問題に対して，賛否両論が生じ，独立科学たりうるとする肯定論と，科学たりえずして技術論にとどまるという否定論が登場した。たとえば，バーテルズ（R. Bartels）は[58]，科学としての条件をあげ，マーケティング論もその条件をみたしうるものと考え，オルダーソンやコックスなどもそれぞれの立場から，科学への可能性を考えた[59]。グレサーもオルダーソンらとともに，伝統的マーケティング研究への批判を展開し，マーケティング研究を単なる記述，集積の段階からマーケティング理論への進展をすべきであるとする楽観的な立場をとった[60]。

ただし，グレサーはオルダーソンのようにマーケティング現象を統一的に理解するための理論には反対する。彼はマーケティングにおいて単独な純粋理論は必要ないという。なぜならば，彼の見解によれば，マーケティングがあまりにも広範かつ複雑であるので，ひとつの枠組みでまとめることが困難である。したがって，マーケティングは応用理論でよいとしている[61]。

グレサーは一応基礎を企業の理論におきながら，さらにかかるミクロ経済理論を全体としての経済行動に関連させることによってマーケティング理論の社会的意義を統一的に理解しようとしている。つまり，グレサーのマーケティング理論は企業の経済理論の一部を形成すべきであるが，経済変数以外のものも考慮するべきであるという立場をとる。そして，それは基本的に企業視点に立って，経済的モデルに他の諸科学から借用したサブ・モデルを付加する方式で，まず企業に影響する変数から始めて徐々に社会全体まで拡大するというアプローチをとる[62]。

また，グレサーのマーケティング理論への経済的アプローチは，経営政策的アプローチ（business policy approach）の批判として現われる。経営政策的アプローチはマーケティングを個別企業の問題としてのみあまり狭く考えると，企業の側における政策決定のための基礎を提供しえないかもしれないと批判する。つまり，各企業は産業の一員であり，一経済分野あるいはいくつかの経済分野で活躍し，米国および世界の広い経済圏にのり出し，いろいろな分野と関連し，その影響を受けているからである。経済的アプローチは企業行動の分析ばかりでなく，一産業，一地域，全経済の集団調整の問題の分析にも利用できるとグレサーは主張する[63]。

この見解は，再度，1965年のJM誌の論文で主張される。

グレサーは，1960年前後におけるマネジリアル・マーケティングに対して，これらのマーケティングは経営主義弁護論の色彩が強く，マーケティング論の固有の領域を見失っていると批判する。さらに，それは企業の自由裁量の余地を過大評価し，市場機構，すなわち，その根底にある消費者・買手選択の本質と意義を過小評価するものであり，そのことがマーケティング論を経営問題の

解決技法に狭く限定することによって，このままではマーケティング論が分解する恐れがあると批判する[64]。

グレサーの経済的アプローチは，直接的には独占的競争という条件の下での企業分析である。彼はチェンバリンの独占的競争論（チェンバリン・モデル）をマーケティングに導入し，拡大していくのである。彼は経済的アプローチが重要なデータとより広範な学門領域を導入し，分析をより現実的にすることであるので，その分析の公式化をゆるめるものであると指摘する[65]。さらに，グレサーは経済的アプローチの理論枠組みを産業組織論的パラダイムに求め，完全市場構造アプローチ（full market structure approach）へと展開させる[66]。このアプローチは，マーケティングと有効競争ないし公共政策との関係を分析できるものとしている。また，彼はこのアプローチのもとで，公共政策が競争秩序を確保するための反トラスト法による積極的な規制で十分維持できると信じている。彼は公共政策を伝統的法的枠内で対処できるものと楽観視している[67]。

もうひとつのグレサーのマーケティング理論への貢献は，地域間および地域内マーケティング論である[68]。彼は地域間マーケティングの必要性を次のように述べている。「企業の行動は価格やマーケティングの視点だけでなく，その物理的・社会的な環境条件のもとで，その立地要因，販売と購買のためのその空間的距離，そして一方では供給者との，他方では買手とのマーケティング・チャネルの関係，これらの観点から研究されるべきである」[69]と。グレサーの地域間マーケティングは，1952年の『アメリカ経済におけるマーケティング』で詳細に説明されている[70]。グレサーの地域間マーケティングの発想は，彼が1930年代カリフォルニア大学バークレー校でマーケティングの入門講座と平行して，「国内貿易論」という彼の経済学の講座のなかで生じたものである[71]。

グレサーは，地域間マーケティング論の枠組みを，オーリン（B. Ohlin）の地域間取引[72]の先駆的研究に基づいている。また，グレサーは地域間マーケティングにチェンバリンの独占的競争の理論を適用し，それを企業差別化へと発展させたものである。それが差別的優位性の地域間の取引の流れの全体的解釈と統計的分析に結びつくのである。

地域間マーケティング論は，財の地域間流通における取引（trade）と立地の理論である。それはなぜ企業や産業が時間と空間において特別な点に立地しているのか，なぜ取引がその点と他の点との間に生じるのか，市場の境界はその企業や産業にとって何かなどを説明している。つまり，この理論は取引潜在性と立地可能性を説明するものである[73]。

グレサーも指摘するように，「地域間マーケティングの本質は彼等の環境の条件のもとで，個々の企業によって購買され，販売された特別な財やサービスの形態をとる。経済的地域の方策は生産とマーケティングの全体構造の基礎にある資源利用やその他の要素への注意を集中させることである」[74]。それゆえ，独占的競争のもとでの地域間マーケティングは競争を維持し，促進する全国的努力に特別な意義をもつのである。

グレサーのマーケティング論への現代的評価は，マーケティングの原理の枠組みやミクロとマクロ経済学理論の拡大によって，マーケティングにおける理論の発展の可能性をもたらした経済学とマーケティングの接合をつくりだしたことである[75]。

現代のマーケティングはマーケティング概念の拡張による新しいパラダイムの構築が問題にされている。しかも，それはマーケティング一般理論への道があるといわれている。しかし，マーケティング概念の拡張は，グレサーのマーケティング論が強くもつ生産物流通という場において，市場と企業行動の相互作用の認識が希薄となり，あいまいさを残すことになる。そこで，グレサーのマーケティング論をあえて再評価するとすれば，マーケティング理論のファンダメンタルズを考えなおすことに意義があるものと思われる。

〔注〕
1) F. E. Balderston, J. D. Carman, F. M. Nicosia, *Regulation of Marketing and the Public Interest—Essays in Honor of E. T. Grether—*, Pergamon Press, in 1981, Dedication vii.
2) *Ibid.*, Dedication, vii-ix.
3) *Ibid.*, pp. 275-292. なお，グレサーの略歴や業績について以下を参照した。

J. S. Wright, "Leaders in Marketing—E. T. Grether—," *Journal of Marketing*, Vol. 31, 1967, pp. 60-61. L. E. Preston, "Marketing, Competition, and Public Policy: A Commentary on the Work of E. T. Grether," in A. R. Andreasen & S. Sudman (eds.), *Public Policy and Marketing Thought*, Proceedings from the Ninth Paul D. Converse, Symposium, American Marketing Association, 1976, pp. 128-144.

4) E. T. Grether, *The Economics of John A. Hobson—A Study In Welfare Economics—*, Ph. D. Dissertation, University of California, 1924.

5) J. A. Hobson, *Confessions of an Economic Heretic*, George Allen and Unwin Ltd., 1938 (高橋哲雄訳『異端の経済学者の告白、ホブスン自伝』新評論, 1983 年).

6) 西村栄治「E・T・グレサーのマーケティング論の思想的基盤——ホブスン研究を中心として——」『大阪学院大学商経論叢』第 7 巻第 1 号, 1981 年 4 月.

7) E. T. Grether, *Special Sales in Retail Merchandising*, University of Nebraska Publication, 1927.

8) グレサーはマーケティング・サイエンス・インスティテュート（以下, MIS）の創設から理事のひとりとして参加した。また「マーケティングと公共利益」という MIS 主催のグレサー記念シンポジウムが 1977 年 6 月 8 日から 10 日まで開かれた。この討議は MIS のレポートとしてまとめられた。 J. F. Cady (ed.), *Marketing and The Public Interest*, Proceedings of Symposium Conducted by Marketing Science Institute in Honor of E. T. Grether, June 8-10, 1977, Marketing Science Institute, 1978.

9) E. T. Grether, *Resale Price Maintenance in Great Britain : With an Application to the Problem in the United States*, University of California Publications, 1935a.

10) E. T. Grether, *Essays in Social Economics in Honor of Jessica Blanche Peixotto*, University of California Press, 1935b.

11) E. T. Grether, *Price Control Under Fair Trade Legislation*, Oxford University Press, 1939.

12) E. T. Grether (with the collaboration of others), *The Steel and Steel-Using Industries of California*, State Reconstruction and Reemployment Commission, 1946.

13) E. T. Grether (with R. S. Vaile and R. Cox), *Marketing in the American Economy*, The Ronald Press Co., 1952.

14) E. T. Grether, *Marketing and Public Policy*, Prentice-Hall, Inc., 1966 (片岡一郎, 松岡幸次郎訳『マーケティング行動と政府規制』ダイヤモンド社, 1979 年).

15) E. T. Grether (with R. J. Holloway), "Impact of Government Upon the Market System," *Journal of Marketing*, 31, April, 1967a, pp. 1-5.

16) E. T. Grether, "Marketing and Public Policy: A Contemporary View,"

Journal of Marketing, 38, July, 1972.
17) E. T. Grether, Review of : *The Elements of Marketing*, by P. D. Converse (Prentice-Hall, 1930), *Journal of Farm Economics*, 12, October, 1930, pp. 631-632.
18) E. T. Grether, "The Journal of Marketing : The First Forty Years," *Journal of Marketing*, 40, July, 1976, pp. 63-69.
19) E. T. Grether, "Effects of Price Maintenance Upon Large Scale Retailing," *Journal of Retailing*, 9, January, 1934a, pp. 97-101.
　　E. T. Grether, "Alfred Marshall's Role in Price Maintenance in Great Britain," *The Quarterly Journal of Economics*, 48, February, 1934b, pp. 348-352.
　　E. T. Grether, "Resale Price Maintenanc in Great Britain," *The Quarterly Journal of Economics*, 48, August, 1934c, pp. 620-644.
20) E. T. Grether, *op. cit.*, 1966, p.1, 同訳書, 3ページ。
21) L. E. Preston, *op. cit.*, p. 128.
22) E. T. Grether (with others), *op. cit.*, 1952, pp. 3-4.
23) E. T. Grether, *op. cit.*, 1966, p.98, 同訳書, 215ページ。
24) J. K. Galbraith, *The New Industrial States*, Prentice-Hall, 1964(都留重人監訳『新しい産業国家』河出書房新社, 1972年).
　　J. C. Narver & R. Savitt, *The Marketing Economy : An Analytical Approach*, Holt, Rinehart and Winston Inc., 1971(片岡一郎・小西滋人・木村立夫訳『マーケティング・エコノミー——構造と行動の分析——』マグロウヒル好学社, 1978年, 35ページ, 註(25)).
25) E. T. Grether, "Galbraith Versus the Market : A Review Article," *Journal of Marketing*, 32, January, 1968, pp. 9-13.
26) 田村正紀『マーケティング行動体系論』千倉書房, 1971年, 43ページ。
27) E. T. Grether, *op. cit.*, 1966, p.32, 同訳書, 71ページ。
28) *Ibid.*, p.22, 同前書, 49ページ。
29) E. T. Grether, "External Product and Enterprise Differentiation and Consumer Behavior," in R. H. Cole (ed.), *Consumer Behavior and Motivation*, University of Illinois Bulletin, 53, February, 1956, p. 182.
30) E. T. Grether, *op. cit.*, 1966, p.11, 同訳書, 25ページ。
31) E. T. Grether, "Marketing and Public Policy" in E. J. Kelley, W. Lazer (eds.), *Managerial Marketing : Perspective and Viewpoints*, 3rd ed., Richard D. Irwin, Inc., 1967, p.69(片岡一郎, 村田昭治, 貝瀬　勝訳『マネジリアル・マーケティング(上)』丸善, 1969年, 65～66ページ).
32) E. T. Grether (with others), *op. cit.*, 1952, p. 680.
33) E. T. Grether, *op. cit.*, 1966, pp. 102-103, 同訳書, 224～225ページ。

34) E. T. Grether (with others), *op. cit,* 1952, p. 689, p. 692.
35) E. T. Grether, *op. cit.*, 1935a, Preface.
36) 西村栄治「イギリスにおける再販売価格維持について――1930年代における E. T. Grether の研究を中心として――」『大阪学院大学商経論集』第10巻第1号, 1984年4月, 117～119ページ。
37) E. T. Grether, " 'Fair Trade' Price Regulation in Retrospect and Prospect," in H. C. Wales (ed.), *Changing Perspectives in Marketing*, University of Illinois Press, 1951, pp. 210-215.
38) Committee on Definitions of the American Marketing Association, *Marketing Definitions*, American Marketing Association, 1960(日本マーケティング協会訳『マーケティング定義集』日本マーケティング協会, 1963年1月).
39) E. T. Grether, *op. cit.*, 1939, pp. 199-204.
40) E. T. Grether, *op. cit.*, 1935a, p. 46.
41) E. T. Grether, *op. cit.*, 1966, p.29, 同訳書, 63ページ。
42) E. T. Grether, *op. cit.*, 1939.
43) *Ibid.*, p. 375.
44) *Ibid.*, pp. 17-21.
45) E. T. Grether, *op. cit.*, 1951, p. 200.
46) 中野 安『価格政策と小売商業』ミネルヴァ書房, 1975年, 140ページ。
47) E. T. Grether, *op. cit.,* 1939, pp. 90-99.
48) *Ibid.*, pp. 100-105.
49) J. C. Palamountain, Jr., *The Politics of Distribution*, Greenwood Press, Publishers, 1966, pp. 92-94.
50) E. L. Newcomb, "In Defense of 'Fair Trade'," *Journal of Marketing*, 13, July, 1948, pp. 84-85.
51) E. T. Grether, "Rejoinder," *Journal of Marketing*, 13, July, 1948, pp. 85-87.
52) *Ibid.*, p. 88.
53) 荒川祐吉『流通研究の潮流』千倉書房, 1988年, 15ページ。
54) 田村正紀, 前掲書, 31～51ページ。
　　服部正博「市場構造分析論の一考察」荒川祐吉編『流通研究の新展開』千倉書房, 1974年, 89～122ページ。同『鉄鋼販売価格論』千倉書房, 1987年, 1～24ページ。
　　吉村 寿「マーケティング視角の拡大――グレサー教授の所説を中心として――」『東京経済大学学会誌』第32号, 1961年, 25～43ページ。
　　市川浩平「マーケティング・セオリー形成への経済的アプローチ――E・T・グレサーの理論を中心にして――」『関西大学経済論集』第17巻, 1968年, 85～100ページ。
　　同「マーケティング・サイエンス展開への一試論――E・T・グレサーの所説を

中心にして——」『関西大学経済論集』第 18 巻, 1969 年, 69〜90 ページ。
55) 中野　安, 前掲書, 18〜197 ページ。その他, 中野　安の諸論文。
片岡一郎『流通経済の基本問題』御茶の水書房, 1964 年, 69〜144 ページ。
56) P. D. Converse, "The Development of the Science of Marketing," *Journal of Marketing*, Vol. 10, July, 1945.
57) W. Alderson and R. Cox, "Toward a Theory of Marketing," *Journal of Marketing*, Vol. 13, October, 1948.
58) R. Bartels, "Can Marketing as Science?," *Journal of Marketing*, Vol. 15, January, 1951.
59) 荒川祐吉『現代配給理論』千倉書房, 1960 年, 62〜75 ページ。
60) 橋本　勲『マーケティング論の成立』ミネルヴァ書房, 1975 年, 92〜93 ページ。
61) E. T. Grether, "A Theoretical Approach to the Analysis of Marketing," in R. Cox and W. Alderson (eds.), *Theory in Marketing*, Richard, D. Irwin, Inc., 1950, p. 114.
62) E. T. Grether, Chamberlin's Theory of Monopolistic Competition and the Literature of Marketing, in R. E. Kuenne (ed.), *Monopolistic Competition Theory : Studies in Impact*, John Wiley and Sons Inc., 1967b, pp. 326-327.
63) E. T. Grether, *op. cit.*, 1950, p. 115.
64) E. T. Grether, "An Emerging Apologetic of Managerialism : Theory in Marketing, 1964," *Journal of Marketing Research*, Vol. 2, May, 1965, pp. 190-195.
65) E. T. Grether, *op. cit.*, 1967b, pp. 326-327.
66) 服部正博, 前掲書, 1974 年, 100〜122 ページ。
67) グレサーの公共政策の立場はハーバード学派に属し, メイソン (E. C. Mason) の影響を受ける。グレサーとハーバード・グループについては服部正博, 前掲書, 1974 年, 89〜92 ページを参照されたい。ハーバード学派とシカゴ学派の論争については, 根岸　哲『独占禁止法の基本問題』有斐閣, 1990 年, 44〜50 ページを参照されたい。
68) グレサーの地域間マーケティングの理論は, 次の文献を参照されたい。
G. Schwartz, *Development of Marketing Theory*, South-Western Publishing Co., 1963, pp.68-84 (出牛正芳訳『マーケティング理論の展開』同文舘, 1965 年, 39〜110 ページ)。
J. N. Sheth, D. M. Gardner, and D. E. Garrett, *Marketing Theory : Evolution and Evaluation*, John Wiley and Sons, Inc., 1988, pp.60-71 (流通科学研究会訳『マーケティング理論への挑戦』東洋経済新報社, 1991 年, 73〜85 ページ)。
69) E. T. Grether, *op. cit.*, 1950, p. 117.
70) E. T. Grether, *op. cit.*, 1952, pp. 487-513.
71) E. T. Grether, "Regional-Spatial Analysis in Marketing," *Journal of*

Marketing Research, Vol. 57, Fall, 1983, p. 37.
72) B. Ohlin, *Interegional and International Trade*, Harvard University Press, 1935.
73) E. Douglas, *Economics of Marketing*, Harpen and Row, Publishers, 1975, p. 44.
74) E. T. Grether, *op. cit.*, 1950, p. 118.
75) E. T. Grether, *op. cit.*, 1967b, pp.320-321.

〔西村　栄治〕

第12章

R・コックス
──流通のパラドックス：その価値論的格闘──

第1節　は　じ　め　に

1.　失業ジャーナリストからマーケティング学界へ

　幸か不幸か一概にはいえないが，1929年大恐慌との遭遇がその人の人生に大きな痕跡を残しましたその転機となった例は，決して少なくはない。大学を終えジャーナリズムの世界に入っていたリーヴィス・コックス（Reavis Cox）の場合も，そうであった。

　コックスは1900年，メキシコ・グアダラハラ駐在のメソジスト派宣教師の家庭に生をうけ，1921年，テキサス大学を終えて新聞編集の仕事に就くが，一般新聞の業務に飽きたらず，3年後には金融財務専門のジャーナリストへの転進を決意する。母校のテキサス大学やまたコロンビア大学の大学院でのいくつかの課程を経て，1927年，ニューヨークの『ジャーナル・オブ・コマース』（*Journal of Commerce*）の商品市場担当の編集者となった。ここでコックスが体験した卸売や小売の業界との広範な接触が，やがて彼の学界での知的関心の的を決めていくことになる。

　コックスの学界入りの機会は，大恐慌とともにやってきた。恐慌が『ジャーナル・オブ・コマース』での勤務を5年足らずで停止させ，彼を1失業ジャーナリストに追いやる。そこにコロンビア大学からの講義招請が舞い込むのであ

る。コックスにとって歓迎すべからざる失業が1931年からの大学における講義担当に結びついたことは，彼のその後の貢献の大きさからみて，結果論とはいえ，アメリカ・マーケティング学界にとって幸いなことであった。コロンビア大学での講義は，マーケティングと事業組織管理の2分野であった。1932年，同大学はコックスの論文「アメリカ・タバコ産業における競争」(Competition in the American Tabacco Industry: 1911-1932) に対し，Ph. D. (Economics) の学位を授与している[1]。

2. ブレイヤーとの出会い

1935年，ペンシルベニア大学はコックスをマーケティング準教授として招へいした。3年後の1938年には正教授となるが，コックスが着任したとき，ウォートン・スクール (Wharton School of Finance and Commerce) には，3つ年長のブレイヤー (R. F. Breyer) がいた。

ブレイヤーは学生時代からの，いわば生粋のウォートン育ちのマーケティング研究者であり，1920年から母校の教壇に立っていた。コックスがペンシルベニア大学に移籍したのは，ブレイヤーがその主著というべき『マーケティング制度論』(*The Marketing Institution*, 1934) を出版した翌年のことである。アメリカにおけるマクロ・マーケティング研究の古典のひとつとされるブレイヤーのこの著作が，コックスをペンシルベニアに惹きよせ，彼のその後の研究に無視できない影響を及ぼしたであろうことは，容易に想像できる。ブレイヤーもコックスも，定年後名誉教授となるまでペンシルベニア大学を離れることはなかったが，両者には相互の研究のよき理解者として，長年にわたる交流が続くことになる。後に改めて述べるコックスの主著『高度経済下の流通問題』(*Distribution in High-level Economy*, 1965)，またその門下生であるフィスク (G. Fisk) の『マーケティング・システムズ』(*Marketing Systems*, 1967) はともに数少ないアメリカのマクロ・マーケティング論の成果であるが，それらがウォートニアンの手によって書かれたということは，当時のウォートン・スクールがブレイヤーを先達に，マネジリアル・マーケティング一辺倒に偏しない研究の雰囲

気を保持していたことを物語っている。

3. マーケティングの理論構築運動への参画

　もっとも，コックスの交流相手は同じキャンパスのブレイヤーだけではなかった。コックスは早くからアメリカ・マーケティング協会の研究季刊誌『ジャーナル・オブ・マーケティング』やその前身の『アメリカン・マーケティング・ジャーナル』の編集に参加，そうした学会組織での活動が彼の研究交流の幅を広げた。コックスは1943年から44年にかけて同誌の編集主幹となるが，その前任者がカルフォルニア大学バークレーのグレサー (E. T. Grether) であり，さらにその前任者はミネソタ大学のヴェイル (R. S. Vaile) であった。また，コックスがウォートンのマーケティング学科長であった1938年から翌年にかけてグレサーを客員教授として招へいしたということもある。グレサー自身が述懐していることでもあるが[2]，ヴェイル，グレサー，そしてコックスという，相前後しての学会誌編集への参画が機縁となって，やがてこの3者による一書が世に問われることになる。

　その共著『アメリカ経済におけるマーケティング』(*Marketing in the American Economy*, 1952) は，入門テキストとして書かれたものではあるが，マーケティングをアメリカ自由企業体制の運行に不可欠な交換と調整の社会的制度として理解させるという志向において，それまでの伝統的な機能的・機関的・商品別の記述的実務テキストとは明確に一線を画するものであった。一線を画するというより，それまでのマーケティング研究や教育の在り様に対する著者達の一種の不満の表明でもあった。マーケティングの諸活動・諸機能が全体としての社会的交換制度に編成されていく過程を重視するという意味で，マーケティングへのマクロ・全体論的アプローチを色濃くにおわせるものといってよいだろう。翌年，本書の詳細な講義用マニュアルが刊行されているが，それはコックスが在職するペンシルベニア大学ウォートン・スクールでの使用の経験をふまえたものであった。

　コックスのいま一方の交流相手には，グレサーやヴェイルなどの経済学派と

はかなり異質のオルダーソン（W. Alderson）がいた。オルダーソンがペンシルベニア大学の教授としてコックスとキャンパスを共にするのは1959年のことであるが，両者の接触は，第2次世界戦争終結後の比較的早い時点で始まっていた。1948年10月，コックスはオルダーソンとの共同論文「マーケティングの統合理論に向けて」（Toward a Theory of Marketing, *Journal of Marketing*, October, 1948）を発表する。それは，それまでのアメリカ・マーケティング研究に潜む理論的没体系性を批判し，現下の企業経営とそれにかかわる公共政策上の問題解決に資するためには，マーケティングの統合理論（an integrated theory）の構築こそが緊要であるとした。この目標に向けて過去のマーケティング研究の成果を評価するとともに，経済理論，集団行動の社会学や社会心理学，文化人類学さらに生態学を含め，それら関連諸科学のマーケティング理論構築への貢献可能性を検討すべしと訴えるものであった。

ヴェイルは，多様な性質の側面を有するマーケティング事象をただひとつの理論によって説明するなどということは，"Toward a Theory of Engineering"なるテーマで論文を書くのと同等以上に至難であると述べたが[3]，アメリカ・マーケティング学界は，その後しばらく，いわゆる「マーケティング科学化論争」の時期を迎えることになる。コックスのこの側面での活動は，オルダーソンとの共編著『精選論文集・マーケティング理論』（*Theory in Marketing*: *Selected Essays*, 1950），シャピロ（S. J. Shapiro）を共編者に加えた『マーケティング理論：第2集』（*Theory in Marketing*: *Second Series*, 1964）などに現われる。コックスは第2集に長文の編者序章を寄せているが，そこでの論調は，新しい理論構築への努力を正当に評価しながらも，理論化への猪突が旧知の不当な無視や他分野からの無為な「借用」に終わることのないよう，その危険性にも注意を払うというものであった。

4. コックスのマーケティング論

1950年代から60年代前半にかけてのオルダーソンのマーケティング科学化への動きが華々しいものであっただけに，コックスの名はオルダーソンとの共

著書や共編者として著名になる側面があった。しかし，ただそれだけの理由で人々にコックスの名が知られるとすれば，それはコックスの研究者としての名誉のために取り除いておかなければならない。

グレサーは，かなり後日のことであるが，コックスを評して「彼はロー・オルダーソンのよき同僚であり，よき交流相手ではあったが，けっしてオルダーソニァン (Aldersonian) ではなかった」[4]と言っている。コックスにはコックス自身のアプローチ，「マーケティングのフロー分析」(Flow Analysis) がある，もしコックスのマーケティング研究に対する直接の影響力を挙げるというのであれば，それはウォートンでのほかならぬブレイヤーであるというのである。

実際，コックスはさきにあげたオルダーソンとの共同論文「マーケティングの統合理論に向けて」と同年の1948年，論文「流通の生産性：意味と測定」(The Meaning and Measurement of Productivity in Distribution, *Journal of Marketing*, April, 1948) を発表している。もちろん，それ以前にも非価格競争や価格問題にかかわる論考があるが，この論文は，主著『高度経済下の流通問題』に結晶するコックスのライフワーク：「流通費用は高すぎるか」への幕開けを画するものであった。40歳代後半にいたるまで，ある意味で長く温められてきたコックスにとっての「解くべき問題」が，これ以降急速に収斂していくのである。

アプローチとしての「フロー分析」への発想は，先に述べたヴェイル，グレサーとの共著に登場していたが，その実証研究がグッドマン (C. S. Goodman) の協力を得て建材流通システムを対象に行なわれる (*Channels and Flows in the Marketing of Housebuilding Materials*, 3 Vols. 1954)。その膨大な研究調査の要約が，1956年7月，ジャーナル・オブ・マーケティング誌に報告される。この研究調査は建材商品を対象にした産業レベルのものではあったが，それは，流通システムの構造の実証的記述にとどまらず，その成果の測定と評価の方法についての理論をも含んでいた。25年前，『流通費用は高すぎるか』(P. W. Stuwart, J. F. Dewhurst, with the assistance of L. Field, *Does Distribution Cost Too Much?* 1939) の研究調査を支援し刊行した二十世紀財団が，コックスのこの研究主題に注目しそれを支援することになるのは自然の成り行きであった。コックスの

『高度経済下の流通問題』は，こうして，『流通費用は高すぎるか』のいわば改訂1965年版として登場することになるのである。

第2節　『高度経済下の流通問題』(1965年)

1.　解くべき問題——マーケティングの新たな価値論的情況

　コックスが40歳代後半にいたるまで温めてきた「解くべき問題」とは，どのような問題であったのか。長く温めてきたとはいえ，それは決して研究課題の奇をてらう種類のものではなかった。マーケティングの社会科学を志すほどの者なら誰でもが共有するはずの基本問題であった。

　それは，消費者価格の半ば，あるいはそれを超えるといわれるマーケティング・コストとは一体何なのか，その測定と評価の問題に尽きる。それは，アメリカ市民が正当に支払いを要求されてよい「価値」なのか，それともそれは，マーケティングへの断罪的な批判が繰り返し主張してきたような，アメリカ市民にとっての単なる「空費」にすぎないのか。いってみれば，アメリカ・マーケティング論が生成の当初から，社会から解答を迫られてきたマーケティングの価値論そのものにかかわる問題であった。

　しかし，コックスがこの時点であえてこの問題に手を染めるについては，単にそれがマーケティング論の古典的で基本的な問題であるということだけが理由ではなかった。そこには，この古典的で基本的な問題を，この時期にあえて問うべくコックスに迫る新しいアメリカ・マーケティングの問題情況があった。そうみるのでなければ，この古典的であまりにも基本的な問題にコックスがあえて手を染めるその時代的意味をみてとることはできないだろう。

　端的にいおう。この時期のコックスの眼前にあったのは，第2次世界戦争終結後の「繁栄のアメリカ」であり，それまでと比較にならない規模で再び開花したマーケティングであった。加えて，それに呼応するかのような学界のマネジリアル・マーケティングへの潮流があった。そこでは，オルダーソンの「マ

ーケティング=品揃え効用創造の学説」が注目の的になっていたし，マネジリアル・マーケティング論者の側からは，もっと直截なマーケティングの付加価値創造論が繰り出されていた。それまでのマーケティング論の多くが，流通費用は高すぎるという社会の非難に対して「流通費用は言われる程にはかさんでいない」と実証することで答えようとしてきた，その経緯に照らしていえば，この繁栄期のアメリカ・マーケティング学界には，それを逆転するかのような「価値論的情況」があった。それが，コックスに「流通費用は高すぎるか」の古典的問題をあらためて問うべく迫るのである。

2. 流通のパラドックス

もちろん，同時代のコックスにとって，「流通費用は高すぎるか」の問題処理が，たとえば半世紀前にウエルドが扱った農産物流通のそれと同列にはいかないことはわかっていた。世界恐慌の試練を経た多くのアメリカ企業にとって，マーケティングは，かつてのような生産終了後の単なる事後処理的な販売活動にとどまるものではなかった。何が高い付加価値をもって（より高い価格で）消費者に受け入れられるのか，それを策定し遂行する全活動がマーケティングであるというのが，ビジネス社会のマーケティング理解になっていた。マーケティングの真骨頂は，「作ったものを売る」（product-out）ことにあるのではなく，「売れるものを作る」（market-in）ことにあるというのである。マーチャンダイジングの強調や製品を政策変数に加えた４Ｐ論の登場とともに，ほとんどのテキストが「マーケティングはセリングとは違う」と書く新しい時代であった。

生産終了後の単なる事後処理の販売活動であれば，そのための費用はできるだけ小さいことが企業にとっても望ましいことになるだろう。ウエルドの時代の農産物の場合はまさにそうであった。農産物の生産者にとっても，また消費者にとっても，流通費用の節減は共通の利益であった。生産者，消費者双方から中間商人の存在は「寄生的な所得介入」であると非難された時代である。だからこそ，マーケティング論は，中間商人の流通システム介在の正当性を，そ

の介在が問題の流通費用をより節約するという「逆の論理」によって説得してきたものであった。しかし，コックスがいま直面する新しい時代の「付加価値創造のマーケティング」の文脈のもとでは，流通費用の節約がすべてではないのである。

とはいえ，ここからただちに付加価値マーケティングの思想がアメリカ社会全体の支持を受けつくした，などといえば，それは言い過ぎであろう。企業の経営者達は，マーケティングこそアメリカ社会に「高度の生活水準」を享受させる不可欠の制度であるとしてその熱烈な支持者となった。しかし反面では，過剰マーケティングに「浪費をつくり出す人々」(the Waste-Makers)[5]をみてとる批判者達も登場した。学界にあっても，2つの相対峙するマーケティングの価値論が同居する様相であった。

たとえば，当時の碩学の一人，ベックマン(T. N. Beckman)は，1954年に「マーケティングへの付加価値概念の適用とその含意について」[6]なる論文を発表し，製造業をはじめとする他の諸部門の活動が付加価値をもって測定されているというのに，マーケティングのそれがなぜに費用をもって測定されなければならないのか，経済学者や政府機関がマーケティングの最高成果を「マーケティングのゼロ・コスト・オペレーション」に想定することに烈々たる不満を述べている。このベックマンの論文は，「三効用学説」[7]を基礎に流通部門の価値創造を付加価値なる用語によって論ずべしとしたものであるが，しかし見方によっては，このベックマンの不満の吐露は，当時のアメリカ社会がマーケティングの付加価値創造論にそれほど単純に支持を与えなかったことをうかがわせるともいえるだろう。実際，皮肉なことに他方では，同時代の有力なマーケティング論者の一人であるコンヴァース（P. D. Converse）は，1951年「マーケティング・コストは過去40年間増大しなかった」[8]と表記する論文を発表し，いかにもマーケティング・コストは社会的に抑制されるべき性質の費用であるかのごとき論陣を張るのである。

コックスが「流通費用は高すぎるか」を問うのは，まさにそういう状況においてであった。彼は『高度経済下の流通問題』の序章において，マーケティン

グが一面でアメリカ社会から熱烈な支持をうけると同時に，他面では激しい批判に曝されていることを「流通のパラドックス」[9]と呼んでいるが，それを単に「何時の時代にもあった流通システムへの支持と批判」という一般的図式においてではなく，まさに1950年代の「繁栄のアメリカ」が生みだしたアメリカの新しい「価値論的情況」に重ね合わせて読みとることが，コックスの言うパラドックスの学説史的意義を浮かび上がらせることになるだろう。

　コックスは言う。「流通の代弁者は，これまで流通費用が高すぎるという非難に対して頑強に反対してきた。この非難に対処する1つの方法は，これまで公表された統計が，流通の消費者に対する負担を誇張していると主張することであった。われわれの推計は，この議論を支持するのに役立つ。しかしながら今やこの支持も歓迎されないであろう。けだし，マーケティングの弁護者たちは立場を変え，マーケティングは費用を課すより，むしろ価値を生み出すと主張するような時代となっているからである。もしこの立場が支持されるなら流通によってなされる寄与についての推計額は少ないより，むしろ多くなる方が恐らく望ましいであろう」[10]。

3. コックスはどう対処したか

　解くべき問題それ自体のパラドックスは，マーケティングが価値を生みだす（value added）のか，空費を課す（cost imposed）だけなのか，その価値論のいかんによって同じ流通費用の数値がまったく逆の意味を語ってしまうという点にある。このことは，アメリカの流通システムを評価しようとするコックスにとって「避け得ざる難題」であった。

　もっともコックスは，この難題をかなり早い段階で意識していた。先にあげた1948年の論文「流通における生産性の意味と測定」において，流通の社会的評価にかかわる多くの論議が「流通費用は増えたか，減ったか」の問題に置き換えられている状態を評し，流通の産出に比べ流通の投入（流通費用）が把握しやすいというただそれだけの理由でそうしている，と批判している。「流通費用は高すぎるか」の問題を単に「流通費用は増えたか，減ったか」の問題にす

り替えてはならない，流通が生みだす「生産物」を明らかにすることこそが先決である，というのがコックスの議論であった。とはいえ，言葉の真の意味での流通の産出を定義し得るかどうか，したがって，その意味における流通の価値生産性を主張し得るのかどうか——コックスにあっても，その「価値論的離陸」はなお明確ではなかった。

　加えて，コックスの離陸には，いまひとつのハードルがあった。それは，コックスのマーケティング研究が基本においてマクロ・マーケティング論に類するものであったことに由来する。個別企業のマネジリアル・マーケティングの世界であれば，投入の効率は利潤，売上高，市場占拠率さらには店頭指名購買率などなど企業が意識的に設定した目的に対して対比されれば，それでよい。しかしコックスにとっての問題は，「社会制度としてのマーケティング・システムの評価」である。もちろん，アメリカにあって企業のマーケティングと別個に社会制度としてのマーケティング・システムが存在するわけではない。「社会制度としてのマーケティング・システムの評価」とは，企業のマーケティングを何らかの「社会的目的」によって評価することに他ならない。しかし肝心のマーケティングの「社会的目的」なるものは，企業のマーケティングの場合のように所与ではないのである。

　コックスは，1962年，バーテルズ (R. Bartels) の要請に応えて「変化するマーケティングの社会的目的」[11]なる学会報告を行なっている。それは，「社会制度としてのマーケティング・システムの評価」の前提となるべき「マーケティングの社会的目的」を論ずるものであった。そして，そこでの主張は先にあげた1948年の論文を一歩進めるものとなる。それは，「マーケティング活動の測定は製造業と同様，必ず付加価値でなされるべきであり，決して費用でなされるべきではない」というベックマンの主張ほど過激ではなかったが，しかし，これまでの費用による測定に固執することは，マーケティングの社会的評価には適切ではない，社会がマーケティングに要請するものは単なる費用効率 (efficiency) ではなく，人々の生活水準の向上に向けてそれが何を付加し得るかであり，その付加物の「社会的有効性」(effectiveness) である，というものであった。

第3節　流通付加価値の測定と評価

1.『流通費用は高すぎるか』コックス改訂版の立脚

　もちろん，コックスのこの「価値論的離陸」は，マネジリアル・マーケティングの付加価値創造論のような一方向でのそれではなかった。マーケティング活動の測定を費用ではなく付加価値をもってすべきであるという主張の背後には，そうするのでなければ「マーケティングの名誉」が傷つけられるという守勢の観念があった。しかし，この守勢の観念からする一面的な「マーケティング擁護論」は，コックスのとるところではなかった。コックスは，「用語法を変えるだけでマーケティングが有用なものとなるわけではない」[12]と言っている。

　とはいえ，「マーケティングはその実績をもって評価されるべきもの」というコックスのこの姿勢は，同時に他方で，マーケティングの費用賦課をもってただちにその社会的侵害性を語る論難者達にも向けられることになる。25年前，二十世紀財団によって刊行された『流通費用は高すぎるか』の著者達がそうであるというのでは決してないが，その著者達が調査した販路の重複，ブランドの過多，過剰な広告，流通業者の販売高至上主義，消費者の誤った購買など，そこから推論された「流通費用は高すぎる」とする結論は，その後の流通評価の議論を「流通費用の増減」に矮小化させるきらいがあった。そうした情況のもとでは，ある種の流通サービスへの消費者の支払いをその費用に対するものとみるよりも，そのサービスの付加価値に対するものとみることが適切であると判断される場合であっても，人々の賛成が得られないということになる。コックスは，マーケティングへの「偏愛」と同様，それへの断罪的な「偏見」もまた，「真に有効な測定と評価」の説得力を不当に弱める，とその苦衷を述べるのである[13]。

　『高度経済下の流通問題』におけるコックスの対処は，こうした両面からの強い先入観を排し，その事柄の必要に応じて「付加価値」と「費用」の測度を

使い分けるというものであった。既成の先入観のそれぞれの立場からすれば，それは，便宜的で折衷的でもあった。しかしその使い分けをただの便宜主義・折衷主義とみることは，コックスの真意にそわないだろう。それは，部分的には利用する既存統計の測度にもよるが，少なくともコックスの主体的意図においては，何よりも「流通のパラドックス」が担っている混乱を解きほぐすために意識的に採用する方法であった。

コックスは言う。「本書では，部面によって問題の取り扱い方を変えることになろう。流通の純然たる量的な測定は通常の市場での付加価値の推計という形式をとる。さきに進んで，測定とともに評価が必要となる場合には，市場付加価値，付加価値および費用のすべての測度がそれぞれ適切と思われるときに使用されよう。このことの真のねらいは，国民所得に対してなされた流通の貢献が慣例的な方法で計算された後で，われわれは次の１歩を踏み出すということである。われわれは，流通によって国民所得が増加させられたり，減少させられたりする様々な場合を区別し，厚生に寄与する場合と，それを損なう場合とを識別することに進むであろう」[14]。

2. コックスの「測定」：その発見物

コックスが測定を試みたのは，1947年時点のアメリカの流通である。二十世紀財団『流通費用は高すぎるか』は1929年時点のそれである。コックスが最終的に到達する「流通付加価値推計額」[15]にしぼって紹介しよう。それは，二十世紀財団『流通費用は高すぎるか』が消費者は財貨のために支出した金額１ドル当たり"流通"に59セント，"生産"に41セント支払ったとした事態に対応している。

コックスはまず，この種の測定に多用されてきたマークアップやグロス・マージンは"ある種の意図"たとえば社会全体の流通費用賦課の大きさを示すといった目的には効果的ではあるが，それをそのまま経済の部門それぞれの付加価値額とすることは二重計算をもたらすとして排除する。「産業連関調査」を活用した流通の正味付加価値額の推計」（同書付録C）は『高度経済下の流通問題』

が学界にもたらした成果のひとつであるが，それは同時に，マーケティングへの偏愛と断罪的な偏見の両者に距離をおこうとするコックスにとって不可欠の処理であった。この処理を抜き，グロス・マージンをもって原材料生産者から最終消費者にいたる財の所有権フロー（売買連鎖）を加算すれば，それが無意味に付加価値総額を膨張させ，流通の偏愛者にはその「絶大な貢献」を，また論難者にはその「不当な肥大」を主張させるだけに終わることになる。実際，コックスが測定した消費者支出1ドルに占める流通のウエイトは，たとえば二十世紀財団『流通費用は高すぎるか』の推計値59%に比べ，それをかなり下回るものとなるのである。

また，コックスは「流通の付加価値」を推計するについて，流通業[16]だけでなく製造業・鉱業・農林水産業・サービス業などによる流通活動を加える。アメリカ流通システムの全貌を測定し評価しようというのであるから，当然ではあったが，しかし実際の処理はそう簡単ではなかった。コックスは，卸売業者や小売業者が若干の製造加工をすることを十分承知はするものの，こと流通業に関しては，その付加価値のすべてが流通活動からもたらされた価値の追加であるとの仮定で事を進めている。一方，製造業者，農業者など非流通業の付加価値のうちどの程度が彼らの流通活動によるものかの処理については，既存統計調査などから配分率を推計するという方法をとっている。製造業について付加価値のうち21.1%（家計購買財の場合），農林漁業について10.9%が彼らの流通活動が付加した価値とみなされている[17]。

こうしてコックスが最終的に到達する推計は，アメリカの家計が1947年に購買した総額883億2,900万ドル（公益事業，サービス業などからの購買を除く）の市場価値のうち，その45.3%が流通活動によって，54.7%が非流通活動によって付加されたものである，というのであった[18]。この流通付加率45.3%は，二十世紀財団『流通費用は高すぎるか』の59%，その59%の計算上の誤りを修正したマレンバウム（W. Malenbaum）による51.1%，また算定基礎に若干の違いはあるが，コンヴァースによる1948年推計48.1%など，いずれの推計に比べても低い値を示すものとなった。

コックスは言う。「われわれの推計からすれば，過去の推計は経済において流通の果たす役割を事実上誇張する傾向にあったと結論せざるをえない。この結論はわれわれが"費用"の代わりに"市場付加価値"という用語を用いたとしても妥当する」[19]。

3. コックスの「評価」

たしかにコックスの測定結果は，「流通費用は長期的に上昇してきている」というアメリカ社会の通念，特に流通に対する一方的な論難に水をさす側面をもっている。コラッツオ (C. J. Collazzo) は，『高度経済下の流通問題』に対する書評[20]のなかで，この書物は特に「マーケティングを酷評する傾向にある人々に読むことが要求される」と書いている。しかし，コックスは，みずからの測定結果からただちに流通に対する断罪的な論難者にだけ対決してみせるほど，性急ではなかった。

コックスは「費用のタームで言おうと付加価値のタームで言おうと，われわれの測定は，過去の推計が流通の果たす役割を事実上誇張する傾向にあることを示した」と言う。コックスのこの発言の含意は，流通への攻撃にも，また流通の弁護にも，抜き難い「誇張」があるというものであろう。おそらくコックスの真意は，その誇張がアメリカ社会に「流通のパラドックス」をつくりだしているとみることにあるのだろう。実際，第III編「流通活動の評価」の論述はコックス自身の主体的な評価を示すというよりも，流通への攻撃と弁護の相対峙する主張が，それぞれの利害集団，個人的経験，そしてその価値観によって如何に誇張されているかを示すものであった。

第4節　現代的評価——コックスが示唆するもの

1. コックスは折衷主義者か

レヴザン (D. A. Revzan) は，コックスの「最終的言明」の口調に対して激し

い失望の感を吐露している[21]。その最終的言明とは,コックスがアメリカ流通システムの評価を「消費者に対する侵害性の如何」から行なう場合の問題点を整理したときのものであるが,「マーケティングの消費者に与える影響を詳細に研究することが価値あることであると決定するまでは,われわれは,ただ漠然と気づいているにすぎない先入観によって色どられている断片的知識から結論をひきだすことができるだけである。われわれは,消費者が熱烈なマーケティング支持者達が主張するほどには十分に奉仕されてもいなければ,比較的うるさいマーケティング批判者達の主張するほどには,ひどく侵害されてもいないということを信ずるだけの理由をもっている。それ以上に追及しないのが無難である」[22]というものであった。

　しかし,コックスの言明は,ただレヴザンの失望を招来するだけのものであろうか。同じ型の言明は,実は,レヴザンがあげる箇所以外にもないわけではない。その典型は,すでに述べた流通付加価値の測定結果についてのコックスの注釈にみられるだろう。それは,これまでの推計に比べて低いコックスの測定結果が,流通の批判者と支持者の主張に潜む「両面での誇張」に歯止めをかけるというものであった。流通の「能率」や「公正さ」また「侵害性」についての両極端の評価が「流通のパラドックス」をつくりだしているという,コックスの情況認識からすれば,相対峙する主張とその誇張が何に由来するのか,その背景となっている偏見や価値体系をあからさまに取り出して見せる,というのが第1の仕事であったのであろう。両者に距離をおくという意味での「中立性」が,その場合のコックスの発言の地歩となる。もしコックスになおかつ折衷主義の印象がぬぐえないとすれば,それは,この種のパラドックスの解明に対しての「実証によるテスト」のもつ限界と,それへのコックスの忠実さに起因するものというべきであろう。

2. コックスは単なる効率主義者か

　レヴザンはまた,同じ書評でコックスは「工学のような投入と産出の比較に効率性の検証を限定している」と批判する。しかしコックスを単なる効率主義

者に見立てることは不当であろう。コックスは「流通によって提供される価値体系が有益なものであるならば,能率はそれを増進する。しかし流通が好ましくない目的に奉仕するものであれば,能率の増進は流通の悪行を増進させるだけである」[23]と言っている。流通の能率は流通が提供する価値体系(目的)の評価を離れては意味をなさないのである。コックスは,多くのアメリカ・マーケティング学者のなかでは経済学的思考の強い研究者の1人ではあるが,しかし,たとえばロビンズ(L. Robbins)に象徴されるような「経済システムの価値中立性」の立場[24]をとるわけではなかった。もしそうなら,「流通のパラドックス」をなす価値論のジャングルにあえて分け入ることもなかったであろうし,「マーケティングに内在的に含まれている価値体系」の社会的有効性を探るなどという難題を構えることもなかったであろう。

しかしコックスの到達点になおかつ付きまとう悩みは,コックスの言葉で言えば「マーケティングの真の社会的目標が何かということが絶えず不確定であり」,流通に期待することの内容が人々によって異なり,場合によっては対立し,しかも時とともに変化することであった。

3. 古典としてのコックス

アメリカのマクロ・マーケティング研究は,今日あらためて,その視角と方法を多面的に模索する渦中にある。シェス(J. N. Sheth)が「アクティヴィスト学派」(Activist School)[25]と呼ぶ人達による「マーケティングの環境破壊」の告発から,マーケティングの政治包摂,さらには人間生活総体に対するマーケティングの総成果の評価[26]にいたるまで,その問題関心は,マーケティング・システムと他の社会的諸システムとの相互関係を含むものにまで拡がっている。ここまで拡大された視野において「マーケティングの成否」を問おうというのである。

もっとも,これまでのアメリカ・マーケティング論がこの種の「拡大された問題」をまったく意識しなかったというわけでは決してない。実際,古典的制度学派の社会的文脈は,流通システムに対する多様な側面での疑念や批判であ

った。しかし，そこでのマーケティングへの社会的評価の基準は，第1に効率であってよかったし，それも基本的に経済活動の効率でよかった。コックスに「流通費用は高すぎるか」を問わせたのも，その効率のパラダイムであった。コックスが流通システムの「公正性」や「消費者への侵害性」を問う場合でも，なおそれは経済的価値が中心であった。今日のマクロ・マーケティング論のラディカルな部分からみれば，コックスもまた古典的であろう。

しかしすでに述べたように，コックスを単なる効率主義者とみることには慎重さが必要である。流通の正当性を基本的には経済的効率の尺度で評価する方法をとりながらも，なおかつコックスは，それが生みだす付加価値なるものの「社会的有効性」を問うことを捨てなかった。読み方によっては折衷的ともとれるコックスの論調は，それ自体がマーケティングの価値論をめぐる格闘の過程であった。しかも，時代は，第2次大戦終結後の「繁栄のアメリカ」と「マーケティングの価値創造論」が絶頂のときであった。

〔注〕
1) コックスの来歴については主として下記による。J. S. Wright, "Reavis Cox," Leaders in Marketing," *Journal of Marketing*, Vol. 33, No. 1 (January 1969), pp. 97-98. G. Fisk, "Overview: Challenging Managerial Perspectives on Marketing," in G. Fisk (ed.), *Marketing Management Technology as a Social Process*, Praeger, 1986, pp. ix-xvi. なお，コックスは，1992年7月4日，91歳で死去した。
2) E. T. Grether, "Flow Analysis in Marketing," in G. Fisk (ed.), *op. cit.*, p. 115.
3) R. S. Vaile, "Towards a Theory of Marketing: A Comment," *Journal of Marketing*, Vol. 13, No. 4 (April 1949), pp. 520-522.
4) E. T. Grether, *op. cit.*, p. 116.
5) たとえば，V. O. Packard, *The Waste Makers*, David Mckay, 1960（南 博訳『浪費をつくり出す人々』ダイヤモンド社，1961年）．
6) T. N. Beckman, "The Value Added Concept as Applied to Marketing and Its Implications," in S. H. Rewoldt (ed.), *Frontiers in Marketing Thought*, Indiana University, 1955, p. 83. この論文は1954年12月のアメリカ・マーケティング協会デトロイト大会で報告された。
7) 三効用学説，特にその中核となる所有効用概念の系譜と展開については風呂勉「所有効用の概念——系譜・展開とその帰結」『国民経済雑誌』第156巻，第5号

(1987年11月)参照。
8) P. D. Converse, "Marketing Cost have not Increased in 40 Years," *Printer's Ink*, August 3, 1951.
9) R. Cox, in association with C. S. Goodman and T. C. Fichandler, *Distribution in a High-Level Economy*, Prentice-Hall, 1965, p. 3 (森下二次也監訳 阿部真也・鈴木武・光澤滋朗訳『高度経済下の流通問題』中央経済社, 1971年, 3ページ).
10) *Ibid*., pp. 150-151. 同訳書, 162ページ。
11) R. Cox, "Changing Social Objectives in Marketing," in W. S. Decker (ed.), *Emerging Concepts in Marketing*; Proceedings 1962, American Marketing Association, 1962, pp. 16-25.
12) R. Cox, in association with C. S. Goodman and T. C. Fichandler, *op. cit.*, p. 12, 同訳書, 29ページ。
13) *Ibid*., p. 10, 同訳書, 13ページ。
14) *Ibid*., p. 14, 同訳書, 30ページ。
15) コックスの定義により,流通付加価値は,流通を通して販売される総価格から流通活動をなすために経済の他の部面から購入する総価格を差し引いたものである(*Ibid*., p. 26)。
16) コックスのいう流通業には卸・小売の固有の商業だけでなく,運送業,保険業,広告業を含んでいる。またコックスの「流通」は,製造業,農林漁業など非流通業による流通活動を含んでおり,マーケティングと流通活動は同義語として使用される。
17) *Ibid*., pp. 300-306, 同訳書, 330-336ページ。付録C参照。
18) *Ibid*., p. 145, 同訳書, 157ページ。
19) *Ibid*., p. 151, 同訳書, 162ページ。
20) C. Collazzo, "Distribution in a High-Level Economy," *Journal of Marketing*, Vol. 29, No. 4 (October 1965), p. 103.
21) D. A. Revzan, "Distribution in a High-Level Economy: A Review Article," *Journal of Business*, Vol. 39, No. 3 (July 1966), p. 416.
22) R. Cox, in association with C. S. Goodman and T. C. Fichandler, *op cit.*, p. 24, 同訳書, 272ページ。
23) *Ibid*., p. 196, 同訳書, 215ページ。
24) この立場からすれば,流通システムそのものは「消費者を彼らにとって有益なものの方向に押しやるものでもなければ,売手にとって有利な方向に彼らを引っ張るものでもない」その意味での中立的なものと見立てられる。すべての経済システムはそれ自身の目標をもたないし,またもつべきではないということになる。L. Robbins, *An Essay on the Nature and Significance of Economic Science*, MacMillan, 1935 (辻六兵衛訳『経済学の本質と意義』東洋経済新報社, 1957年)。

25) J. N. Sheth, D. M. Gardner, and D. E. Garrett, *Marketing Theory : Evolution and Evaluation*, John Wiley & Sons, 1988（流通科学研究会訳『マーケティング理論への挑戦』東洋経済新報社，1991年，33ページ）．
26) 『ジャーナル・オブ・マクロマーケティング』誌は最近，投入・産出分析を基礎とした「マクロ・マーケティング・システム」の構造・成果測定理論構築への特集を組んでいる．これは，コックスのフロー分析の継承発展を企図している．*Journal of Macromarketing*, Vol. 11, No. 2 (Fall 1991).

〔風呂　勉〕

事 項 索 引

〔あ 行〕

アイボリー石けん …………………24
アクティヴィスト学派 ……………250
アメリカ資本主義 ……………………6
アメリカ・マーケティング協会 …144
アメリカ・マーケティング論 ……240

異質市場 ………………………86, 87
一般管理費及び販売費 ……………187
インスティチューショナル・アプローチ
　　　　　　　　　　　…………172

迂回生産方式 ………………………10

S-O-R モデル ………………………73

おとり販売 …………………………222

〔か 行〕

買回品 ………………………………34
価格維持 ……………………………160
価格規制組合 ………………………205
価格政策 ……………………12, 18, 56
価格設定 ……………………………36
科学的管理法 …………………7, 9, 10
課業管理 ……………………………9
寡　占 ………………………………80
完全市場構造アプローチ …………228

機関的アプローチ(機関別研究)……144, 172
企業差別化 …………………………218
企業的マーケティング論 ……27, 29, 37
機能主義 ………………82, 90, 91, 93
機能主義学派 ………………………79
機能主義的マーケティング管理論 ……79
機能的アプローチ(機能別研究) …142, 149,
　　　　　　　　　　　151, 164, 172

機能別専門化 ………………………128
競争戦略 ……………………………18
グッドウィル …………………51, 222

形態的効用 …………………………145
現物販売 ……………………………153

行　為 ………………………………83
行為体系 ……………………………85
行為理論 ……………………………84
　──の関係枠 ……………………83
工　学 ………………………………8
公共政策 ………………………215, 216
公正取引法 …………………………223
広　告 ……………………………28, 53
広告論 ………………………………159
公　衆 ………………………………114
行　動 ………………………………83
行動科学 ……………………………83
合理的購買動機 ……………………50
小売廃業率問題 ……………………179
コンシューマリズム ………………165

〔さ 行〕

在庫回転 ……………………………55
最低価格制 …………………………222
再販売価格維持(再販)……………220
　英国における── ………………220
　カリフォルニア州における──…223
先物取引 ……………………………139
差別的優位(性) ………82, 87〜88, 219
産業間競争 …………………………156
産業組織論的パラダイム …………238
三効用学説 …………………………242

ジェネリック・マーケティング …110
市価以上での販売 …………………12

時間的効用 …………………………145
市場の研究 …………………………32
市場構造 ……………………12, 15
品揃え ………………………82, 86
品揃え形成 …………86, 88, 91, 92
品揃え効用 …………………………241
品揃え物のそご ……………………89
社会改良主義 ………………………180
社会経済的マーケティング論 ……125
社会的チャネル管理 ………………188
社会的マーケティング費用 ………187
自由参入 ……………………………87
収集 …………………………………155
集団原理 ……………………………206
集団行動 ……………194, 196, 206
集団メカニズム ……………………202
需要創造 ……………………………155
需要の喚起 …………………………15
商業 …………………………………80
情緒的購買動機 ……………………50
消費財 …………………………43, 51, 52
消費者：
　――の購買慣習 …………39, 42, 43, 57, 58
　――の購買行動 …………………39, 51
　――の購買動機 ………39, 42, 48～49, 57
消費者行動 ……………………39, 58, 103
消費者行動学派 ……………………93
消費者行動論 ………………………63
消費者志向 …………………………165
商品的アプローチ（商品別研究）…136, 144, 151, 164, 172
商品取引所 …………………………137
商品の差別化 ………………………12
商品分類 ……………………………43
　買回品の―― ……………43, 45, 58
　消費財の―― ……………………43
　生産財の―― ……………………43
　専門品の―― ……………43, 45, 58
　最寄品の―― ……………43, 44, 58
商品別専門化 ………………………128
所得介入 ……………………………241
ジョバー ……………………………26
所有的効用 …………………………145

進化論経済学 ………………………200
新制度学派 …………………………193
人的セールスマンシップ …………28

斉合 ……………………………86, 88, 92
生産財 …………………………50～52
　――の愛顧動機 …………………50
　――の購買動機 …………………50
生産重点時代 ………………………7
精緻化見込モデル …………………75
制度 …………………………………194
制度主義 ……………191, 192, 195, 208
制度主義的マーケティング論…169, 186, 191
制度的アプローチ ……150, 164, 193
製品の研究 …………………………31
製品差別化 ……………………18, 218
石けん産業 …………………………24
説明販売 ……………………………153
全国医薬品卸売商組合 ……………225
全国産業復興法（NIRA）………179, 186
全体論 ………………………………179
専売品同業組合 ……………………222
戦略的マーケティング ……………18
戦略的マーケティング計画プロセス …116

相互依存と均衡の原則 …………10, 18
組織的行動システム ………………87
組織された行動体系 ………………92
組織された集団行動 ………………91
ソーシャル・マーケティング
　（社会マーケティング）……106～108, 164

〔た　行〕

大恐慌 ………………………………185

地域間マーケティング ……………228
チャネル概念 ………………………181
チャネル管理 ………………………181
チャネル選択 ………………43, 46, 47
チャネル選択問題 …………………25
チャネル選択論 ……………25, 27, 37
チャネル統制 ………………………183
中間商人過剰問題 …………………179

事項索引 257

中間商人の機能 ……………………13, 141
中間商人排除傾向 …………13, 14, 25, 26
中間商人排除論 ……………………………159
中間商人問題 …………………………141, 142
伝統的経済学 …………………………………192

投　機 …………………………………………140
動　作 ……………………………………10, 18
当座買い ………………………………………56
同質市場 ………………………………………86
投入・産出の体系 ……………………………87
独占的競争 …………………12, 18, 218, 228
取　引 ……………………………174, 193, 206
取引チャネル ……………………………30, 34
トレード・マーク ……………………………54

〔な　行〕

二十世紀財団 …………………239, 246, 247
ニューディール ………………………………186
ニューディール経済学者 ……………………181

農業調整法（AAA） …………………179, 186
農産物市場論 …………………………………145
農産物取引所 …………………………………137
農産物マーケティング ………127, 143, 150
農産物マーケティング論 …………………125

〔は　行〕

配　給 …………………………………………6
場所的効用 ……………………………………145
ハワード＝シェス・モデル ……………61, 63
販　売 …………………………………………28
販売員 …………………………………………53
販売管理 ………………………………………28
販売キャンペーン ………………………29, 36

P&G 社 ………………………………………24
非営利組織 …………………………………113
非契約者条項 …………………………221, 224
ビック・ビジネス ……………………………92
標的市場 ……………………………………104

付加価値 ……………………………………244

付加価値創造のマーケティング ………242
ブランド ………………………………………53
ブランド間競争 ………………………156, 162
ブランド固執 ………………………………54
ブランド選好 ………………………………54
ブランド認識 ………………………………54
ブランド・ロイヤリティ ……………………54
フロー・アプローチ ………………………187
フロー概念 ……………………………103, 178
フローの分析 ………………………………239
分業と専門化の原理 …………………128, 144

平均の法則 ……………………………………16
ベットマン・モデル …………………………75
ペプソデント社 ……………………………224
返品問題 ………………………………………56

包　装 …………………………………………54

〔ま　行〕

マクロ・マーケティング…158, 163, 195, 250
マクロ・マーケティング論 ………………244
マーケティング …………3, 23, 27, 28, 80
　科学としての── ……………………85
　経営者行為としての── ……………85
　生産財/消費財の── …………………57
　非営利組織の── ……………106, 112
　──と公共政策 ………………211, 217
　──の統合理論 ………………………238
　──の理論構築運動 …………………237
　──への機能的アプローチ ……81, 101
　──への個別経済主体的ないしマネジ
　　リアル・アプローチ ………………100
　──への社会経済的アプローチ ……100
　──への商品的アプローチ …………81
　──への制度的アプローチ …………81
　──への伝統的アプローチ …………206
　──へのマクロ・全体論的アプローチ
　　………………………………………237
　──へのマネジリアル・アプローチ
　　…………………………………101, 152
　──へのメタ学的アプローチ ………100
マーケティング概念の拡張 ………………107

マーケティング概念拡張論 ………………106
マーケティング回路 ………………175〜177
マーケティング科学化論争 ……………238
マーケティング管理 ………………80, 82
　経営者の行為としての── ………89
マーケティング管理概念 ………………36
マーケティング管理学派 ………………93
マーケティング機能…141, 142, 152, 174, 197
マーケティング教師協会 ………………144
マーケティング構造 ………194, 199, 201
　　　　　　　　　　　　203, 206, 208
マーケティング・コスト ……133, 160, 240
マーケティング・サイエンス・インスティテュート ………………………………213
マーケティング・システム………128, 202
　　　　　　　　　　　　206, 207, 244
マーケティング政策 ……………………219
マーケティング制度 ……………172, 174
　──の社会的有効性 …………………179
マーケティング戦略 ……………………104
マーケティング・チャネル問題 ………170
マーケティング能率 ……………………162
マーケティング費用 ……………………178
マーケティング・マネジメント …165, 215
　──の学際的アプローチ ………………103
マーケティング・マネジメント(理)論 …100
マーケティング・マネージャー …154, 165
マーケティング・ミックス ………………36
マーケティング・ミックス・アプローチ
　………………………………………158
マーケティング理論：
　──への経営政策的アプローチ ……227
　──への経済的アプローチ …………227
マーケティング論 …………………………3
マーチャンダイジング ………28, 41, 57, 195

マネジリラル・アプローチ ………158, 165
マネジリアル学派 ……………………61, 93
マネジリアル・マーケティング ………145,
　　　　　　　　　　　227, 240, 244
マネジリアル・マーケティング学派 ……90
マネジリアル・マーケティング志向 …216

見本販売 …………………………………153
ミラー・タイデングス法 ………………224

銘柄販売 ……………………………………13

最寄品 ………………………………………34

〔や　行〕

4 P ………………………………42, 82, 102
4 P論 ……………………………………241

〔ら　行〕

流　通 ………………………………………80
　──の実験的研究 ………………………16
　──のパラドックス ………………235, 241
流通活動の体系 ……………………………11
流通機構 …………………………………170
流通コスト分析 …………………………184
流通重点時代 ………………………………7
流通センサス ……………………………198
流通チャネル ………………………88, 203
流通費用 ………………239, 241, 243, 245, 246
流通付加価値 ……………………………245

連邦取引委員会 …………………………222

ロビンソン・パットマン法 ……………222

人 名 索 引

〔あ 行〕

アイヴィ(Ivey, P. W.) …………150
アスピンウオール(Aspinwall, L.) ………79
アンドリュース(Andrews, P. W. S.) …214

池尾恭一 …………………………80
石原武政 …………………………80
伊藤康雄 …………………………6
今井賢一 …………………………193

ヴァンダーブルー(Vanderllue, H. B.)…150
ウイリアムソン(Williamson, O. E.) …193
ヴェイル(Vaile, R. S.) …186, 187, 237〜239
ヴェブレン(Veblem, T.) …68, 181, 192, 193
ウェルド(Weld, L. D. H.) ………125, 150,
  151, 153, 241
ウォーカー(Walker, A.) …………8

緒方 清 …………………………81
緒方豊喜 …………………………81
オーリン(Ohlin, B.) ……………228
オルダーソン(Alderson, W.) ……79, 206,
  214, 226, 227, 238〜239

〔か 行〕

カーマン(Carman, J. D.) ………211
ガルブレイス(Galbraith, J. K.) ………214,
  217, 218

ギャラウェイ(Galloway, L.) ……………25

クラーク(Clark, C. G.) …………………214
クラーク(Clark, F. E.) …………39, 41, 47,
  52, 58, 81, 205
クラーク(Clark, J. M.) ………88, 186, 192
グリーン(Green, P.) ……………………80
グレサー(Grether, E. T.) ………186, 187,
  211, 237, 239
グッドマン(Goodman, C. S.) 185, 187, 239

ゲイ(Gay, E. F.) …………………4, 5, 40
ケインズ(Kenynes, J. M.) ………………214
ゲインスブルー(Gainsbrugh, M. R.) …187
ケネー(Quesnay, F.) ……………………91

小島健司 …………………………………80
コース(Coase, R. H.) ……………………193
コックス(Cox, R.) 170, 185〜188, 226, 235
コトラー(Kotler, P.) ……………………97
コープランド(Copeland, M. T.) ……3, 39
コモンズ(Commons, J. R.) ………181, 192,
  193, 196, 205, 206, 214
コラッツォ(Collazzo, C. J.) …………248
コンヴァース(Converse, P. D.) ……17, 39,
  125, 226, 242, 247
近藤文男 …………………………………18

〔さ 行〕

サイモン(Simon, H.) ……………………65
ザルトマン(Zaltman, G.) ………………108
シェア(Schär, J. F.) ……………………13
シェス(Sheth, J. N.) ……………52, 61, 250
シャピロ(Shapiro, S. J.) ………………238
シュット(Schutte, T. F.) ………………188
シュムペーター(Schumpeter, J. A.) …80,
  88, 93
ショー(ショウ)(Shaw, A. W.) …3, 23, 33,
  41, 47, 52, 58, 81, 141, 144, 150
ジョーンズ(Jones, J. G.) ………………27

スウィニー(Sweeny, J. B.) ……………28
ステュワート(Stewart, P. W.) …………187
スパーリング(Sparling, S. E.) …………150

セェス(Sheth, J. N.) ……………………193

〔た 行〕

ダーウィン(Darwin, C. R.) 86, 200
タウシッグ(Taussig, F. W.) 4, 39
タグウェル(Tugwell, R. G.) 184
ダディ(Duddy, E. A.) 186, 191
田村正紀 80
ダーレンドルフ(Dahrendorf, R.) 91
丹下博文 6

チェスナッツ(Chestnut, R. W.) 39, 54
チェリントン(Cherington, P. T.)...150, 153
チェンバリン(Chamberlin, E. H.) ...18, 88, 214, 218, 228

テイラー(Taylor, F. W.) 9, 10
デボゥ(De Bore, H. F.) 27
デミルジャン(Demirdjian, Z. S.) 63
デューハースト(Dewhurst, J. F.) 187

ドラッカー(Drucker, P. F.) 213

〔な 行〕

ナイストロム(Nystrom, P. H.) 150

ニコシア(Nicosia, F. M.) 52, 211
ニューコム(Newcomb, E. L.) 225

ネーゲル(Nagel, E.) 91

ノース(Nourse, E. G.) 214

〔は 行〕

バーガー(Barger, H.) 187, 214
パーソンズ(Parsons, T.) ....82〜84, 91
バックリン(Bucklin, L. P.) 187
バーテルズ(Bartels, R.) ...62, 81, 82, 111, 171, 226, 244
バトラー(Butler, R. S.) 8, 23, 41, 47, 52, 58, 144, 150
パーリン(Parlin, C. C.) 33, 34, 43, 47, 58, 150
バルダーストン(Balderston, F. E.) 211

ハワード(Howard, J. A.) ......52, 101〜103
ハンセン(Hansen, A. H.) 214
ハント(Hunt, S. D.) 17, 91, 112

フィスク(Fisk, G.) 187, 236
フィールド(Field, L.) 187
福田敬太郎 3
ブラウン(Brown, H. W.) 8
ブレイヤー(Breyer, R. F.) 169, 191, 205, 236, 239
風呂 勉 80

ベックマン(Beckman, T. N.) 150, 214, 242, 244

ホイト(Hoyt, C. W.) 8
ボェーム-バヴェルク(Böhm-Bawerk, E. von) 10
堀田一善 80
ボーデン(Borden, N. H.) 214
ホブソン(Hobson, J. A.) 212
ホルトン(Holton, R. H.) 47
ホルブルック(Holbrook, M. B.) 62

〔ま 行〕

マーシャル(Marshall, L. C.) 7
マッカーシー(McCarthy, E. J.) 71, 101, 103, 154
マックゲリー(McGarry, E. D.) 79, 154
マハルプ(Machlup, F.) 214
マレンバウム(Malenbaum, W.) 247

光澤滋朗 7, 80
ミッチェル(Mitchell, W. C.) 181, 186, 192
水野裕正 6

メイナード(Maynard, H. H.) 150, 154

森下二次也 13, 154

〔や 行〕

ヤコビ(Jacoby, J.) 39, 54
ヤッフェ(Jaffe, E. D.) 187

〔ら　行〕

ラスキン（Ruskin, J.）……………212
ラック（Luck, D.）………………111
ラ　フ（Lough, W. H.）………178, 187
ラングロワ（Langlois, R. N.）………193

リカード（Ricardo, D.）……………86

レイトン（Layton, R. A.）…………187

レヴザン（Revzan, D. A.）………186, 191, 248, 249
レヴィ（Levy, S. J.）………………107

ロビンズ（Robbins, L.）……………250
ロングマン（Longman, D. R.）………185

〔わ　行〕

ワイドラー（Weidler, W. C.）………150

執筆者紹介(◎編集担当者　☆ゲスト)

三浦　信（みうら　まこと）	京都産業大学名誉教授 鈴鹿国際大学名誉教授（第1章）	
薄井　和夫（うすい　かずお）	埼玉大学経済学部教授（第2章）	
近藤　文男（こんどう　ふみお）	京都橘大学現代ビジネス学部教授 京都大学名誉教授（第3章）	
熊沢　孝（くまざわ　たかし）	大東文化大学経営学部教授（第4章）	
山中　豊国（やまなか　とよくに）	福岡大学名誉教授（第5章）	
上沼　克徳（かみぬま　かつのり）	神奈川大学経済学部教授（第6章）	
小原　博（こはら　ひろし）	拓殖大学商学部教授（第7章）	
尾崎　久仁博（おざき　くにひろ）	元 同志社大学商学部助教授・故人（第8章）	
◎光澤　滋朗（みつざわ　しげお）	同志社大学商学部教授（第9章）	
白石　善章（しらいし　よしあき）	熊本学園大学商学部教授 流通科学大学名誉教授（第10章）	
西村　栄治（にしむら　えいじ）	大阪学院大学流通科学部准教授（第11章）	
風呂　勉（ふろ　つとむ）	神戸商科大学名誉教授（第12章）☆	

平成 5 年 7 月 30 日　初版発行
平成 9 年 10 月 6 日　三版発行　　　《検印省略》
平成 20 年 4 月 25 日　増補版発行　略称：マーケ学説米（増）

マーケティング学説史（増補版）
──アメリカ編──

編　者　Ⓒマーケティング史研究会
発行者　　中　島　治　久

発行所　同 文 舘 出 版 株 式 会 社
東京都千代田区神田神保町 1-41　〒 101-0051
電話(03)3294-1801〜5　振替 00100-8-42935
http://www.dobunkan.co.jp

Printed in Japan 2008

印刷：三美印刷
製本：三美印刷

ISBN 978-4-495-63712-0